Inhalt

Superlearning

Superleistung

Super-Rapport

Wege zum Selbst

Anhang

Sheila und Nancy Ostrander · Lynn Schroeder

Leichter lernen
ohne Streß
Superlearning

Die revolutionäre Losanow-Methode
zur Steigerung von Wissen und
Gedächtnis durch müheloses Lernen

Scherz

Einzig berechtigte Übersetzung aus dem Amerikanischen
von Susanne Schaup.
Titel des Originals: »Superlearning«.
Achte Auflage 1985.
Schutzumschlag: Graupner + Partner.
Copyright © 1979 by Sheila Ostrander, Nancy Ostrander
und Lynn Schroeder.
Gesamtdeutsche Rechte beim Scherz Verlag Bern und München.

Superlearning

1 Der unentdeckte Kontinent »Bewußtsein«

»Wir haben gerade erst angefangen, die buchstäblich grenzenlosen Möglichkeiten des Geistes zu entdecken«, erklärt Jean Houston, Präsidentin der amerikanischen Association for Humanistic Psychology. Der Mathematiker Charles Muses stellt fest: »Das Potential des Bewußtseins ist praktisch das letzte erreichbare Gebiet, das der Mensch noch nicht erforscht hat – ein unentdeckter Kontinent.« Und Frederic Tilney, einer der führenden französischen Gehirnspezialisten, behauptet: »Wir werden durch die Beherrschung des Bewußtseins Gehirnzentren entwickeln, die uns Kräfte erschließen, von denen wir heute noch nicht einmal etwas ahnen.«

Auch Richard Leakey, einer der bedeutendsten Paläoanthropologen und »Ausgräber« von drei Millionen Jahren Menschheitsgeschichte, hält die Kapazität des menschlichen Gehirns für »beinahe unbegrenzt«.

Diese »Grenzenlosigkeit« des Geistes zu erforschen und wenn möglich nutzbar zu machen, ist daher das wissenschaftliche Gebot der Stunde. Der Gehirnforscher und Ingenieur Manfred Clynes hat aufgrund streng wissenschaftlicher Untersuchungen festgestellt, daß wir uns auf einer Entwicklungsstufe befinden, die uns die Erschließung ganz neuer Gefühle und noch nie erfahrener Bewußtseinszustände ermöglicht.

Aber um an dieses Potential heranzukommen, es zu entdecken und auszuwerten, müssen wir neue Wege beschreiten, Wege, die effektiver sind und dennoch weniger Streß verursachen als die »altmodische« Art, sich einfach mehr anzustrengen. Wir müssen überhaupt erst einmal lernen, wie man lernt. Und genau darum

geht es in diesem Buch: zu lernen, wie man besser und ohne Streß
lernt; so zu lernen, daß man sich wohl fühlt, während man lernt;
und zu lernen, wie man diese Lernfähigkeit in vielen Lebensberei-
chen anwenden kann. Es werden verschiedene Lernsysteme zur Sprache kommen, die
ebenso verschiedene Ursprünge haben. Sie stammen aus der Pionierarbeit von Ärzten wie dem Bulgaren Georgi Losanow, dem
Deutschen Johannes Heinrich Schultz, dem Spanier Alfonso Caycedo; aus der seit langem erprobten Wissenschaft des Yoga und der
modernen Physiologie und Psychologie. Und auch so mancher
»Praktiker« der Konzentration und des raschen Reaktionsvermö-
gens – Golfstars, Ski-Champions und Topmanager zum Beispiel –
hat seine eigene Lernmethode entwickelt.

Bei aller Verschiedenheit haben diese Systeme jedoch eines ge-
meinsam: den ganzheitlichen oder holistischen Standpunkt. Es
geht ihnen immer um die ganze Person – ob einer nun Französisch
lernen, Tennis spielen oder die richtigen beruflichen Entscheidungen treffen will. Sie beruhen auf der Grundvoraussetzung, daß der
Mensch sowohl einen logischen Verstand als auch einen Körper
und eine schöpferische Vernunft besitzt. Mit anderen Worten:
Diese Systeme bewirken die Harmonie von linker Gehirnhälfte,
Körper und rechter Gehirnhälfte.

Die beiden Hälften unseres Großhirns unterscheiden sich nämlich nach Aufbau und Funktion. Robert Ornstein vom Langley
Porter Neuropsychiatric Institute, auf dessen langjähriger Hirnforschung diese Erkenntnis vor allem beruht, umreißt die »Tätig-
keitsbereiche« der beiden Gehirnhälften so:

Die linke Hemisphäre beschäftigt sich hauptsächlich mit analyti-
schem Denken, besonders sprachlichen und logischen Vorgängen.
Informationen werden in diesem Gehirnbereich nacheinander in
einer Folge (linear) verarbeitet. Ein solcher Prozeß ist für das logische Denken wichtig, denn Logik baut auf Folgerichtigkeit, Ordnung auf.

Die rechte Hemisphäre scheint im Gegensatz dazu hauptsächlich
für unsere Raumorientierung, für künstlerisches Vermögen, für
unser Körperbewußtsein und das Wiedererkennen von Gesichtern

verantwortlich zu sein. Sie verarbeitet Informationen auf eine diffuse Art als die linke Hemisphäre, bringt verschiedene Impulse simultan zusammen, ordnet sie nicht auf eine lineare Art und Weise.«

Zum »Wertunterschied« der beiden Hälften meint Ornstein: »Neurologische und andere klinische Forscher neigen dazu, die linke Hemisphäre im Gehirn die ›bedeutendere‹, die rechte die ›weniger wichtige‹ zu nennen. Das ist mehr eine weltanschauliche als eine wissenschaftliche Unterscheidung. Verbale und intellektuelle Fähigkeiten werden in unserer Kultur am höchsten eingeschätzt, und diese Voreingenommenheit schleicht sich in die ›objektivsten‹ Winkel wissenschaftlicher Forschung ein. Eine Schädigung der rechten Hemisphäre, die keine Störung des Sprach- oder Denkvermögens nach sich zieht, wird demnach von vielen Neurologen als ›geringer‹ eingestuft. Da Schädigungen der linken Hemisphäre das Sprachvermögen angreifen, muß also die linke Hemisphäre die ›bedeutendere‹ sein.

Ich kann mich dieser kulturbedingten Wertung nicht anschließen. Ich glaube, daß jede der Hemisphären Großartiges leistet, je nachdem, auf welche Bewußtseinsart wir unser Augenmerk lenken. Für einen Literaten, einen Wissenschaftler, einen Mathematiker kann eine Schädigung der linken Hemisphäre verheerend sein. Bei einem Musiker, einem Handwerker, einem Künstler können wiederum Schäden in der rechten Hemisphäre das Ende der beruflichen Karriere bedeuten . . . Ein vollständiges menschliches Bewußtsein sollte beide Denkweisen inkorporieren, so wie ein ganzer Tag Zeiten des Lichts und Zeiten der Dunkelheit enthält. Das Wissen, daß beide Bewußtseinsweisen eine physiologische Grundlage haben, wird Medizin und Psychologie helfen, sie im Menschen wieder miteinander auszubalancieren. Wir dürfen die Fähigkeit der rechten Hemisphäre im Gehirn – Phantasie, Perspektive, Intuition – nicht außer acht lassen. Sie können sich auf längere Sicht als wesentlich für unser persönliches Überleben und das Überleben unserer Kultur erweisen.*«

---

* Robert Ornstein, »Rechtes & linkes Denken«, in *Psychologie heute*, Jg.2, H.2, Febr. 1975; s.a. R.O., *Die Psychologie des Bewußtseins*, Frankf./M. 1976, S.61 ff.

Von dieser gundsätzlichen Erkenntnis gehen auch die holistischen Lernmethoden aus. Sie wollen gewährleisten, daß bei jeder Tätigkeit weder die eine Hälfte des Verstandes noch der Körper vernachlässigt wird. Sie wollen verhindern, daß das »linkshirnige« Denken, der Körper und das »rechtshirnige« Denken sich gegenseitig in die Quere kommen und ihre je besonderen Fähigkeiten lähmen. Das ganzheitliche Lernen zielt auf das optimale Zusammenspiel dieser drei Komponenten ab, um so den vollen Einsatz aller unserer Kräfte zu ermöglichen.

Wenn diese Art von Integration klappt, kommt es, wie bereits viele erfahren haben, zu einem »Quantensprung« in der Leistungsfähigkeit: vom Lernen zu – Superlearning.

Stellen wir uns, um den Vorgang zu veranschaulichen, ein Orchester vor: Bläser, Schlaginstrumente, Streicher. Wenn die Hörner hervortreten, versuchen die Trommeln und Geigen nicht, gegen sie anzukämpfen. Sie machen sich auch nicht selbständig, sondern spielen »im Konzert«. Logischer Verstand, Körper, schöpferischer Geist – einer von ihnen kann zwar im Vordergrund stehen, aber da der Mensch ein Ganzes ist, schwingen auch die anderen Teile stets mit. Sie können eine Disharmonie erzeugen oder eben »im Konzert« spielen. Bei unseren Lernversuchen bisher kam es meist zu einem Ungleichgewicht der Kräfte.

Die Entdeckung, wie viel man eigentlich leisten kann, ist fast bestürzend, wie eine Gruppe von Bulgaren feststellte, nachdem sie sich auf das wohl bemerkenswerteste, weitestreichende Lernsystem eingelassen hatte, das auch im Mittelpunkt dieses Buches steht. Sie hatten gehört, es gäbe eine Methode, ungeheure Mengen von Information schnell, effektiv und angeblich mit weniger Anstrengung aufzunehmen und zu behalten, als man je für möglich gehalten hätte. Mitte der sechziger Jahre versammelten sich diese fünfzehn Akademiker, Männer und Frauen im Alter von zweiundzwanzig bis sechzig Jahren, in einem Raum des Instituts für Suggestologie, das in einer schattigen Seitenstraße nahe dem Zentrum von Sofia liegt. Sie sollten an einem Experiment teilnehmen, dem sie mit sehr gemischten Gefühlen entgegensahen.

Keiner dieser Ingenieure, Ärzte, Architekten setzte jedenfalls viel Hoffnung in den Erfolg des Unternehmens, und selbst ihre Lehrerin schien das Gefühl zu haben, daß von ihr Unmögliches verlangt wurde. Aber nun waren sie einmal hier und wollten es zumindest versuchen . . .

Während die Mitglieder des Kurses die Seiten ihres Unterrichtsmaterials durchblätterten, begann die Lehrerin, französische Sätze mit verschiedener Intonation vorzulesen. Dann erklang im Hintergrund eine getragene, klassische Musik. Die fünfzehn Männer und Frauen lehnten sich zurück, schlossen die Augen und – ihr »Supergedächtnis« begann sich zu entwickeln. Die Lehrerin sprach weiter. Manchmal war ihre Stimme sachlich, als ob sie Arbeitsanweisungen gäbe, manchmal weich, fast flüsternd, dann wieder überraschend hart und befehlend.

Schatten verdunkelten das Zimmer, die Sonne ging unter, aber die Lehrerin las weiter und wiederholte in einem bestimmten Rhythmus französische Wörter, Idiome, Übersetzungen. Hinterher mußten die Schüler – jetzt wenigstens weniger nervös und beklommen als zu Beginn der Sitzung – sich einem Test unterziehen, dessen Ergebnis die Lehrerin schließlich bekannt gab: »Der Kursdurchschnitt liegt bei 97 Prozent. Sie haben in einem Tag 1000 Wörter gelernt!«

Eintausend – sie wußten, daß sie damit fast die Hälfte des zur Verständigung ausreichenden Vokabulars einer Sprache innerhalb von wenigen Stunden gelernt hatten. Und es hatte sie wirklich nicht die geringste Mühe gekostet! Die Männer und Frauen gingen wie betäubt aus dem Institut. Sie hatten das Gefühl, ihnen sei etwas Ungeheures begegnet: außerordentliche Wesen, die sie selbst waren.

Gewöhnlich lernen die Leute in solchen Kursen fünzig bis hundert neue Informationselemente. Aber ein Experiment bestätigte die Vermutung von Georgi Losanow, der diese Methode entwickelt hat: Die menschliche Fähigkeit zu lernen und zu erinnern ist faktisch unbegrenzt. Losanow und seine Kollegen in Bulgarien und in der Sowjetunion nennen den Vorgang »das Anzapfen der Reserven des Geistes«. Für diejenigen, die den Versuch gemacht haben, ist es, als würden sie plötzlich ein großes Erbe antreten. Sie

sehen sich selbst mit anderen Augen, trauen sich und ihren Fähigkeiten mehr zu.

Diese Methode des »Blitz-Lernens« ist bei jeder Art von Lernstoff anwendbar, der mit der linken Gehirnhälfte aufgenommen
wird. Wie ist der logische Verstand plötzlich zu so verblüffenden
Leistungen in der Lage? Weil die Fähigkeiten des Körpers und der
rechten Gehirnhälfte mit ihm harmonieren, helfend mitwirken –
mit ihm im Konzert spielen.

Ein Jahrzehnt bevor die Bulgaren zu der bestürzenden Erkenntnis kamen, daß sie alle zu »genialen« Leistungen fähig waren, ließ
Hannes Lindemann, Arzt und Autor des Buches *Überleben im Streß*,
sich auf einen bemerkenswerten Kraftakt ein. Er stach mit seinem
Einhand-Faltboot von den Kanarischen Inseln aus in See und
steuerte es nach Westen, denn er wollte in die Neue Welt. »Westen«, prägte Lindemann sich ein, »Kurs Westen.« Der Befehl
drang bis in seine Träume und nahm dort Gestalt an. Zweiundsiebzig Tage und Nächte segelte er, aufrecht sitzend wie eine ein-
same Erbse in einer Hülse aus Segeltuch. Er konnte nur dann und
wann etwas schlafen und sich kaum bewegen. In der siebenund-
fünfzigsten Nacht bekam er Abwechslung. Er kenterte und lag bis
Tagesanbruch auf dem glitschigen Boden seines Bootes. Über
hundert Männer hatten diese Tour schon auf ähnliche Weise zu
bewältigen versucht. Alle waren sie gescheitert. Aber Hannes Lindemann betrat die westliche Küste bei St. Martin in Westindien,
und bald zierte sein lächelndes Foto die Titelseite von *Life*. Er
überlebte nicht nur, er war noch dazu in bester Form. Er hatte zum
Beispiel gelernt, den Kreislauf zum Schutz bestimmter Körperteile
zu kontrollieren, und war sogar von den Wunden verschont ge-
blieben, die das Salzwasser unter solchen Umständen normalerweise verursacht.

»Meinen Erfolg«, erklärte Lindemann, »verdanke ich dem autogenen Training« – das er vom »Vater« dieser holistischen Methode, dem Nervenarzt J.H. Schultz, gelernt hat. Das autogene
Training – und seine vielen heute praktizierten Abwandlungen –
ist eine autosuggestive Methode der Selbstentspannung; im dabei
zu erreichenden Zustand der »Versenkung« wird die Selbsteinre-

de, die »Psychotherapie durch formelhafte Vorsatzbildung« – eben Lindemanns »Kurs Westen« – besonders wirksam. Außerdem geht es beim autogenen Training darum, alle Kräfte des Geistes und des Körpers miteinander in Einklang zu bringen, so daß beide, Körper und Geist, ihr Bestes leisten können. Auch vermag es zur Heilung von physischen und psychischen Krankheiten beizutragen. Nicht viele Menschen werden zum Ruhme eines Lernsystems ihr Leben aufs Spiel setzen wie Dr. Lindemann. Aber Tausende haben es »am eigenen Geiste« erfahren, daß auf diese Superlernsysteme Verlaß ist. Eine ganze Reihe wissenschaftlicher Untersuchungen und Tests haben Wert und Nutzen dieser Methoden bestätigt. Vor allem jedoch laufen massenhaft »lebende Beweise« für die erstaunlichen Ergebnisse dieser Systeme herum: In der UdSSR lernten Tausende von Erwachsenen eine Sprache innerhalb von vierundzwanzig Tagen. Schweizer Skiläufer brachten plötzlich mehr Gold- und Silbermedaillen von der Olympiade mit nach Hause denn je. In Bulgarien hatten Kinder innerhalb eines Monats soviel gelernt wie sonst in einem halben Jahr. In Frankreich und Spanien entdeckten ganz normale Menschen, daß sie ihren Körper durch den Geist kontrollieren und ihr Wohlbefinden steuern konnten. Einige lernten sogar, sich ohne ein Medikament von Schmerzen zu befreien. Amerikanische Geschäftsleute vermochten plötzlich, intuitiv Entscheidungen zu fällen, die den Gewinn ihrer Firma verdoppelten. Und als Superlernmethoden zur Unterrichtung von Blinden eingesetzt wurden, konnten blinde Menschen den Sehenden nachher von Dingen erzählen, die mit den Augen nicht sichtbar sind.

Superlernmethoden betrachten den Menschen aber nicht nur als ein Ganzes, sie beeinflussen und verändern ihn auch »ganz«, selbst wenn sie eigentlich nur auf einen Teil von Geist oder Körper ausgerichtet sind. So wird zum Beispiel eine Frau, die Französisch lernt, plötzlich ihre Nebenhöhlenerkrankung los. Ein Mann, der Chemie studiert, stellt eine Steigerung seiner Intuition fest. Und ein Sportler, der ein bestimmtes Körpertraining absolviert, bemerkt, daß er sich bei akademischen Prüfungen besser konzentrieren kann. Wenn die hemmende Trennung zwischen Körper und Geist aufgehoben wird, kann jeder Bereich der Person eine Stärkung erfahren. Es ist ähnlich wie mit dem Licht, das auf eine Kristallfläche trifft und dadurch die nächste erleuchtet, dann die übernächste usw.

Dieser »Pralleffekt« lenkte die Arbeit von Georgi Losanow (sprich: Losánoff), einem Arzt und Psychiater, der zunächst mit Pädagogik nichts im Sinn hatte, in eine neue Richtung. Er begann, die »Natur des Menschen« und sein Wesen von Grund auf zu studieren, und kam, wie viele andere auch, zu dem Schluß, daß wir nur einen Bruchteil unseres Potentials wirklich nutzen. Losanow fand Wege, die brachliegenden geistigen Reserven zu aktivieren. Es gelang ihm, neue Techniken zu entwickeln, mit deren Hilfe jeder Durchschnittsmensch über ein Supergedächtnis verfügen und sich mit unerhörter Leichtigkeit Lernstoffe aneignen kann.

In gewissem Sinn fügt Superlearning* hinzu, indem es wegnimmt. Die Programme zielen darauf hin, Angst, Schuldgefühle, ein verqueres Selbstverständnis, mangelndes Selbstbewußtsein und Minderwertigkeitskomplexe abzubauen. Sie wollen die vielen Blockierungen, mit denen wir uns selbst im Wege stehen, lösen und zur freien Persönlichkeitsentfaltung beitragen. Es ist daher eigentlich so, daß Superlearning einem nichts Neues gibt, sondern das, was man bereits besitzt: sich selbst. Gerade deshalb ist seine Wirkung oft so frappierend.

Erfolg im Lernen, beim Sport, im Beruf und im Privatleben verschafft Befriedigung. Im Superlearning finden die Menschen jedoch offenbar noch mehr: die Erfüllung ihres Wesens. Manchmal erfaßt einen dann ein Gefühl der Harmonie, des vollkommenen Verstehens, etwa wie wenn man spürt, daß Schläger und Ball sich innig berühren, daß man einen schwierigen Begriff zum ersten Mal wirklich versteht, daß man einen Augenblick lang völlig eins ist mit

---

* Im folgenden werden die Ausdrücke Superlernen und Superlearning sowie Supergedächtnis und Supermemory alternativ gebraucht. Der deutsche Terminus bringt den *Super*lativ als Begriff zum Ausdruck, während der amerikanische Originalterminus mehr für die konkrete Methode steht, die zwar immer zu erstaunlichen Leistungssteigerungen, aber nicht in jedem Fall zur absoluten Superleistung führt.

einem anderen Menschen. Ein Funke springt über, man lebt – mit aller Kraft und Freude des Augenblicks.

Von dieser Freude ist auch in Superlernkursen die Rede. Für die meisten von uns war Lernen nicht immer eine besonders erfreuliche Erfahrung. Dabei läge es eigentlich in der Natur dieser Sache, daß sie Freude macht, denn Lernen bedeutet Wachsen und Reifen – und was heißt Leben schließlich anderes? Von Teilnehmern an Superlernkursen hört man immer wieder, daß sie sich rundum wohl fühlen – in ihrer Beziehung zu sich selbst und zu anderen. Vielleicht liegt das daran, daß es beim Superlearning weniger um den bloßen Intelligenzquotienten des einzelnen geht als vielmehr um die Gesamtheit seiner Anlagen und Fähigkeiten.

Der Philosoph Arthur Young und der Mathematiker und Kosmologe Charles Muses schreiben im Vorwort zu ihrem Buch *Consciousness and Reality* (»Bewußtsein und Wirklichkeit«): »Für die Evolution unserer Spezies ist der Augenblick der Wahrheit gekommen, und was der Mensch aus diesem Augenblick macht, wird mehr Bedeutung haben als die Ereignisse von Jahrtausenden vorher.«

Wie bereits erwähnt, hängen wir an der uns lieb gewordenen Vorstellung, daß wir mehr sind, als wir scheinen, aber vielleicht gibt es noch einen tieferen Grund, warum diese neuen Lernmethoden heute weltweit Aufsehen erregen: Wir merken schon seit einiger Zeit, daß uns in mehr als einer Hinsicht der Treibstoff ausgeht. Damit wir Entscheidungen treffen können, damit wir über den Gleichmut und die Kraft verfügen, die wir brauchen, um weiter bestehen zu können, wäre es wohl an der Zeit, die vorhandenen Reserven zu erschließen. Angeblich nutzen wir nur etwa zehn Prozent unseres Gehirns. Aber es muß doch schließlich einen Grund geben, warum der Rest miteingebaut ist.

Dieses Buch will einige Wege aufzeigen, mit deren Hilfe bereits viele Menschen versucht haben, ihre geistigen und körperlichen Reserven zu aktivieren. Der erste und wichtigste Teil behandelt Faktenlernen und Gedächtnis – Funktionen der linken Gehirnhälfte. Der zweite Teil beschäftigt sich mit dem Körper, physischer Leistungsfähigkeit und Gesundheit. Der dritte Teil befaßt sich mit

Intuition, Kreativität und den sogenannten außersinnlichen Fähigkeiten – Aktivitäten der rechten Gehirnhälfte. Immer wieder jedoch geht es in diesem Buch um Vorstellungskraft und Phantasie.

Beginnen Sie also einfach, indem Sie sich vorstellen, was Sie tun könnten, wenn Ihre Fähigkeit zu lernen und zu behalten sich um das Fünf- bis Fünfzigfache steigern würde . . .

2 Supermemory – ein Sprung in der Evolution?

Es geschah in Dubna, nahe Moskau, im größten Zentrum für Atomforschung der Sowjetunion, und unter den prominenten »Zeugen« befanden sich zahlreiche weltberühmte sowjetische Physiker. Der Künstler Michail Keuni wollte den Wissenschaftlern zeigen, wie schnell man rechnen kann. »Malen Sie auf die Rückseite der Tafel hier möglichst viele Kreise«, sagte er zu einem freiwilligen Assistenten auf der Bühne am oberen Ende des Saales. »Die Kreise dürfen sich überschneiden, sie können ineinanderliegen – ganz wie Sie wollen.«

Als man die Tafel nach getaner Arbeit umdrehte, um Keuni das Ergebnis zu zeigen, lachte das ganze Auditorium. Sie war über und über mit weißen Kreisen bedeckt. Ohne mit der Wimper zu zukken, teilte Keuni innerhalb von zwei Sekunden die Summe der abgebildeten Kreise mit: »167«!

Die mathematischen Koryphäen der Sowjetunion brauchten über fünf Minuten für die nötigen Berechnungen, die Keunis prompte und richtige Antwort bestätigten.

Vierzigstellige Zahlen erschienen auf der Tafel. Keuni konnte sie sich merken und schneller mit ihnen rechnen als ein Computer. Er verfügt über ein sogenanntes Supergedächtnis und kann daher schneller rechnen als eine Rechenmaschine. Deshalb vermag er auch mit außerordentlicher Geschwindigkeit zu lernen. Wenn sein Verstand einmal etwas registriert hat, kann er es jederzeit mühelos wieder erinnern. Diese Superlernfähigkeit leistet ihm gute Dienste bei seinen Auslandsreisen. Nie ist er um Worte verlegen. In weniger als einem Monat lernte er beispielsweise fließend Japanisch. Als das geplante Reiseziel plötzlich geändert wurde, soll er nach nur einer Woche Lernzeit das Finnische beherrscht haben. Ist Michail Keuni ein Wunder der Evolution? Besitzt er einzigartige Gehirnzellen? Oder gehört Supergedächtnis zu den grundlegenden menschlichen Potenzen? Ist es etwas, das jeder von uns wenigstens teilweise entwickeln könnte, wenn er nur wüßte, wie?

Das war eine der wichtigsten Fragen, die uns bewegten, als wir uns im Sommer 1968 in Richtung Osten aufmachten, um an dem ersten in Moskau tagenden Internationalen Kongreß für Parapsychologie teilzunehmen. Wir wollten unter anderen mit Dr. Georgi Losanow sprechen, dem bulgarischen Mediziner, der die außerordentlichen geistigen Fähigkeiten einer Reihe von Leuten wie Keuni untersucht hatte. Losanow war zu der Erkenntnis gelangt, daß Supergedächtnis eine natürliche menschliche Fähigkeit sei. Jeder könne es erwerben – mit Leichtigkeit! Das konnte er beweisen, denn in Bulgarien und in der Sowjetunion gab es Tausende von Menschen, die auf dem besten Wege waren, ein solches Supergedächtnis zu entwickeln.

Wir erfuhren zum ersten Mal etwas über dieses neue Lernsystem aus Zeitungen des Ostblocks. »Revolutionierung der Pädagogik durch neue Methode«, »Verborgene geistige Kanäle« lauteten die Schlagzeilen. »Es ist möglich, innerhalb eines Monats eine Sprache zu lernen«, stand in der *Prawda*, und in einer bulgarischen Zeitung hieß es: »Die Parapsychologie ist in der Pädagogik anwendbar.« Die Erfolgsnachrichten mehrten sich und wirkten immer unglaubwürdiger. Zuerst lernten die Bulgaren und Sowjets angeblich 100 Worte einer Fremdsprache pro Tag, dann waren es 201, 500 und schließlich wurden Forschungsergebnisse veröffentlicht, die besagten, daß eine bulgarische Gruppe 1000 Worte in einem Tag gelernt hatte.

Aber das war noch nicht alles. Wir lasen, daß dieses System die Lernkapazität um das Fünf- bis Fünfzigfache steigere, daß es die Merkfähigkeit erhöhe, so gut wie keine Anstrengung seitens der Schüler erfordere, gleichermaßen geeignet sei für Zurückgebliebene und Hochbegabte, für Junge und Alte und keiner besonderen

Geräte bedürfe. Kursteilnehmer beteuerten, daß sie nicht nur eine neue Sprache innerhalb eines Monats oder den Geschichtsstoff eines Semesters in wenigen Wochen gelernt hatten, sie hatten angeblich auch ihr physisches und psychisches Gleichgewicht wiedergefunden und kreative und intuitive Fähigkeiten an sich entdeckt, während sie lernten. Man wird uns antworten, daß es so etwas nicht gibt. Wir wollten der Sache auf den Grund gehen. Sheila Ostrander war aufgrund ihres langjährigen Pädagogik- und Musikstudiums besonders kompetent, das »Wundersystem« auf seine Möglichkeiten hin zu prüfen. Denn Musik war angeblich ein Schlüsselelement bei dieser Lernmethode. Mitte der sechziger Jahre begann Sheila eine Korrespondenz mit Forschern des Instituts in Sofia, das von Dr. Losanow geleitet wird, und übersetzte einschlägige wissenschaftliche Arbeiten aus anderen slawischen Ländern.

Losanow hatte offenbar ein System entwickelt, das dem einzelnen durch koordinierten Einsatz von Körper *und* Geist Höchstleistungen und dadurch buchstäblich die Entwicklung von Supergedächtnis* und superschnellem Lernen ermöglichte. Er nannte sein Lernsystem *Suggestopädie.* Es war nur ein Zweig, wenngleich ein sehr wichtiger, eines viel größeren Forschungsgebiets, dem sich sein Institut widmete: der Suggestologie. Suggestologie ist eine holistische »-ologie«, die eine Reihe von Techniken miteinander verbindet, die alle auf eins hinauslaufen: Erschließung der physischen und psychischen Reserven, die ungenutzt im Menschen schlummern, was nichts anderes heißt als Koordinierung von Körper, rechter Gehirnhälfte und linker Gehirnhälfte. Noch vor ihrer Ver-

---

* Zur Erläuterung zweier, in diesem Buch häufig gebrauchter Ausdrücke: *Supergedächtnis* ist die Übersetzung des Terminus technicus *Hypermnese* und bedeutet »eine ungewöhnlich genaue oder lebhafte Erinnerung« oder ein fast fotografisches Gedächtnis. *Superlearning* bezieht sich in seiner spezifischen Bedeutung auf ein eklektisches System zum beschleunigten Erlernen von Daten und Fakten, einem Resultat aus modernisierten, dem Westen angepaßten Techniken zur Entwicklung von Supergedächtnis. Der Begriff Superlernen wird auch allgemein verwendet zur Bezeichnung aller holistischen Lernsysteme zur Erschließung der geistigen und körperlichen Reserven (siehe auch Fußnote S. 16).

wendung für das Faktenlernen wurde die Suggestologie bei der
Heilung von Krankheiten und zur Schmerzkontrolle eingesetzt,
sowie in der Psychotherapie angewandt. Außerdem konnten mit
dieser Methode die intuitiven und sogenannten außersinnlichen
Fähigkeiten geweckt werden.

Es bedarf keiner Hellseherei, um sich vorzustellen, welche sozialen Auswirkungen ein System, das den Lernprozeß um das Fünf-
bis Fünfzigfache beschleunigt, auf den Grundschulunterricht, auf
Hochleistungsprogramme, auf berufliche Umschulung haben
würde, sowie auf die Fähigkeit eines jeden, sich in allen möglichen
Gebieten zu vervollkommnen. Das heißt, wenn es stimmte – und
wenn es in Amerika funktionierte. Wir kannten den slawischen
Hang zur Geheimnistuerei, wenn es darum geht, einem Ausländer
irgendwelche Informationen zukommen zu lassen. Aber wir wußten nicht, wie schwierig es sein würde, das Supermemory-System
Stück für Stück zu rekonstruieren. Und wir wußten ebenfalls nicht,
daß beinahe ein Jahrzehnt vergehen würde, bevor diese außerordentliche Methode in amerikanischen Klassenzimmern richtig getestet werden konnte.

Bulgarien war bis zu Beginn der sechziger Jahre für »Westler«
verschlossen. Bei unserer Ankunft im Jahre 1968 waren wir daher
gespannt, was wir dort wohl alles sehen und erfahren würden. Auf
den Straßen der fünftausend Jahre alten Hauptstadt Sofia mischen
sich Zeugen des vergangenen und zukünftigen menschlichen Bewußtseins: Minarette von reich verzierten Moscheen, Überreste
antiker römischer Bäder, Katakomben-Kirchen – und daneben
Busse, Taxis, hastende Menschenmassen. Nicht weit vom Zentrum der Stadt befindet sich Losanows Hauptquartier, ein zwei-
stöckiges graues Gebäude inmitten von Rosengärten: das Institut
für Suggestologie und Parapsychologie.

In einem so alten Land hatte es Losanow nicht allzu schwer, als
eine Art »Ärchäologe des Bewußtseins« der Welt von heute ver-
schollene Kenntnisse und Methoden aus vergangenen Epochen
wieder nahezubringen. Und genau das hat Dr. Losanow in gewisser Hinsicht getan, als er die alten Techniken des Supermemory in
eine moderne, wissenschaftliche Form und Sprache übersetzte.

Losanow begrüßte uns in seinem Büro. Wie wir bereits auf dem Kongreß in Moskau festgestellt hatten, besaß er einen »holistischen« Humor und ein »kosmisches« Lachen. »Die Suggestologie kann eine Revolution für das Unterrichtswesen bedeuten«, meinte er, »wenn die Menschen erst einmal die Vorurteile überwunden haben, daß Lernen etwas Unangenehmes sei, daß sie morgen vergessen haben werden, was sie heute lernten, und daß die Lernfähigkeit mit dem Alter abnimmt. Pädagogik ist das Wichtigste auf der Welt. Das ganze Leben ist Lernen – nicht nur in der Schule.«
»Worin besteht die Methode der Suggestologie denn nun eigentlich genau?« fragten wir. Um diese neue »-ologie« zu entwickeln, haben Losanow und seine Mitarbeiter alle nur möglichen Gebiete »angezapft«: mentalen Yoga, Musik, Schlaflernen, Physiologie, Hypnose, autogenes Training, Parapsychologie, Psychodrama, um nur einige zu nennen. Vor allem jedoch wurzelt die Suggestologie im System des Raja-Yoga. »Die Suggestologie ist wirklich nichts Neues«, erklärte Losanow. »Das Neue daran ist die Anwendung.«

Dieselben geistigen Mechanismen, die zum Supergedächtnis (und dadurch zum beschleunigten Lernen) verhelfen, können auch zu außersinnlicher Wahrnehmung (kurz: ASW) und deren bewußter Beherrschung führen.

Aus seiner medizinischen Praxis und seinen Untersuchungen von Menschen mit außergewöhnlichen geistigen Gaben, wie zum Beispiel Keuni, kam auch Losanow zu der Überzeugung, das »sowohl die Geschichte als auch experimentelle Daten zeigen, daß die Fähigkeiten der Menschen bei weitem die Kapazität übersteigen, deren sie sich zur Zeit bedienen«.

In den folgenden Wochen erfuhren wir mehr über Losanow und seine faszinierenden Entdeckungen. Obwohl erst Anfang Vierzig, war er einer der führenden Ärzte des Landes. Er glaubt, daß er einer der ersten Psychotherapeuten – wenn nicht der erste überhaupt – in Bulgarien war. Bei unserer Begegnung mit ihm hatten wir den Eindruck, daß er zu dem Typ von Doktor gehörte, bei dem man sich schon besser fühlt, wenn er nur zur Tür hereinkommt.

Losanow stammt aus einer Akademikerfamilie – sein Vater war

Professor für Geschichte, seine Mutter Juristin. Er studierte Medizin und Psychotherapie in Bulgarien und promovierte in der UdSSR. Da er sich mit keiner traditionsgebundenen wissenschaftlichen Schule auseinandersetzen mußte, konnte er seine Methode ganz unbefangen entwickeln. Bereits seine Dissertation befaßte sich mit Suggestologie und der Anwendungsmöglichkeit seiner Entdeckungen über Supergedächtnis und Parapsychologie in der Pädagogik.

Wir stellten ihm Fragen über Fragen: »Was hat es mit dem Supermemory denn nun auf sich? Wie kam es, daß Sie sich dafür interessierten? Warum haben Sie als Arzt auf Pädagogik umgesattelt?«

Losanow ließ sich nicht lange bitten und berichtete uns einiges aus seiner langjährigen Forschungsarbeit. »Vor allem die Yogis nützten die Hypermnese«, sagte er. »Bestimmte Yogis taten nichts anderes, als alle heiligen Schriften auswendig zu lernen, damit im Falle einer Katastrophe, die vielleicht alle Bücher und Aufzeichnungen zerstört hätte, das ganze bis dahin angesammelte Wissen aus dem Gedächtnis wiederhergestellt werden könnte, solange nur ein einziger Yogi lebte.«

Losanows Forschungen zeigten auch, daß Supergedächtnis in anderen Ländern, in den ältesten Siedlungsgebieten ebenfalls bekannt war. »Die Maoris in Neuseeland«, erklärte er, »wurden mit denselben Methoden für Supergedächtnis geschult wie die indischen Brahmanen. Noch in unseren Tagen konnte der Maori-Häuptling Kaumatana die ganze Geschichte seines Stammes über fünfundvierzig Generationen – mehr als tausend Jahre – vortragen. Er brauchte dafür drei Tage und verwendete keine Notizen.«

Losanow berichtete dann begeistert von einer Reise, die er kürzlich nach Indien unternommen hatte. »Ich beobachtete Yogis in verschiedenen Meditationszentren. Im Institut von Sri Yogendra in Bombay traf ich Yogi Sha. Nachdem er sich ein Jahr lang täglich bestimmten Übungen unterzogen hatte, entwickelte er ›Supergedächtnis‹.« Yogi Sha, ein Rechtsanwalt, konnte auf der Stelle achtzehnstellige Ziffernkolonnen, die man ihm gezeigt hatte, richtig wiedergeben, mühelos den Wochentag jedes Datums innerhalb eines bestimmten Jahrhunderts nennen und die Anordnung von

Dutzenden von Gegenständen, auf die er nur einen kurzen Blick geworfen hatte, fotografisch erinnern. In Indien lebten eine Menge Leute, die durch diese alten Yogatechniken Hypermnese entwikkelt hätten, bemerkte Losanow. Er wies darauf hin, daß es verschiedene Wege zur Entwicklung von Supergedächtnis gibt. Die von diesen Yogis verwendeten Übungen würden sich für den Massenbetrieb an Schulen nicht eignen. Aber er hat sie studiert und auf ihrer Grundlage seine eigene Technik erarbeitet. Losanow brauchte jedoch nicht erst nach Indien zu fahren, um Yogis oder Menschen zu treffen, die Supergedächtnis demonstrieren und schneller kopfrechnen konnten als ein Computer. Auch in Bulgarien leben viele, und Losanow selbst hat zwanzig Jahre lang Raja-Yoga praktiziert.

Die meisten kennen Hatha-Yoga, bei dem man »gymnastische« Übungen ausführt und verschiedene Körperstellungen einnimmt. Raja-Yoga, der mentale Yoga, ist weniger bekannt. »Raja« bedeutet »königlich« oder »Herrscher«, und im Raja-Yoga geht es um die Beherrschung des Geistes. Seine Anhänger betrachten ihn als die »Wissenschaft der Konzentration«. Er umfaßt Techniken zur Änderung der Bewußtseinszustände, Trainingsmethoden fürs Hellsehen, Konzentrations- und Atemübungen. Raja-Yoga behauptet, eine Reihe von Techniken anzuwenden, die es dem Menschen ermöglichen, *siddhi* zu entwickeln, Kräfte, die verschiedene übersinnliche Fähigkeiten einschließen und die angeblich in uns allen latent vorhanden sind: ein fotografisches Supergedächtnis, ein »Computerrechenhirn«, außerordentliche Verstandeskräfte, die Möglichkeit der Schmerzkontrolle und die ganze Skala der paranormalen Fähigkeiten von der Psychokinese bis zur Telepathie.

Losanow beschloß, all diesen Behauptungen nachzugehen. Ließen sie sich wissenschaftlich beweisen? Er untersuchte Leute mit paranormalen Fähigkeiten und holte Scharen von Yogis ins Testlabor, um jeden Aspekt ihrer Schulungsmethoden und -resultate einer genauen Prüfung zu unterziehen.

Die spektakulären physischen Leistungen der bulgarischen Yogis – jeder siebzehnte Bulgare praktiziert Yoga – lassen auch auf ihre geistigen Kräfte schließen. In einer Filmdemonstration sahen wir einen Yogi ausgestreckt auf einem Tisch liegen. Plötzlich schien er sich etliche Zentimeter horizontal in die Luft zu erheben, er schwebte beinahe über dem Tisch. »Das ist keine Levitation«, erläuterte Losanow. »Er hat lediglich gelernt, seine Rückenmuskulatur für eine Art von horizontalem Sprung einzusetzen.« Das Yogazentrum in Sofia bietet nach Ansicht des Yogameisters Suren Goyal aus Indien die vollständigste Ausbildung von allen ihm bekannten Schulen.

Losanow ist aufgrund seiner Forschungen überzeugt davon, daß wir in gewissem Sinn das Supergedächtnis bereits besitzen. Nur können wir das, was wir speichern, nicht beliebig abrufen. »Der menschliche Geist nimmt eine ungeheure Menge von Information auf«, sagt er, »die Anzahl von Knöpfen an einem Anzug, die Stufen einer Treppe, die Unterteilungen eines Fensters, die Schritte zur Bushaltestelle. Diese ›unterschwelligen Wahrnehmungen‹ zeigen uns die verblüffenden Kräfte der Unbewußten.«

Die Forschungsarbeit von Dr. Wilder Penfield vom Neurologischen Institut in Montreal bestätigt diese Auffassung. Sie beweist, daß wir so etwas wie ein natürliches, eingebautes »Tonbandgerät« im Kopf haben. Penfield nahm Gehirnoperationen an Patienten vor, die nur unter Lokalanästhesie standen und daher bei Bewußtsein waren. Während der Operation stimulierte er bestimmte Gehirnzentren mit schwachen Stromstößen. Alle Patienten berichteten von einem wörtlichen »Abspielen« lange vergessener Unterhaltungen, Lieder, Witze – lauter Dinge, die sie in ihrem ganzen Leben nur einmal gehört und dennoch vollständig gespeichert hatten. Ein Patient erinnerte sich zum Beispiel, daß er einmal an einem Sommermorgen vor einem Farmhaus stand. Er hörte wie damals Musik aus dem Radio, roch den Mist, spürte eine frische Brise.

Dr. Penfields Theorie lautet, daß *jede* Sinneserfahrung – Anblick, Klang, Geruch und Geschmack – als ein bestimmtes Muster im Gehirn registriert wird und daß dieses Muster noch lange erhalten bleibt, nachdem das Bewußtsein die Erfahrung schon vergessen hat.

Um nun Lerninhalte besser und über einen längeren Zeitraum

hinweg erinnern zu können, muß man einen Weg finden (einen anderen als Dr. Penfields »sanften Elektroschock«), mit dessen Hilfe das, was wir in unserem Gehirn gespeichert haben, spontan abrufbar wird.

Losanow stimmt mit Penfield darin überein, daß wir alle unsere Sinneswahrnehmungen durch Gesicht, Gehör, Geruch und Geschmack speichern, aber er geht noch weiter. Er meint, daß wir außerdem ständig Informationen aufzeichnen, die wir intuitiv und telepathisch oder hellseherisch wahrnehmen. »Höhere Sinneswahrnehmungen« spielen eine Rolle bei dem, was wir aufnehmen und erinnern. »An Gedächtniserweiterung und Telepathie ist nichts Übernatürliches«, meint Losanow.

Lernen im Schlaf

Wissen speichern scheinen wir also schier unbegrenzt zu können, aber mit welchem Trick ruft man die unserem Hirn eingeprägten Informationen ins Bewußtsein zurück? Es gibt bekanntlich schon verschiedene Techniken, mit deren Hilfe man offenbar Supergedächtnis erwirbt, zum Beispiel das Schlaflernen.

Der Fernsehstar Art Linkletter lernte mit dieser Methode in nur zehn Nächten klassisches Chinesisch. Ein chinesischer Intellektueller bestätigte nach einer Unterhaltung mit Linkletter, daß dieser gewandt in elegantem Mandarindialekt parlieren konnte. Auch eine ganze Reihe anderer Prominenter wie etwa Bing Crosby und Gloria Swanson nutzten das Schlaflernen, um sich ihre Rollen- und Liedertexte einzuprägen. Eine Zeitlang machte das Schlaflernen Schlagzeilen quer durch die Vereinigten Staaten.

Die Russen, die Pionierarbeit auf diesem Gebiet geleistet haben, wenden es seit Jahren auf breiter Basis an. Auch Dr. Losanow befaßte sich mit Schlaflernen, lehnt es als Weg zum Supergedächtnis jedoch ab. Warum? Vor allem deshalb, weil der Lernende den Lernprozeß nicht bewußt verfolgen kann und daher auch keine Kontrolle über ihn hat. Außerdem erweist sich beim Schlaflernen der Streß manchmal als ein Lernhindernis, das unter Umständen erst nach zwei Wochen überwunden wird. Damit das Schlaflernen erfolgreich verläuft, ist nämlich ein entspannter körperlicher und geistiger Zustand Voraussetzung; viele Menschen befinden sich während des Schlafs jedoch in einem starken Spannungszustand, der den Lernvorgang empfindlich stört. Wie Losanow erklärt, ist für das Schlaflernen überdies eine Menge von Spezialapparaturen erforderlich, die das Ganze ziemlich kompliziert machen.

Nachdem wir uns bei einem Versuch, das Schlaflernen selbst auszuprobieren, mit einem Labyrinth von Drähten und elektronischen Geräten herumgeschlagen hatten, konnten wir das bezeugen. Eine von uns brachte zudem jede Nacht die Schlaflerngeräte so durcheinander, daß der ganze Apparat nicht mehr funktionierte.

»Schlaflernen« ist eigentlich eine falsche Bezeichnung, denn das Lernen findet nicht *während* des Schlafs statt. Das Tonband mit dem Lernstoff wird von einer entsprechend programmierten Uhr während der Phase des Halbschlafs angestellt, kurz bevor man einschläft bzw. erwacht. Dieses Prinzip liegt auch der enorm erfolgreichen Suzuki-Musikmethode zugrunde, durch die selbst kleine Kinder lernen können, ein Musikinstrument zu spielen. Eine Aufnahme des Stücks, das die Kinder lernen sollen, wird ihnen beim Einschlafen vorgespielt.

Trotz der sowjetischen Erfolge auf dem Gebiet des Schlaflernens besaß dieser Weg zur Gedächtnissteigerung auch eine Reihe unbestreitbarer Nachteile. Manche Forscher befürchteten Gesundheitsrisiken. Manche Leute mußten wochenlang die Schlaftonbänder hören, bevor sie überhaupt irgend etwas lernten, oder sie erinnerten, sobald das Tonbandgerät sich einstellte, plötzlich eine vollständige Lektion – die sie Wochen zuvor gelernt hatten. Es fehlte einfach die bewußte Kontrolle des erinnerungsauslösenden Mechanismus.

Eines Nachts machte Dr. Losanow eine weitere Entdeckung. Zwei Gruppen von Studenten sollten sich ihr tägliches Pensum mittels Schlaflernen einprägen. Während sie schliefen, zog Losanow bei der einen Gruppe den Stecker des Lautsprechers heraus – am nächsten Tag schnitten jedoch *beide* Gruppen besser ab als nach gewöhnlichem »Pauken«. Die bloße *Suggestion*, daß sie intensiver lernen würden, hatte bei der einen Gruppe ein besseres Gedächtnis hervorgerufen.

Losanow glaubt, daß es eine Anzahl »suggestiver« Elemente gibt, mit deren Hilfe man Erinnerung abrufen kann. Er untersuchte Systeme wie *Hypnopädie* (Lernen durch Hynose) und *Hypnosopädie* (Lernen durch Hypnose plus Schlaf), um herauszufinden, wie ein Lernender voll bewußt bleiben und die Kontrolle über den Auslöser seiner geistigen Aktivitäten und seines Gedächtnisses selbst übernehmen könnte.

»Heilkraft Geist« – *unser bestes Medikament*

Nach Jahren des Experimentierens zog Losanow den Schluß, daß die Grundlage des Supergedächtnisses und der außersinnlichen Kräfte der Yogis als *Suggestion* bezeichnet werden kann – ein Phänomen, mit dem sich die Psychologie der slawischen Staaten schon eingehend beschäftigt hat und das auch physiologisch faßbar ist. Der Kategorie Suggestion ordnete Losanow eine Reihe von Dingen zu, die den meisten von uns für gewöhnlich wohl nicht als *suggestiv* gelten: Rhythmus, Atem, Musik und meditative Zustände.

So wie die Entdeckung des »Biofeedback« das Rätsel der körperkontrollierenden Yogatechniken löste, wollte Losanow mit seinen physiologischen Forschungen die Yogatechniken zur Entwicklung von Gedächtniskontrolle und anderen geistigen Fähigkeiten entmystifizieren und modernisieren. »Die ›Wunder‹, die ein Yogi vollbringt«, so erklärt er, »beruhen auf Gedankentraining oder Suggestion. Der Yogi kann sich selbst mittels Gedanken anästhesieren. Er kann bewußt innere Körperprozesse steuern. Der Austausch zwischen seinem Denken und seinem Körper wirkt sich nachhaltig auf Gesundheit, Seelenfrieden und Lebensdauer aus.«

Es war nur logisch, daß Losanow die Suggestologie zuerst in der Medizin und in der Psychiatrie zur Entwicklung von Körperkontrolle anwandte. Im Gewerkschaftssanatorium von Bankya beginnt eine typische Gruppentherapie damit, daß Losanow erklärt, wie der Geist zur Heilung des Körpers beitragen kann. Dann sagt er zu den entspannten, aber völlig wachen Patienten mit seiner ruhigen, angenehm klingenden Stimme:»Entspannen Sie sich! Tief... ganz tief... Sie haben keine Beschwerden. Ihr ganzer Körper ist völlig entspannt. Alle ihre Muskeln sind schlaff.« Er versucht nicht, irgendein bestimmtes Symptom zu beseitigen, er baut vielmehr auf die grundlegende Erkenntnis des Yoga, daß im Zustand tiefer Entspannung Angst und Streß verschwinden. Nach etwa zwanzig Minuten positiver, Spannungen abbauender Suggestion schließt Losanow mit den Worten:»Sie fühlen sich vollkommen gesund. Sie können alle Schwierigkeiten bewältigen.«

Dann beginnt ein Sänger mit einschmeichelnder Stimme ein beliebtes Lied vorzutragen.»Es ist wichtig, daß Sie ein höheres Ziel vor Augen haben als Ansporn zu schöpferischer Tätigkeit«, sagt Losanow. Die Heilsuggestionen prägen sich nach dem Zeugnis der Patienten den innersten Gedanken ein. Laut Losanow handelt es sich dabei weniger um Heilung als um Lebenshilfe. Die Ärzte des Sanatoriums bestätigen, daß die Therapie funktioniert, und führen zahlreiche Fälle von Heilungen funktioneller Störungen des Nervensystems, von Neurosen und Allergien an.

Zum ersten Mal erregte die Suggestologie größere Aufmerksamkeit, als sie zur Schmerzkontrolle eingesetzt wurde. Im Sommer 1965 bat ein fünzigjähriger Sportlehrer Losanow, ihn suggestologisch zu behandeln, da er sich einer größeren Operation eines komplizierten Leistenbruchs unterziehen wollte. Diese Operation wurde gefilmt und im Fernsehen übertragen und lieferte einem internationalen medizinischen Kongreß in Rom im September 1967 den anschaulichen Beweis dafür, was die Suggestologie vermag. Für manche Leute war der Film, als er in den Vereinigten Staaten gezeigt wurde, etwas *zu* anschaulich. Nichtmediziner im Auditorium schienen mehr zu leiden als der Patient, dem der Bauch aufgeschnitten wurde und der über das Klappern der chirurgischen Instrumente noch Witze machte. Sein Blutverlust war minimal, und der Klinikchef Dr. M. Dimitrow erklärte, daß die Heilung viel schneller verlief als gewöhnlich. Losanow und die anwesenden Ärzte betonten übrigens, daß es sich bei der Suggestologie nicht um Hypnose handelte, sondern um eine neue Form bewußter Kontrolle.

Obwohl Losanow sich für die Fähigkeiten und Möglichkeiten des Menschen im allgemeinen interessierte, veranlaßten ihn bestimmte Fälle aus seiner psychiatrischen Praxis, sich immer stärker auf das Supergedächtnis zu konzentrieren. Es kamen Leute zu ihm, die unter einer offenbar weit verbreiteten, aber namenlosen Krankheit litten. Nachdem er verschiedene Patienten behandelt hatte, »taufte« Losanow die Krankheit: *Didaktogenie*, eine durch falsche oder unzureichende Lehrmethoden verursachte Störung der geistigen und körperlichen Funktionen. Studenten, die unter zu großem Leistungsdruck standen, brachen erschöpft zusammen und entwickelten eine ganze Reihe von Spannungskrankheiten und Neurosen.

Wenn schmerzlose Operationen und schmerzlose Geburten möglich waren, dachte sich Losanow, warum sollte das »Gebären« von Wissen nicht auch schmerzlos vonstatten gehen können? Wenn vom Raja-Yoga abgeleitete Techniken chirurgische Eingriffe und Geburten schmerzlos verlaufen ließen, sollte man sie da nicht auch anwenden, um das Lernen vom Schmerz zu befreien?

Studenten, die unter Prüfungsangst litten, wurden suggestologisch behandelt. Sie stellten sofort eine erhebliche Steigerung ihres Gedächtnisses sowie eine geringere nervöse Spannung fest. Ein Schweißer, der die Abendschule besuchte, berichtete, daß er nach der suggestologischen Behandlung ein ganzes Gedicht aufsagen konnte, das er nur ein einziges Mal gelesen hatte. »Es ist ein Wunder«, sagte er zu Losanow. Bis dahin hatte er immer Mühe gehabt, sich etwas Gelerntes zu merken.

Losanow suchte nach Wegen, die Reserven des Geistes zu erschließen, in der Überzeugung, daß Körper, Geist und Intuition im Prozeß des Lernens, Erinnerns und der Kommunikation holistisch miteinander verbunden sind. Außerdem entdeckte er, daß dieselben Yogatechniken, die das Supergedächtnis erschließen und den Körper heilen, auch zu den zahlreichen anderen latenten Geisteskräften wie Hellsehen und Telepathie einen Zugang eröffnen. Daher hielt er auch parapsychologische Kenntnisse im Zu-

sammenhang mit jeder Art von System zur Steigerung des Lernvermögens für wichtig und fruchtbar.

Was in den Vereinigten Staaten vielleicht befremdlich geklun-
gen hätte, überraschte kaum in einem Land, dessen Kultur so reich
ist an esoterischen Traditionen wie Bulgarien. Daß es eine parapsychische Seite des Geistes gibt, akzeptiert man dort viel selbst-
verständlicher. Bulgarien stand jahrhundertelang im Mittelpunkt
der westlichen okkulten Bewegungen. Während des 10. Jahrhunderts wurde es das Zentrum der Katharer, einer religiösen Bewegung in der gnostischen Tradition. Die Gnostiker waren der Ansicht, daß man direkte Erkenntnis oder »kosmisches Bewußtsein«
göttlicher Prinzipien selbst erwerben solle, nicht durch die willkürliche Vermittlung von Kirche und Priester. Dazu mußte man parapsychische Fähigkeiten, wie wir sagen würden, durch verschiedene geheime Techniken entwickeln.

Seit der Renaissance gibt es in diesem Land unzählige okkulte
Sekten und Gesellschaften, die sich mit parapsychischen Phänomenen befassen. Es ist daher kein Wunder, meint Christian Godefroy, der französische Experte für ASW, daß Bulgarien im Verhältnis mehr Hellseher, mehr Geistheiler, mehr Telepathen, mehr
Propheten besitzt als paraktisch jedes andere Land. Daher waren
auch gerade die Bulgaren besonders interessiert daran, die wissenschaftliche Grundlage dieser Phänomene zu erforschen.

Und so war es angesichts dieser Voraussetzungen auch nicht
weiter ungewöhnlich, daß Bulgarien das erste Land der Welt sein
sollte, das eine Prophetin verstaatlichte. Die berühmte blinde
Wahrsagerin Bulgariens, Wanga Dimitrowa, empfing als »natür-
licher Bodenschatz« des Landes ein Regierungsgehalt. Es war so,
als wenn die Regierung der Vereinigten Staaten den – mittlerweile
verstorbenen – Heiler und Hellseher Edgar Cayce verstaatlicht
hätte.

Zu Wanga, die in der kleinen Stadt Petrič nahe der jugoslawischen Grenze wohnt, kommen täglich Dutzende von Ratsuchen-
den – vom ortsansässigen Bauern bis zum hohen Staatsbeamten.
Sie findet Vermißte, hilft bei der Aufklärung von Verbrechen, dia-
gnostiziert Krankheiten und »liest« die Vergangenheit. Aber ihre

größte Begabung liegt auf dem Gebiet der Prophezeiungen, wobei
die Voraussage von Sterbedaten ihre besondere Stärke ist.

Länger als zehn Jahre untersuchte Losanow die Frau, weil er
wissen wollte, wie solche parapsychischen Wahrnehmungen ins
Bewußtsein dringen. Er richtete ein vollständiges, von der Regierung finanziertes physiologisches Labor in Petrič ein und registrierte sämtliche Fälle samt allen nur möglichen Details, die auf
die parapsychische Wahrnehmung einen Einfluß haben könnten –
warum sie an einem Tag gut und am nächsten schlecht »weissagt«,
was sie entspannt und was sie blockiert.

Er wollte Fälle wie den folgenden ergründen: Wanga wurde von
einer schwangeren Frau aus einem südbulgarischen Dorf aufge-
sucht. »Das Kind, mit dem Sie schwanger gehen, wird noch im
Säuglingsalter ermordet werden«, sagte Wanga zu ihr. Sie beschrieb das Haus, in dem der zukünftige Mörder wohnte.
»Es geschah wirklich, was sie vorhergesagt hatte«, erzählte Losanow. »Man verhaftete den Mörder in dem Haus, das Wanga bezeichnet hatte.«

Bei seiner ersten Begegnung mit Wanga kam Losanow mit
Aspekten der Psi-Wahrnehmung in Berührung, die später eine
Rolle spielten, als er seine Theorie über die Informationsrezeption
des menschlichen Geistes im Lernprozeß aufstellte. »Ich hatte so
viel von Wanga gehört, daß ich beschloß, sie selbst aufzusuchen«,
erklärte Losanow. »Ein Freund von der Universität Sofia fuhr mit
mir.«

Die beiden jungen Forscher – Losanow war damals Anfang
Zwanzig – stellten ihr Auto vor der Ortseinfahrt von Petrič ab und
gingen zu Fuß weiter. Sie wollten verhindern, daß irgend jemand
ihr Kommen vorzeitig bemerkte. Losanow hatte den Verdacht,
daß Wanga im ganzen Dorf Informanten besaß, die ihr neue Besucher »von auswärts« ankündigten.

»Wir stellten uns mit Hunderten von anderen Leuten an«, erzählte Losanow, »und warteten volle drei Stunden, bis wir Schritt
für Schritt an die Spitze der Schlange gelangt waren. Wir sprachen
kein Wort miteinander, um uns nicht vielleicht irgendwie zu verra-
ten. Schließlich waren wir an der Reihe. Mein Freund Sascha ging

als erster hinein. Wanga nannte ihm seinen Vor- und seinen Zunamen, sagte ihm, wo er geboren war, und beschrieb die Eckwohnung im ersten Stock, wo er zur Zeit lebte. Auch den Namen seiner Mutter wußte sie und die Krankheit, an der diese litt. Dann nannte sie Sascha Todesursache und Sterbedatum seines Vaters. Es war, als läse sie alle diese Informationen aus einem Buch vor. Schließlich sagte sie:»Sie sind seit sieben Jahren verheiratet, haben aber keine Kinder. In einem Jahr werden Sie ein Kind haben.« Sie sollte recht behalten.

»Danach war ich an der Reihe. Als ich in das Zimmer trat, begrüßte Wanga mich: ›Georgi, warum sind Sie gekommen? Sie wollen mich auf die Probe stellen. Es ist noch zu früh. In einigen Jahren werden Sie wiederkommen.‹ Sie schien damit anzudeuten, daß eine ernsthafte wissenschaftliche Untersuchung ihrer prophetischen Gabe zu diesem Zeitpunkt möglich wäre.»Ich erwiderte nichts, sondern begann mein erstes Experiment«, erzählte Losanow.»Unter Einsatz meiner ganzen Willenskraft und der geringen telepathischen Fähigkeiten, die ich besitze, stellte ich mir vor, ein anderer Mann zu sein, einer, den ich sehr gut kannte. Wanga begann nun mit ihren Voraussagen, aber sie waren falsch. Sie merkte es selbst und sagte mir das auch. Dann fügte sie hinzu: ›Gehen Sie. Ich kann Ihnen nichts erzählen.‹

Daß es mir gelang, Wanga irrezuführen, ist äußerst interessant. Es war der erste Beweis für meine Hypothese, daß sie das, was sie ihren Besuchern sagte, aus deren eigenem Gehirn telepathisch abzapfte.«

Die Richtigkeit von Wangas Vorhersagen in etwa achtzig Prozent der Fälle ist angeblich nachgewiesen worden. Es gibt Gerüchte, daß der bulgarischen Regierung eine phantastische Summe von einem deutschen Privatinstitut angeboten worden sei, um die Dienste dieser Prophetin in Anspruch nehmen zu dürfen, daß Berühmtheiten des Jet-Sets wie Jackie Kennedy sie aufsuchen wollten, daß sie aber alle zurückwies, um weiter mit dem Institut für Suggestologie zusammenzuarbeiten.

Obwohl aus politischen Gründen öffentlich nichts mehr darüber verlautet, versichern uns Bulgaren, daß diese Arbeit des Instituts in aller Stille fortgesetzt wird. An Wanga s Haus hängt immer noch eine Tafel mit der Aufschrift:»Wissenschaftliche Mitarbeiterin des Instituts für Suggestologie«.

An dem medizinischen Institut, wo Losanow zuerst arbeitete, widmete er die Hälfte seiner Zeit dem Studium von Telepathie, Hellsehen und Dermooptik – der übersinnlichen Fähigkeit, Farben oder geschriebene Texte durch die Haut (meist die der Fingerspitzen) wahrzunehmen. Er testete über fünfundsechzig verschiedene Sensitive, um herauszubekommen, wie es ihnen gelang, die uns bekannten physikalischen Grenzen von Raum und Zeit aufzuheben und über an sich»unmögliche«Informationen zu verfügen. Losanow stellte fest, daß sich im Körper des Sensitiven ganz bestimmte Prozesse abspielen, wenn er»in Aktion«ist. Er entdeckte außerdem, daß es offenbar einen Zusammenhang gab zwischen dem, was die Sensitiven auf natürliche Weise vermochten, und den angeblich bewußtseinserweiternden Raja-Yoga-Übungen. Losanow prüfte verschiedene Methoden der Entwicklung von Psi-Kräften und versuchte schließlich, blinden Kindern das Hautsehen beizubringen, was ihm auch gelang (siehe Kapitel 15 und 16).

Suggestologie»kann die parapsychische Leistung eines Individuums oder einer ganzen Gruppe steigern . . . Mit Hilfe der Suggestologie können die Gaben der Telepathie und des Hellsehens gepflegt und entwickelt werden«, berichtete Losanow 1966 auf dem Internationalen Kongreß für Parapsychologie in Moskau. Wie die Befürworter des Raja-Yoga behauptet hatten, konnte man anhand überlieferter Techniken wirklich Supergedächtnis, Selbstheilungs- und Psi-Kräfte entwickeln.

Als er Leute in diesen paranormalen Leistungen schulte, fand er seine Ansicht von neuem bestätigt, daß man bei gesteigerter Wahrnehmungsfähigkeit zusätzliche intuitive Informationen aufnimmt, die den Lernprozeß begünstigen oder auch behindern können. Natürlich spielen beim Erlernen und Entwickeln außergewöhnlicher Fähigkeiten kulturbedingte Elemente eine große Rolle, die zum Teil selbst suggestiven Charakter besitzen. So erweisen sich zum Beispiel Menschen, die von ihrer Tradition und Umwelt her»psi-freundlich«eingestellt sind, wie etwa die Bulgaren, von vornherein aufgeschlossener und »begabter« dafür als ein nüchtern-rationalistischer Westler.

Losanow stellte im Rahmen seiner Experimente außerdem fest, daß Informationen auf der Basis von Intuition und Psi ebenso blitzartig und automatisch abrufbar sind wie mit Hilfe des Supergedächtnisses. Es waren offenbar ähnliche psychische Mechanismen, die der ASW und dem Supergedächtnis zugrunde lagen.

Suggestopädie als Tor zu neuen Welten

Aus dem von Losanow in jahrelanger Forschungsarbeit gesammelten Beweismaterial ging hervor, daß die Menschen Supergedächtnis dann entwickelten und viel schneller als gewöhnlich lernten, wenn sie sich in einem »Zustand verlangsamter Körperabläufe« befanden – wie etwa beim Schlaflernen und bei der Hypnopädie. Sogar diejenigen, die von Natur aus außersinnliche Fähigkeiten besaßen, versetzten sich in diesen entspannten Zustand, bevor sie ihre »Wunder« vollbrachten. Wenn die Körperrhythmen sich beruhigten, wurde der Geist leistungsfähiger. Wie aber kann man diesen Zustand erreichen, ohne in Halbschlaf oder in Trance zu fallen? Wie ist das bei vollem Bewußtsein möglich?

In bulgarischen Sanatorien wird heute die »Musiktherapie« angewendet. Patienten mit Herzbeschwerden oder Muskelverkrampfungen werden zum Beispiel mit einer Musik behandelt, die einen sehr langsamen, gleichmäßigen Rhythmus hat. Das beruhigt die Nerven, entspannt den Körper. Ein Tonband mit vierzig bis sechzig rhythmischen Schlägen pro Minute half, den psychophysischen Rhythmus zu verlangsamen. Auch zur Stärkung des Gedächtnisses setzte Losanow Musik ein – langsame Sätze klassischer Barockmusik mit einem ungefähr gleichmäßigen Taktschlag pro Sekunde, also sechzig Taktschläge pro Minute. Anstelle von Schlaf oder Hypnose beruhigte die Musik den Körper, so daß der Geist beginnen konnte, sein ungenütztes Potential zu aktivieren.

Auf welche Weise kann man nun den Menschen, die sich in diesem aufnahmebereiten Zustand befinden, den gewünschten Lernstoff vermitteln? Das geschieht durch die rhythmische Präsentation des Lernmaterials. Losanow entdeckte einen bestimmten Rhythmus, der sich mit den psychophysischen Rhythmen gut synchronisieren ließ. Wie beim Schlaflernen gliederte er das Informationsmaterial in kleinere Teilstücke oder kurze Sätze. Alle acht Sekunden wurde ein Satz gesprochen. Beim Schlaflernen wurden die gleichen fünf Minuten Lernstoff bis zu sechsunddreißigmal pro Nacht wiederholt. So viele Wiederholungen waren bei dem neuen System nicht nötig. Die Lehrer sprachen außerdem mit wechselnder Intonation, um die Monotonie des gleichmäßigen Rhythmus zu unterbrechen.

Daß eine verlangsamte Präsentation des Stoffes das Geheimnis besserer Lernerfolge sein kann, stellte auch der Wissenschaftler Dr. Willard Madsen von der University of California in Los Angeles fest. Bei seiner Arbeit mit behinderten Schülern fand er heraus, daß die Kinder mit einem niedrigen Intelligenzquotienten (IQ) fast so gut lernten wie ihre begabteren Mitschüler, wenn er das *Tempo* der Stoffdarbietung durch relativ lange Intervalle herabsetzte. Der Rhythmus schien gestörte innere Abläufe zu resynchronisieren und dadurch das Gedächtnis zu verbessern.

In kleineren Lernexperimenten wurde die musikalische Methode zur Steigerung des Gedächtnisses eingesetzt. Zuerst führte Losanow die Schüler durch die »Entsuggestion«, ein psychologisches Element dieser Methode. Denn »unsere Konditionierung schreibt uns vor, wie viel wir in welcher Zeit lernen können und daß es bestimmte feste Grenzen gibt für das, was wir tun und erreichen können. Vom Tag unserer Geburt an werden wir ständig mit hemmenden Suggestionen bombardiert.« Diese Hemmungen zu überwinden und das Selbstbewußtsein jedes einzelnen zu stärken, ist daher der notwendige erste Schritt. Danach können wir schneller lernen und unser an sich vorhandenes geistiges Potential freisetzen.

Zunächst standen Übungen zur Tiefenentspannung auf dem Programm, dann Atemübungen aus dem Raja-Yoga zur Steigerung der Konzentration. Schließlich übernahm ein Lehrer die Klasse und gab Sprachunterricht, gefolgt vom Supermemory-

Konzert mit seinen suggestiven musikalischen und rhythmischen Elementen, die zu einem veränderten Gemütszustand führen. Die Schüler entspannten sich, während sie der feierlichen Musik lauschten und ihnen Sätze mit neuem Vokabular in einem langsamen, genau eingehaltenen Rhythmus vorgesprochen wurden. Am nächsten Tag unterzogen sich diese Schüler einer Prüfung – mit erstaunlichem Ergebnis: Sie hatten fast alles behalten. Sie verfügten offenbar über ein ausgezeichnetes Gedächtnis, und zwar ohne Schlaflernen oder Hypnose. Die Schüler waren die ganze Zeit über hellwach und voll da – ein echter Durchbruch, denn bisher hatte noch niemand Supermemory im Wachzustand erreicht. Losanow wußte, daß er auf dem richtigen Weg war.

Er stellte auch fest, wie wichtig der Rapport zwischen Schüler und Lehrer für den Lernerfolg des einzelnen ist. Groß angelegte sozio-psychologische Studien über die Schüler-Lehrer-Beziehung auf unbewußter Ebene haben bestätigt, wie entscheidend die von Losanow mit dem kybernetischen Ausdruck»Signale der zweiten Ebene« bezeichneten unterschwelligen zwischenmenschlichen Regungen sind. Die Schüler, die der Lehrer für intelligent hielt, brachten durchschnittlich bessere Leistungen zustande als jene Schüler, die der Lehrer, aus welchem Grund auch immer, insgeheim als Dummköpfe betrachtete.

Anfang der sechziger Jahre wagte Losanow die Behauptung, daß er mittels Suggestopädie das Gedächtnis des Menschen um mehr als fünfzig Prozent verbessern könne. Kurz darauf erklärte er, daß man mit Hilfe dieser spannungsfreien Lernmethode eine Sprache mühelos innerhalb eines Monats erlernen und einen sehr hohen Prozentsatz des Gelernten noch nach einem Jahr erinnern könne. Obendrein fördere es die Gesundheit und heile streßbedingte Krankheiten.

Es war nicht gerade wenig, was da versprochen wurde, und heftige Reaktionen blieben nicht aus.»Derartige Gedächtnisreserven gibt es beim Menschen nicht«, protestierten die Skeptiker. Die Spezialisten fragten sich, wie die Suggestopädie es schaffte, so viele verschiedene Gebiete zu vereinigen. Die Lehrer hatten kein Verständnis für die Psychotherapie; die Musiker begriffen die medizinische Seite nicht; die Ärzte konnten mit dem pädagogischen Teil nichts anfangen. Schauplatz der Kontroverse waren die Tageszeitungen. Losanow wurde von allen möglichen Seiten angegriffen und mußte mehrere Untersuchungen über sich ergehen lassen. Eine offizielle Regierungskommission befaßte sich mit der Suggestopädie, was in einem Land wie Bulgarien böse Folgen hätte haben können. Mitglieder der Kommission trafen sich in einem der Nobelhotels von Sofia. Sie hatten beschlossen, diese verrückte Sache selbst auszuprobieren und zu verbieten, wenn sie nicht funktionierte. Sie nahmen in bequemen Sesseln bei gedämpftem Licht Platz, während leise Musik spielte. Man hatte nicht den Eindruck, daß hier gearbeitet würde.

»Entspannen Sie sich. Denken Sie an nichts«, sagte die Lehrerin zu ihnen. »Hören Sie nur auf die Musik, während ich den Stoff vortrage.«

Am nächsten Tag stellten die Kommissionsmitglieder konsterniert fest, daß sie etwas behalten hatten, obwohl sie sicher waren, nichts gelernt zu haben. Ein Test zeigte, daß sie 120 bis 150 neue Wörter, die sie in der zweistündigen Sitzung aufgenommen hatten, mühelos lesen, schreiben und sprechen konnten. In der gleichen schmerzlosen Weise prägten sich ihnen grammatikalische Regeln ein. Obwohl manche weiterhin meinten, daß sie auf diese unangestrengte Art nichts lernen könnten, beherrschten sie nach einigen Wochen fließend eine Fremdsprache, die ihnen vorher nicht geläufig war.

Wie der Bericht der Regierungskommission ausfiel, läßt sich an seinen Auswirkungen deutlich erkennen: Im Jahre 1966 gründete das bulgarische Unterrichtsministerium das Zentrum für Suggestopädie im Institut für Suggestologie. Mit einem Mitarbeiterstab von über dreißig Fachleuten der Pädagogik, Medizin, Physiologie und Technologie hielt man regelmäßig Suggestopädie-Kurse ab und trieb gleichzeitig in den Labors physiologische und medizinische Forschungen, um hinter das Geheimnis des schnellen Lernens und des Supergedächtnisses zu kommen.

Die Absolventen der Kurse wurden in gewissen Zeitabständen

Tests unterworfen: Wie viel hatten sie vergessen? Hielt die gesundheitliche Besserung an? Und es zeigte sich: Sie hatten nicht
nur viel schneller gelernt, sie vergaßen das Gelernte auch nicht.
Nach sechs Monaten erinnerten sie immer noch 88 Prozent des
Stoffs, und nach zweiundzwanzig Monaten waren es, ohne daß sie
die Fremdsprache in der Zwischenzeit gebraucht hätten, immerhin noch 57 Prozent. Die Schüler betonten auch, daß sich ihr allgemeiner Gemütszustand durch die Kurse entscheidend gebessert
habe.

Menschen aller Altersstufen und aus allen Schichten der Bevölkerung besuchten nach einem langen, harten Arbeitstag die
Abendkurse des Instituts. Sie kamen müde an, manche mit starken
Kopfschmerzen.

»Nach den meditativen Sitzungen fühlt man sich herrlich, wundervoll erfrischt und gestärkt«, behaupteten die Schüler. »Es ist
gar keine Anstrengung dabei. Man ermüdet weder geistig noch
körperlich.«

Monitoren zeigten an, daß die körperliche Verfassung der Schüler während des Konzerts ähnlich war wie bei bestimmten Formen
der Yoga-Meditation, die körperlich erfrischend und kräftigend
wirken. Die Körperabläufe verlangsamten sich bis zu einem gesunden, optimalen Grad; die Gehirnwellen erreichten die entspannende Alpha-Stufe. Die Schüler berichteten, daß während des
musikalischen Gedächtnistrainings auch ihre Kopfschmerzen verschwanden.

Wie weit kann der Geist sich entwickeln, wenn er einmal begonnen hat, sich zu öffnen? Es schien ebenso leicht zu sein, hundert
Worte zu lernen wie fünfzig. Man stellte Kurse von Freiwilligen
zusammen, denen in einer einzigen Sitzung fünfzehn Lektionen
aus einem französischen Lehrbuch beigebracht wurden – ein Stoff
von 500 neuen Worten! Unmittelbar danach wurden sie getestet
und drei Tage später noch einmal. Die Resultate waren hervorragend – ja, geradezu phänomenal. »Sie hatten alle Worte behalten«,
berichtete uns Losanow.

Im Durchschnitt lernen die Kursteilnehmer heute in einem
Schnell-Lernkurs 80 bis 100 Worte pro Tag. Laut Berlitz, der größ-

ten Sprachschule der Welt, gelten 200 neue Worte nach einigen Tagen (dreißig Stunden) intensiven Trainings als gutes Resultat. Allerdings wird bei diesen Intensivmethoden nicht nur rasch gelernt, sondern ebenso schnell wieder vergessen. Mit dem bulgarischen System waren 500 Worte pro Tag erst ein Anfang. Im Jahre 1966 lernte eine Gruppe 1000 Worte in einem Tag, und 1974 konnte eine Quote von 1800 Worten pro Tag erreicht werden. 1977 berichtete Losanow, daß manche Tests sogar eine Aufnahmekapazität von 3000 Worten pro Tag nachgewiesen hätten.

Im Unterschied zum Schlaflernen, das, wie bereits gesagt, bis zu sechsunddreißig Wiederholungen derselben fünf oder zehn Minuten Lernstoff erfordert, bedarf die Suggestopädie nur weniger Wiederholungen, so daß innerhalb einer kürzeren Zeit viel mehr gelernt werden kann. Bei einer Präsentation von etwa vierhundert Lerneinheiten pro Stunde scheint lediglich die Anzahl der Unterrichtsstunden am Tag eine Grenze zu setzen. Wenn man die Berichte liest, beschleicht einen das Gefühl, daß in diesem Augenblick irgend jemand irgendwo gerade wieder einen neuen Lernrekord aufstellt. Wo liegen die Grenzen des menschlichen Potentials? Hat man einmal gelernt, sich geistig zu öffnen, ist die Gedächtniskapazität fast unbegrenzt, meint Losanow.

Ursprünglich wurden am Institut Fremdsprachen unterrichtet, weil der Fortschritt beim Vokabellernen besonders leicht meßbar ist. Da Losanow selbst kein ausgebildeter Pädagoge war, entwikkelte Aleko Nowakow, ein hervorragender Lehrer, Musiker und Schauspieler, einen großen Teil des Fremdsprachenprogramms. Er erarbeitete Dreimonatskurse, die einem Sprachunterricht von zwei bis drei Jahren entsprachen (mit einem Vokabular von 6000 Worten und der gesamten Grammatik). Nach und nach gab es dann Lehrgänge auf allen Gebieten – Mathematik, Physik, Biologie usw.

Während unseres Aufenthalts in Bulgarien im Jahre 1968 besichtigten wir die salonartigen Klassenzimmer des Instituts mit ihren im Kreis aufgestellten Lehnsesseln, sahen uns in dem gut ausgestatteten Laboratorium um, nahmen die Spezialräume mit elektromagnetischer Abschirmung für die ASW-Forschung in Augenschein und inspizierten die Bibliothek und die Übersetzungsabteilung. »Wir forschen noch, experimentieren noch und verändern die Methode«, erklärte Franz Tantschew vom Informationsbüro des Instituts und bestätigte damit, was andere uns bereits erzählt hatten. »Jeden Tag machen wir neue Entdeckungen, wie die Suggestopädie funktioniert.«

Wir erfuhren auch, daß die Sowjetunion sich intensiv mit Suggestopädie befaßt. Die Sowjets interessierten sich schon immer für Schnell-Lernverfahren. Nach den Umwälzungen des Ersten Weltkriegs und der Oktoberrevolution wollten sie der weitgehend analphabetischen Bevölkerung eine Hilfe bieten, ihren Bildungsrückstand gegenüber den westlichen Industrienationen aufzuholen. Sie versuchten es mit der Entspannungsmethode, mit Hypnopädie, später mit Schlaflernen und Hypnosopädie. Jetzt setzen ihre besten Lehranstalten offenbar auf die Suggestopädie, und wir hörten, daß auch andere Länder des Ostblocks sie einführen wollen.

Als wir uns von Dr. Losanow verabschiedeten, sprach er die Hoffnung aus, daß seine Schnell-Lernmethode hoffentlich auch in Amerika Anklang finden würde. »Ein Astrologe sagte mir einmal, daß meine Venus im Zwilling stehe, und das bedeutet gute Beziehungen zu Amerika«, scherzte er. Dann gestand er, daß er im Unterschied zu den Schülern seines Instituts nicht das Glück habe, von der Suggestopädie zu profitieren, zum Beispiel durch das mühelose Erlernen von Fremdsprachen. Er sei zu sehr in Anspruch genommen von seiner Arbeit und den Reisen in andere Länder zur Betreuung der dortigen Forschungszentren für Suggestopädie.

Als wir Bulgarien verließen, waren wir überzeugt, von diesem ungeheuer engagierten Mann, der fest daran glaubte, daß der Segen der bulgarischen Entdeckungen »der ganzen Welt zugute kommen sollte, nicht nur einigen wenigen«, noch einmal zu hören. Und kaum waren wir 1969 nach Amerika zurückgekehrt, da kam Dr. Losanow auch schon nach New York, obwohl damals erst wenige Bulgaren in den Westen reisen durften. »Das ist die Venus im Zwilling!« sagte er triumphierend auf dem Kennedy-Flughafen. Ohne Zweifel stand sein Geschick unter einem günstigen Stern.

Während seines Aufenthalts und bei seinen späteren Reisen nach Amerika sahen wir zahlreiche Filme über Suggestopädie und Suggestologie und lasen Losanows Veröffentlichungen. 1970 erschien unser Buch *PSI. Die wissenschaftliche Erforschung und praktische Nutzung übersinnlicher Kräfte des Geistes und der Seele im Ostblock* in den USA sowie in anderen Ländern, und unser Bericht über Losanow und die Anwendung übersinnlicher Geisteskräfte in der Pädagogik veranlaßte buchstäblich Tausende von Menschen auf der ganzen Welt, mit uns Kontakt aufzunehmen. Hunderte von Lehrern, Studenten, Unternehmern und Privatleuten fuhren nach Sofia, um das Institut für Suggestologie zu besichtigen. Es wurden schließlich so viele, daß die bulgarische Regierung Maßnahmen ergriff, um den Strom der Besucher einzudämmen.

Es ist jetzt über zwei Jahrzehnte her, daß Dr. Georgi Losanow seine ersten Experimente mit dem musikalischen Gedächtnistraining zur Erschließung der geistigen Reserven und zur Entwicklung von Supergedächtnis und Blitz-Lernen machte. Im Ostblock wird die Suggestopädie heute von Tausenden angewandt, und sie faßt auch in westlichen Ländern zusehends Fuß. Außer den regulären Kursen am Institut für Suggestologie in Bulgarien werden seit Jahren an verschiedenen Schulen und Zentren besondere experimentelle Kurse durchgeführt. Es fanden auch in verschiedenen Ländern internationale Tagungen über Suggestopädie statt.

Im Jahre 1976 gab es bereits siebzehn öffentliche Schulen in Bulgarien, die Losanows Methode mehrere Jahre lang in allen Fächern angewandt hatten. Sollte wirklich von den vielen Dutzend Kindern aus diesen bulgarischen Schulen *jedes einzelne* von Haus aus ein »Superkind« gewesen sein? Schüler der ersten Volksschulklasse lasen angeblich Geschichten für Fortgeschrittene, Kinder der dritten Volksschulklasse bewältigten die Algebra der mittleren Schulen. Jedes lernte den Stoff von zwei Schuljahren innerhalb von vier Monaten. Die Abc-Schützen konnten nach wenigen Tagen lesen. Die berichteten Leistungen grenzten ans Wunderbare. Jeder hatte Spaß und war mit Lust und Liebe bei der Sache. Jedes Kind entwickelte Kreativität, und keines fiel bei Prüfungen durch.

Dr. Cecilia Pollack vom Lehman College in New York erhielt aufgrund ihrer Beziehungen zu hohen bulgarischen Regierungsbeamten Zugang zu einer Losanow-Schule. Sie beobachtete Klassen in der Schule Nr. 122 in Sofia, einer ganz normalen Schule in einem ganz normalen Viertel der Stadt. Sie sah, wie Neunjährige mit Eifer komplizierte algebraische Gleichungen lösten, die weit schwerer waren als jene Rechenaufgaben, die man sonst den besten Schülern einer dritten Klasse zumuten kann. Sie erlebte Erstkläßler, die vier Monate nach ihrer Einschulung Volksmärchen, die eigentlich erst in einer dritten Klasse »dran« wären, fließend lesen und darüber sprechen konnten. Alle Klassen hatten den Lehrstoff von zwei Jahren in vier Monaten bewältigt – ein »unglaubliches Phänomen«, gestand sie.

»Aber wo sind Ihre Versager?« fragte Frau Dr. Pollak und dachte an jene Kinder in Amerika, die gleich die ersten Lektionen nicht meisterten. Sicher hatten die Bulgaren die langsamer Lernenden und die »Sitzenbleiber« von den anderen getrennt.

»Wir haben keine«, erwiderten die Lehrer. Sie glaubten nicht an einen angeborenen oder unveränderbaren IQ. Wenn ein Kind zurückblieb, wurde ihm sofort geholfen, damit es das Klassenziel trotzdem erreichte. Diese Art von Erziehung umfaßt die ganze Persönlichkeit. Die Lehrer sagten, daß sich auf diese Weise nicht nur die geistigen Fähigkeiten des Kindes viel schneller entwickelten, sondern gleichzeitig auch seine Kreativität und seine Freude am Lernen.

Als Frau Dr. Pollack zurückkehrte, sprach sie von »ungeheuerlichen Aussichten für die Zukunft«. Losanows System habe »eine Welt aufregender, neuer Möglichkeiten der menschlichen Entwicklung eröffnet . . . Er hat der Pädagogik einen Weg gewiesen zur Vergrößerung des Wissens und zur Bereicherung der menschlichen Persönlichkeit, der weit über das hinausgeht, was wir bis heute für möglich halten.«

Selbst wenn nur ein Teil dessen, was man ihr erzählt hatte, zuträfe, wäre es noch verblüffend genug. 1977 deutete Losanow auf einer Tagung in Iowa neue Ergebnisse an. Was einmal *Experimente* waren zum Erlernen von 500 Fremdwörtern pro Tag, sollte jetzt in der täglichen Praxis mancher Sprachkurse *die Regel* sein. Von der kanadischen Regierung entsandte Beobachter berichteten aus eigener Anschauung von Klassen, die jeden Tag 400 Worte lernten. Schwedische Pädagogen, die 1976 bulgarische Schulen besuchten, bestätigten die Resultate in Mathematik: daß der Stoff einer sechsten Klasse bereits in der dritten bewältigt wurde.

Iwan Barsakow, der sich kürzlich aus Bulgarien absetzte, unterrichtete eine Zeitlang an Losanow-Schulen und verbrachte zwei Monate am Institut. Nach seiner Aussage stimmen die Berichte über die phänomenalen Ergebnisse. Barsakow bestätigt, daß die Programme zur Steigerung der geistigen Kräfte in Bulgarien und in der UdSSR streng geheimgehalten werden. Nur wenige Mitarbeiter seien in Aufbau und Ablauf des ganzen Programms eingeweiht, nur die Endergebnisse würden alle erfahren. Auch die Ausbildung der Lehrer in der suggestopädischen Methode wird geheimgehalten.

In all den Jahren fiel es sogar der bulgarischen Regierung schwer zu glauben, daß ihre Kinder sich so prächtig entfalteten. Die Suggestopädie mußte von neuem Kontroversen und Angriffe über sich ergehen lassen. Die Regierung mobilisierte wieder Untersuchungskommissionen. Das Unterrichtsministerium entsandte Teams zur Prüfung des schulischen Niveaus; das Gesundheitsministerium schickte Ärzte und Psychotherapeuten zur Kontrolle der psychophysischen Entwicklung der Schüler; das Kultusministerium beauftragte Experten, die »Künste« unter die Lupe zu nehmen, von denen im Unterricht so ausgiebig Gebrauch gemacht wurde. Zur Verschärfung wurden als Mitglieder der Untersuchungskommissionen alte Widersacher von Losanow ausgewählt.

1976 gaben die einzelnen Ministerien – in Anwesenheit des bulgarischen Regierungschefs und der höchsten Parteifunktionäre – auf einer großen nationalen Tagung ihre Berichte und ihr Urteil bekannt: Die Suggestopädie habe sich glänzend bewährt und sollte auf breiterer Basis eingesetzt werden. »Sehr bald werden wir die Methode im ganzen Land einführen«, verkündete daraufhin Losanow 1977.

Wie weit die Suggestopädie in der UdSSR genutzt wird, kann
wegen der widersprüchlichen Berichte nur geschätzt werden. Es
gibt Zentren von Moskau über Leningrad bis Charkow in der
Ukraine. Mosfilm, die größte sowjetische Filmgesellschaft, stellte
einen Dokumentarfilm über Suggestopädie für das öffentliche
Kino her, um die Bevölkerung anzuregen, sich dieser Methode
mehr zu bedienen. Hervorragende Ergebnisse mit Hilfe von Suggestopädie am prominenten Pädagogischen Institut für Fremdsprachen in Moskau hatten schon 1969 in der *Prawda* Schlagzeilen
gemacht. »Es ist möglich, innerhalb eines Monats eine Fremdsprache zu lernen«, lautete der begeisterte Kommentar. Daß auch
das Militär ein starkes Interesse an der Suggestopädie hat, leuchtet
wohl ein. Der große Kongreß über Suggestopädie 1974 in Moskau
war für westliche Besucher gesperrt, aber ein amerikanischer Beobachter schmuggelte sich hinein und berichtete, ein Großteil des
Auditoriums habe aus Uniformierten bestanden. Einige kamen offensichtlich von der Militärakademie von Frunse in der Sowjetre-
publik Kirgisien nahe der chinesischen Grenze.

Studenten der Universität von Norilsk am Nördlichen Polar-
kreis bis zur Universität von Nowosibirsk nutzen Suggestopädie-
Kurse mit einer jährlichen Teilnehmerquote von etwa Zehntau-
send. Joseph Goldin, der stellvertretende Vorsitzende der Kommission der sowjetischen Akademie der Wissenschaften für die
Entwicklung des menschlichen Potentials, ließ verlauten, daß
Suggestopädie bei der Ausbildung der Dolmetscher bei der Mos-
kauer Olympiade eingesetzt werden würde. Institute in Leipzig
und Ostberlin gaben bekannt, daß ein langfristiges Erinnerungs-
vermögen von neunzig Prozent und mehr in den Suggestopädie-
Kursen erzielt würde. In Ungarn und anderen Ländern des Ostblocks bedienen sich Studenten ebenfalls dieser Methode, und die
Sowjets haben die Suggestopädie angeblich schon nach Afrika
»verkauft«.

Nach Ansicht von Pandit Gopi Krishna besitzen nicht nur ein
paar Ausnahmepersönlichkeiten Genie, sondern jeder Mensch.
»Wir müssen die biophysikalische Basis des Genies untersuchen«,
fordert der ehemalige Staatsbeamte und hochangesehene Brah-

mane aus Kaschmir.* Er hat Wissenschaftler des Max-Planck-Instituts angeregt, unter anderen Carl Friedrich von Weizsäcker, sich mit den überlieferten hinduistischen Yogatechniken zu befassen, die angeblich dazu beitragen, die körperlichen Energien mit den geistigen zu vereinen und so einen spirituell erleuchteten Menschen zu schaffen. Dieser machtvolle Akt der Selbstvereinigung ist laut Gopi Krishna und vielen anderen der nächste Sprung in der Evolution der Menschheit.

Die gedächtniserweiternden Techniken scheinen auch noch andere Reserven des Geistes erschließen zu können, die zur Steigerung zahlreicher Fähigkeiten führen. Das System bietet zwar nicht die Lösung aller Probleme und eignet sich vielleicht nicht unbedingt für jeden Menschen, aber es ist eine praktisch durchführbare und höchst erfreuliche Antwort auf manche unserer Nöte.

»Wir brauchen viele verschiedene Ebenen des Wissens, um in der heutigen Welt Entscheidungen treffen zu können«, erklärt Dr. Jean Houston, die Präsidentin der Association for Humanistic Psychology, »doch unser Schulsystem ist auf das 19. Jahrhundert zugeschnitten. Wenn wir die komplexen Probleme unserer Zeit anpacken wollen, müssen wir in den Vollbesitz der bekannten *und* der noch unbekannten menschlichen Fähigkeiten gelangen ... Es gibt nur einen Weg zur Entwicklung des menschlichen Potentials: die zu enggesteckten Grenzen zu überschreiten und ein größeres Spektrum des menschlichen Bewußtseins zu erschließen.«

---

* Siehe vor allem: Gopi Krishna, *Biologische Basis der Glaubenserfahrung*. Mit einer Einleitung von C. F. v. Weizsäcker, Bern und München ²1973, sowie *Die neue Dimension des Yoga*, Bern und München 1974.

3 Lernen im Jet-Tempo startet im Westen

Der dreizehnjährige Timmy hockte mit zehn Schulkameraden auf dem kuscheligen Teppich eines Klassenzimmers in Georgia und stellte sich im Geist eine Reihe von Bildern vor, die er sich selbst zur eigenen Entspannung ausgedacht hatte:»Mein Kopf ist wie Watte... meine Augen sind wie Pingpongbälle, meine Arme sind wie Spaghetti...« Im Hintergrund ertönte leise Musik. Er hörte die Stimme seiner Lehrerin, die manchmal sachlich, manchmal schmeichelnd, manchmal im Befehlston verschiedene Wörter seiner Leseliste in einem bestimmten Rhythmus rezitierte. Timmy war in der siebenten Klasse und hatte beinahe sieben Jahre lang Unterricht im Lesen gehabt, zwei Jahre davon sogar zusätzlichen Nachhilfeunterricht, aber können tat er es immer noch nicht. In ihrem Gutachten bezeichnete die Lehrerin seine Legasthenie als »äußerst hartnäckig«.

Schon nach einigen Wochen dieser Konzertstunden zeigten Tests, daß Timmy mit einem Mal ungefähr acht Monate im Lesen aufgeholt hatte. Schüler mit den größten Lernschwierigkeiten in DeKalb County erhielten denselben oder einen ähnlich programmierten Unterricht in der Volksschule von Huntley Hills in der Nähe von Atlanta. In weniger als zwölf Wochen konnten sie so gut lesen wie sonst nicht nach einem Jahr. Das Lerntempo war etwa um das Vierfache gestiegen.

In der Chemiestunde der achten Klasse der Woodrow-Wilson-Mittelschule in Des Moines, Iowa, ging eine andere Szene über die Bühne. Jack, ein vierzehnjähriger Bauernjunge, spielte Dr. Wilbur Shure, den »berühmten Naturwissenschaftler«, und erläuterte einem Schulkameraden, einem anderen »Wissenschaftler«, wie sie auf einer kleinen Insel im Pazifik nach Phosphaten suchen würden. Unter der Regie von Lehrer Charles Gritton geriet der Lehrstoff des vorherigen Tages zum lebendigen Drama. Dann hörte die Klasse die Aufnahme eines österreichischen Kammerorchesters. Die Kinder entspannten sich an ihren Pulten und atmeten im Rhythmus der Musik – zwei Takte ein, vier Takte Pause, zwei Takte aus, wiederholen. Gritten sagte in wechselndem, auf die Musik abgestimmten Tonfall: »Eisen. Fe. Stark wie Eisen.« – »Quecksilber. Hg. Wenn es wärmer wird, steigt das Quecksilber.« Insgesamt waren es fünfzig Worte. In dem Quiz danach überprüfte Jack seine Antworten. Er fand einen Fehler. Obwohl er in anderen Fächern lediglich durchschnittliche Leistungen brachte, war dies sein *erster* Fehler innerhalb von fünf Wochen dieses neuen Chemiekurses. Nur einer der Schüler machte mehr als zwei Fehler – nämlich drei. Sie waren ganz aufgeregt und stolz auf ihre neu entdeckten Fähigkeiten.

Am vierten Unterrichtstag schnitten alle hundertfünfzehn Schüler von Grittons Chemiekursen der achten Klasse mit einem Erfolgs-Durchschnitt von 97 Prozent ab, und dabei blieb es.

Drei amerikanische Studenten saßen verdrossen beim Mittagessen im persischen Selbstbedienungsrestaurant »Rosengarten«. »Wie können wir nur möglichst schnell Persisch lernen?« fragte einer den anderen. Sie würden jetzt Monate im Iran verbringen, und ohne Kenntnisse der Landessprache tat man sich da schwer.

»Ich habe eine Idee«, sagte Doug Shaffer aus Texas zu den beiden anderen, einem jungen Ehepaar, das eben erst im Iran angekommen war und am englischen Institut der Universität von Mashhad unterrichten sollte. Shaffer hatte von der bulgarischen Schnell-Lernmethode gehört und gerade die Lehrunterlagen bekommen. Sie könnten es ja mal damit versuchen.

Die junge Frau wollte nichts davon wissen. »Bei *mir* funktioniert so was nicht. Ich habe schon jede Methode ausprobiert, und keine hat geklappt.« Nach einiger Überredung und mit einer großen Portion Skepsis war sie schließlich doch einverstanden, den neuen Selbstunterricht wenigstens auszuprobieren. Sie und ihr Mann entspannten sich und atmeten rhythmisch zu einer Barockmusik, während Doug Shaffer ihnen die englischen Sätze und ein persischer Bekannter die entsprechende persische Übersetzung laut vorlasen. Sie hielten sich an das obligate langsame Tempo von acht Sekunden pro Satz.

Das nach drei Wochen zu verzeichnende Resultat »war wirklich phantastisch«, berichtete 1977 Shaffer von der Firdausi Universität in Mashhad. Sie hatten erstaunlich leicht Persisch gelernt. Die Methode hatte funktioniert.

An der Iowa State University lernten Studenten ein ganzes Semester Spanisch in zwei Wochen – siebenmal so schnell wie gewöhnlich, und Spaß machte es ihnen auch noch. In Washington, D.C., bewältigten Studenten ihr Lateinpensum in einem Bruchteil der üblichen Zeit. In Kalifornien lernten Studenten eine slawische Sprache dreimal so rasch wie normal. Das Schulungszentrum der Atlantikflotte der U.S. Marine in Virginia gab ebenfalls gute Resultate eines Projekts mit beschleunigtem Lernen bekannt.

Das Lernen im Jet-Tempo mit Musik hat in Amerika bereits begonnen. An Schulen, Universitäten und im Selbstunterricht profitieren jetzt viele Menschen im Westen von den Supergedächtnis-Methoden und der Steigerung ihres geistigen Potentials, wie viele Leute im Ostblock es schon seit zwanzig Jahren tun.

Warum hat dieses Lernsystem bei uns eine so lange Anlaufzeit gebraucht? Das ist gar nicht so einfach zu erklären. Vor allem lag es wohl an der massiven Fehlinformation, für die sowohl kommunistische Politik als auch westliches Ungeschick verantwortlich sind. Erstere erschwert dem Westen das genaue Studium der Methode und ihrer Anwendung erheblich. Andererseits haben westliche Regierungen unberufenen Dilettanten geglaubt, die behaupteten, das System eigne sich nicht für Nordamerikaner. Man muß in diesem Zusammenhang geradezu von einer »Verschwörung« sprechen, die nach wie vor im Gange ist und sich auf internationaler Ebene sogar noch zu verdichten scheint.

Für die meisten von uns mag es kaum vorstellbar sein, aber in kommunistischen Ländern hat *alles*, von der Kernphysik bis zum Bridge, mit Politik zu tun. Von den Hunderten von Westlern, die nach Bulgarien eilten und Schüler in einem Klassenzimmer beobachten wollten, begriffen viele nicht, daß bereits diese einfache Bitte sie zumindest in den Verdacht der Spionage brachte. Die Sowjetunion und ihre Satellitenstaaten waren in die Suggestopädie groß eingestiegen, und das sowjetische Militär zeigte offenbar Interesse an ihrer Nutzanwendung.

Bald kam heraus, daß gewisse Behörden die Geheimhaltung der Methode des Supergedächtnisses und des vielfach beschleunigten Lernens ab einer bestimmten Stufe verfügt hatten.

Die Regierungen der sozialistischen Länder können auf alles, was mit übersinnlichen Kräften des Geistes zu tun hat, äußerst empfindlich reagieren. 1977 berichtete zum Beispiel ein Wissenschaftler aus Moskau dem Rußland-Korrespondenten von der *Los Angeles Times*, Robert Toth, über die parapsychologische Forschung der Sowjets. Der KGB verhaftete Toth daraufhin sofort und verhörte ihn tagelang. Er wurde beschuldigt, geheimes Material über Telepathie in Empfang genommen zu haben. Erst nach einer Intervention von Präsident Carter wurde er wieder auf freien Fuß gesetzt. Wenn so etwas in Moskau geschieht, rumort es im ganzen Ostblock, und Bulgarien gilt als der von der Sowjetunion am wenigsten unabhängige Staat.

Ein Freund von Dr. Losanow, der ehemalige Prager Dr. Milan Rýzl, ein Biochemiker, erläutert die Schwierigkeiten, auf die Wissenschaftler in diesen Ländern oft stoßen, wenn sie das Gebiet der geistigen Kräfte erforschen. Als Rýzl eine erfolgreiche Hypnose-Methode zur Schulung in ASW entwickelte, legte die tschechische Regierung sofort ein auffallendes Interesse für seine Arbeit an den Tag. Er bemerkte, daß tschechische Geheimagenten ihm überallhin folgten, seine wissenschaftlichen Berichte und Manuskripte verschwanden. Schließlich wurde er unumwunden aufgefordert, seine Kollegen wo und wann immer möglich zu bespitzeln. Die Behörden gaben deutlich zu verstehen, daß sie an der Entwicklung parapsychischer Techniken zu Spionagezwecken interessiert seien. Rýzl behauptet, daß die Regierung eine derartige Macht über sein Leben hatte, daß ihm keine andere Wahl blieb, als sich zu fügen – oder zu gehen, und so setzte er sich 1967 in die USA ab.

In den meisten oder wahrscheinlich allen Instituten zur Erforschung der Psyche werden die dort Angestellten bespitzelt. Natürlich neigen Wissenschaftler zur Geheimniskrämerei und erzählen
sich oft gegenseitig nichts über ihre Arbeit, und schon gar nicht
Leuten aus dem Westen. Dr. Losanow und seine Mitarbeiter haben über Einzelheiten ihrer Untersuchungen im Zusammenhang
mit dem Supergedächtnis nie ganz frei oder offen gesprochen.
Wenn Losanow im Westen Vorträge hielt, ging er vor allem auf die
psychotherapeutische Seite des Schnell-Lernunterrichts ein.
1974 wurde Eduard Naumow, ein bekannter sowjetischer Parapsychologe, verhaftet und zu Arbeitslager verurteilt. Sein »Verbrechen« bestand darin, gegenüber Besuchern aus dem Westen zu
offenherzig gewesen zu sein, obwohl eine offizielle Vereinbarung
über wissenschaftlichen Austausch zwischen der Sowjetunion und
den Vereinigten Staaten getroffen worden war. Das »Institut für
Suggestologie und Parapsychologie« in Sofia heißt jetzt bezeich-
nenderweise nur noch »Institut für Suggestologie«.

Als in der UdSSR im Jahre 1971 eine Verlautbarung erschien,
daß Yoga »unserem Land feindlich« sei, ganz zu schweigen von
»gesundheitsschädlich«, bestanden die Bulgaren darauf, daß
Raja-Yoga mit Suggestopädie nichts zu tun habe, obwohl gegen-
teilige Daten in Losanows Dissertation stehen. Sogar bevor Yoga
mit politischem Tabu belegt wurde, sagten uns Mitarbeiter des Instituts, als wir 1968 in Sofia waren, daß sie nie Yoga-Forschung betrieben hätten, bis wir ihnen ihre eigenen, veröffentlichten Arbeiten darüber zeigten. 1977 war Yoga wieder »in«, und Losanow
sprach auf einer Tagung über Supergedächtnis in Iowa darüber.
Auch das Schlaflernen, dieses alte Steckenpferd der Russen, ver-
schwand vor einigen Jahren in der Versenkung, und neuere Forschungsergebnisse werden geheimgehalten.

Die Westler, die sich in Bulgarien drängten, um Suggestopä-
die-Klassen zu beobachten, *sahen* eigentlich recht wenig. Zwölf
Kursteilnehmer saßen im Kreis in bequemen Lehnsesseln, die etwas an Flugzeugsitze erinnerten. Im Hintergrund spielte Musik,
die Lehrerin änderte beim Sprechen immer wieder den Tonfall,
und am Schluß wußte jeder alles.

Das Geheimnis mußte in den Stühlen liegen, meinten manche. Eine kanadische Universität investierte über 10000 Dollar für bohnengefüllte Knautschsessel in der Hoffnung, daß die Studenten der Schnell-Lernkurse dadurch augenblicklich zweisprachig würden. Man wußte eben nichts Genaues. Die Aussagen auf den Kongressen blieben vage. Die vom Institut veröffentlichte Zeitschrift für Suggestologie durfte plötzlich nicht mehr in westliche Länder geliefert werden. Endlich gelang es, zum Teil dank der unverdrossenen Bemühungen von Dr. Jane Bancroft, Professorin für Französisch an der Universität von Toronto und seit langer Zeit mit den Autorinnen befreundet, auch für den Westen einen gangbaren Weg zum Supergedächtnis zu finden.

Dr. Bancroft empfing ihre höheren akademischen Weihen an der Sorbonne und in Harvard; außerdem beschäftigte sie sich mit Musik. 1971 konnten wir dank ihrer Hilfe Dr. Losanow eine Reise nach Kanada ermöglichen, um an der University of Toronto Vorträge zu halten. Bevor Jane Bancroft zu einer internationalen Tagung über Suggestopädie und einem vierwöchigen Forschungsaufenthalt nach Bulgarien aufbrach, studierte sie eingehend unsere Unterlagen, las Dr. Losanows Dissertation und eignete sich Kenntnisse über Raja-Yoga und Schlaflernen an. Wir hatten lediglich das Gerüst des Systems mitgebracht, das noch in einigen Teilen der Erläuterung bedurfte.

Während ihres Aufenthalts im Institut für Suggestologie landete Mrs. Bancroft eines Tages unvermutet in einem Kurs für sowjetische Besucher und nahm diese eigentlich nicht für Westler bestimmte Demonstration auf Tonband auf. Als sie wieder in Toronto war, spielte sie alle mitgebrachten Bänder ab, und der Verdacht, den sie bereits in Sofia geschöpft hatte, bestätigte sich: Die »russische« Fassung war anders als die für die Amerikaner, doch den Unterschied merkte man erst, wenn man im wahrsten Sinne des Wortes genau hinhörte. Aufgrund unserer Kenntnisse über Musiktherapie war uns beim Abhören der Bänder bald klar, warum gerade diese Stücke verwendet wurden: Sie hatten das getragene Tempo, das in der Musiktherapie oft eingesetzt wird, um den psychophysischen Rhythmus zu verlangsamen.

Dr. Bancrofts Stoppuhr zeigte an, daß der Lernstoff in einem Rhythmus von genau acht Sekunden vorgetragen wurde. »Die Russen erhielten eine mathematisch genaue Demonstration«, sagte sie uns. »Den Amerikanern zeigte man Stühle, Hintergrundmusik und einen Lehrstoff, der ohne einen bestimmten Rhythmus vorgelesen wurde.« Sie schloß daraus, daß der genau rhythmisierte Vortrag des Lernmaterials zu einer ganz bestimmten Musik eines der uns fehlenden Glieder der Methode sein müsse.

Dann fiel uns auf, daß der Grundrhythmus uns irgendwie vertraut vorkam – sechzig Schläge bei einem Aktivitätszyklus von acht bis zehn Sekunden. In den fünfziger Jahren hatten zwei der begabtesten medizinischen Hypnotiseure Amerikas diesen Rhythmus im Hinblick auf ungeheure Steigerung der Lernkapazität und der Kreativität untersucht, indem sie die menschliche Zeitwahrnehmung erweiterten. Das funktionierte, aber die Versuchspersonen mußten in tiefer Hypnose sein. Die Bulgaren dagegen erzielten gute Ergebnisse bei vollem Bewußtsein der Lernenden.

Mrs. Bancroft besuchte auch eine Reihe von Zentren für Suggestologie in der UdSSR und in Ungarn und sprach mit Experten und kommunistischen Emigranten, die mit der Methode gearbeitet hatten. Sie erhielt Tonband- und Videoaufnahmen von Kursen, und siehe da: Die verschiedenen Bruchstücke fügten sich zu einem klaren Ganzen zusammen. Später wurden unsere Schlußfolgerungen von höchster Stelle bestätigt.

Bald darauf geschah etwas, was den Westen noch mehr verwirrte. Die Bulgaren hängten nämlich an ihr Musikprogramm ein *zweites* Konzertstück an. Es gab nun einen musikalischen Teil während der Stoffvermittlung sowie einen zum Training von Supergedächtnis. Der erste, das »Lehrkonzert«, brachte Musik von romantischen Komponisten und dazu einen dramatischen, emotionalen Textvortrag, der etwas an eine Radiowerbung mit einer die Musik übertönenden Stimme erinnerte. Wenn die Bulgaren den Konzertteil demonstrieren sollten, führten sie immer das Lehrkonzert vor, aber nicht die Musik für das Supergedächtnis.

Dr. Bancroft veröffentlichte, gestützt auf ihr und unser Forschungsmaterial, zahlreiche wissenschaftliche Aufsätze. Schließlich war sie von der Effektivität des Systems so überzeugt, daß sie es in einer Broschüre mit dem Titel »Der Sprachunterricht nach Losanow« erläuterte. Diese Schrift, vertrieben vom Zentrum für angewandte Linguistik in Virginia, enthüllte einige der lange unterdrückten, für Supergedächtnis wirksamen Elemente. Ein Freund von Jane Bancroft, Dr. Allyn Prichard, damals Direktor des Schülerförderungsprogramms am Reinhardt College in Waleska, Georgia, war 1975 einer der ersten, der diese neu zusammengestellte Supergedächtnis-Methode für den Nachhilfeunterricht im Lesen bei zurückgebliebenen Kindern und behinderten Schülern einsetzte.

Er und Jean Taylor von der Volksschule in Huntley Hills, DeKalb County, stellten fest, daß die erste Versuchsklasse von zehn Schülern ihr Lesevermögen innerhalb weniger Wochen dramatisch um den Lernzuwachs eines Jahres steigerte. Achtzig Prozent der nächsten Klasse von zwanzig Kindern kamen in weniger als zwölf Wochen um ein Jahrespensum im Lesen voran, also viermal so schnell. Der Rest machte etwas geringere, aber dennoch ausgezeichnete Fortschritte. »Das Ergebnis war alles andere als entmutigend«, sagten sie.

Prichard und Taylor entdeckten, daß die Resultate um so besser lagen, je entspannter und ruhiger ein Kind während des Konzertteils war. Viele ihrer Schüler waren hyperaktiv und konnten sich nur schwer entspannen. »Die Beherrschung irgendeiner Entspannungstechnik wird vielleicht einmal zur regulären Lernerfahrung eines jeden Kindes gehören«, berichten sie. Sie wandten dann ein bis zwei Wochen daran, den Kindern beizubringen, wie man sich entspannt und innerlich abschaltet. Im Laufe der nächsten drei Jahre wurden die Resultate immer besser, und die Lehrer waren sehr optimistisch. 1978 erzielten sie sogar mit den am stärksten Zurückgebliebenen glänzende Ergebnisse. Die Schnell-Lernmethode funktionierte also auch an amerikanischen Schulen.

1972 interessierten sich Ray Benitez-Bordon von der University of Iowa und Dr. Donald Schuster, Professor für Psychologie an der

Iowa State University, für das Supergedächtnis, nachdem sie *PSI* gelesen hatten. Sie begannen ihre Lernexperimente unter Verwendung einer unvollständigen Methode.

Im Sommer 1975 verschaffte sich Benitez-Bordon die Anweisungen von Dr. Bancroft und hielt zwei Spanischkurse entsprechend den vollständigen Lehrunterlagen ab. Die Studenten lernten mehr als den Stoff *eines ganzen Jahres in zehn Tagen* (vier Stunden pro Tag) – eine Lernbeschleunigung um das Siebenfache. Die Studenten waren entzückt von dieser Art des Sprachunterrichts, die kein Büffeln kannte.

Die Professoren aus Iowa zerlegten die Methode, wie Dr. Bancroft sie beschrieben hatte, in ihre einzelnen Elemente, um genau festzustellen, welcher Faktor denn nun das Supergedächtnis auslöste. Welche Rolle spielten die einzelnen Variablen? Wenn die Schüler während eines Konzerts, bei dem der Stoff in einem rhythmischen Tempo vorgetragen wurde, auch im Rhythmus atmeten, zeigten die Tests eine Gedächtnissteigerung von 87 Prozent, ohne diese Atmung dagegen nur eine 25prozentige. Wenn sie anspornende Sätze zum angenehmen, leichten Lernen in den Konzertteil einbauten, waren die Ergebnisse noch besser.

Wie bereits erwähnt, wird bei der Lehrmethode nach Losanow großer Wert auf »Entsuggestion«, die Therapie zur Steigerung des Selbstwertgefühls gelegt. In Hartford, Connecticut, wurde diese Therapie für den schulischen Gebrauch untersucht. Es stellte sich heraus, daß die Kinder nicht nur bessere Leistungen in der Schule aufwiesen, sondern dadurch auch ihr IQ stieg. Tests in Iowa zeigten, daß die Therapie zur Steigerung des Selbstwertgefühls (Selbstimage-Therapie) sich synergetisch mit dem Supergedächtnis verbindet und noch bessere Lernerfolge zeitigt als Supergedächtnis-Training allein.

Nach Benitez-Bordon und Schuster verwendete Charles Gritton die Superlernmethode an einer Mittelschule in Des Moines, Iowa, und brachte Schülern der achten Klassen einen naturwissenschaftlichen Stoff in einem Fünftel der üblichen Zeit bei. Zur selben Zeit gründeten die Forscher, Lehrer und Professoren in Iowa die »Society for Suggestive, Accelerative Learning and Teaching«, abgekürzt S.A.L.T. Die Gesellschaft gibt eine Zeitschrift und ein Nachrichtenblatt heraus und führt ein Programm zur Schulung von Lehrkräften durch. Außerdem veranstaltete sie drei internationale Kongresse über beschleunigtes Lernen. Es waren Leute aus Iowa, die mit der Entdeckung des Van-Allen-Strahlengürtels um die Erde einen Beitrag zum Verständnis des *äußeren* Weltraums leisteten (Dr. James Van Allen und seine Kollegen gehören der University of Iowa an), und so sind es vielleicht wieder Leute aus Iowa, die durch ihre Sondierung der Fähigkeiten des Geistes sich als erste um die Erschließung des *inneren* Weltraums bemühten.

Anfang des Jahres 1976 bewog Schuster Pädagogen und staatliche Behörden, Experimente in großem Maßstab zu finanzieren. Mit einer Stiftung von 100 000 Dollar wurden Leistung, Sozialverhalten und Kreativität von 1 200 Schülern, die an verschiedenen öffentlichen Schulen ein Jahr lang von durch S.A.L.T. ausgebildeten Lehrern unterrichtet wurden, mit Kontrollgruppen verglichen. Schuster bezeichnet die vorläufigen Ergebnisse als »bedeutende wissenschaftliche Dokumente.«

Obwohl manche Lehrer ihr Projekt nicht durchsetzen konnten, stellten viele derjenigen, die Erfolg hatten, eine enorme Verbesserung der Leistung ihrer Schüler fest. Schüler der Mittel- und Oberschulen schienen von dem Schnell-Lernsystem noch mehr zu profitieren als Volksschüler. 1978 verkündeten die Leute aus Iowa, daß die Versuchsreihe als gelungen zu betrachten sei.

Charles Gritton war sowohl Chemielehrer als auch Ringkampftrainer an der in einer ärmeren Gegend gelegenen Woodrow-Wilson-Mittelschule. Da kann man einen ordentlichen Unterricht geben, sagt Gritton, und merkt nachher, daß alles, was man den Kindern erzählt hat, beim einen Ohr rein und beim anderen wieder rausgegangen ist. Am Abend fährt man nach Hause und möchte sich am liebsten eine Kugel durch den Kopf schießen, weil man die eigene Zeit, die Zeit der Kinder und so viel Energie verschwendet hat.

Die Schüler hatten ihre eigenen Sorgen. »Wenn auf der Straße Polizeialarm gegeben wird, dann schaut ein halbes Dutzend meiner fünfzig Schüler nervös um sich«, berichtet Gritton. »Wenn es

an der Tür klopft und ein Polizist kommt herein, verschwinden
drei Burschen durchs Fenster. Immer wieder fehlen welche. ›Wo
warst du?‹ – ›Och . . . zwei Tage im Knast‹.«

Gritton hatte ziemlich resigniert und gelernt, das wenige, das er
erwarten konnte, mit harter Disziplin zu erzwingen. Als Schuster
und Benitez-Bordon ihm von der Schnell-Lernmethode berichteten, wollte er zuerst nichts davon wissen. »Niemand kann Kinder
dazu bringen, fünfzig bis hundert neue wissenschaftliche Ausdrücke pro Woche oder gar in einem Tag zu lernen und noch Spaß
daran zu haben.«

Trotzdem versuchte er die Methode, und als seine Klassen immer leichter, schneller und besser lernten, unterrichtete er wieder
mit Begeisterung. »Jede Schülergruppe hat mehr geleistet, weil ich
mehr Mut hatte, noch mehr von diesen Ideen auszuprobieren.«

1977 betrugen die Durchschnittswerte der Erfolgsquoten von
vier Klassen 98,5 Prozent, 94 Prozent, 97 Prozent und 100 Prozent,
mit einem Gesamtdurchschnitt von 97,5 Prozent. »Angesichts dieser Ergebnisse wurden die Schüler hochmotiviert zum Lernen.«

Die Kinder waren offenbar in bester Stimmung und stolz auf
ihre neuentdeckten Fähigkeiten. Viele hatten noch nie in ihrem
Leben so gut abgeschnitten. Sie sahen sich selbst und ihr Können
in einem ganz anderen Licht. Gritton wußte genau, daß an diesem
System etwas Besonderes war, als die Kinder, die er wegen
schlechten Betragens vor die Klassenzimmertür geschickt hatte,
nicht einfach abhauten, sondern vor der Tür stehenblieben, um
nur ja nichts zu versäumen. »Wenn S.A.L.T. lediglich einem hilft,
würde es sich schon lohnen«, meint Gritton, »aber wenn man bei
hundertfünfzehn Schülern in vier Tagen eine Erfolgsquote von 97
Prozent erreicht, macht Unterrichten wirklich Spaß!«

Die Aufregung der Kinder war ansteckend. Sie machte Gritton
vom Pessimisten zum Optimisten. Das Vorurteil, daß manche
Menschen nun mal »von Natur aus« beschränkt sind, war verflo-
gen. Er setzte die gleiche Technik bei seinem Ringerteam ein, das
nach diesem Training die Stadtmeisterschaft gewann. Vor allem
aber weiß er das Kompliment seiner Tochter zu schätzen: »Du bist
viel netter geworden.«

Gritton nahm Schallplatten mit Entspannungsübungen und beruhigenden Naturlauten mit ins Programm auf, um Streß und Angst abzubauen. Die Kinder kamen jetzt zu ihm und sagten: »Ich habe Kopfschmerzen« – »Mir tut etwas weh« – »Können wir nicht Entspannungsübungen machen?« Während einer Fahrt nach Iowa im Jahre 1977 besuchte Dr. Losanow die dortigen Schulen und war außerordentlich angetan von der Arbeit, die da geleistet wurde.

Dr. Owen Caskey von der Texas Technological University berichtete uns, daß der anfängliche Erfolg mit dem Schnell-Lernsystem in Spanisch allen soviel Mut gemacht habe, daß sie eine Reihe von Projekten starteten: ein einjähriges Vorschulprogramm für Fünfjährige, einen Englischkurs für Vietnamesen und einen Spezialunterricht im Lesen für Militärpersonal. Das Militär zeigt Interesse an Superlearning, nicht nur im Hinblick auf seine Rekruten, die nicht lesen können, sondern auch im Hinblick auf seine Fachleute, die lernen müssen, ein Buch mit technischen Daten zur Bedienung moderner militärischer Ausrüstung richtig zu handhaben. Seit Berichte über diese Lernmethode in den USA erschienen, bemerkten wir erstaunt, daß, abgesehen von Lehrern und einigen Privatleuten, die hohen Militärs am meisten Interesse für die Möglichkeit der Entwicklung von Supergedächtnis bekundeten. Wie die entsprechenden Ränge in der UdSSR erfaßten sie sofort, was Superlernen und Supergedächtnis auf breiter Basis bedeuten könnte.

An der Westküste verschaffte sich Charles Schmid die Anweisungen für das Superlernsystem von Dr. Bancroft. Schmid, einundfünfzig Jahre alt, war früher Professor an der New York University of Texas in Austin gewesen. Nach eigener Aussage stieg er aus dem Lehrberuf aus, weil er die schlechten Lehrmethoden satt hatte. In Kalifornien beschäftigte er sich mit den verschiedenen Möglichkeiten zur Entwicklung des menschlichen Potentials und dachte an eine Kombination von Losanows Techniken mit Gestalttherapie und bewußtseinserweiternden Methoden. Selbst musikalisch geschult, entwickelte er Losanows Musikideen weiter. Er arbeitete Sprachkurse für Erwachsene aus, in die er alle seine neuen Ansätze einbaute. Zusammen mit Juanita Netoff-Usatch gründete Schmid schließlich in San Francisco das Lernzentrum »Sprache in neuen Dimensionen«, wo nach der von ihm bearbeiteten und modifizierten Losanowschen Methode Französisch und Spanisch unterrichtet wird – mit guten Resultaten, wie Schmid berichtet.

Ein Direktor des Instituts, der dem Unterricht nur als interessierter Beobachter beigewohnt hatte, merkte eines Abends in einem spanischen Restaurant, daß er, ohne es zu wissen, mit dem Kellner Spanisch gesprochen und sein Essen auf Spanisch bestellt hatte. Offenbar hatte er ganz »nebenbei« die Sprache absorbiert. Das jüngste Mitglied des Lehrkörpers ist Iwan Barsakow, ein Bulgare, der an Losanow-Schulen gearbeitet und sich dabei vor allem mit dem Lehrkonzert beschäftigt hat. In Bulgarien wurden Yoga und eine gute körperliche und geistige Kontrolle stark betont, und Barsakow bestätigt ihre Bedeutung für Superlearning. Er gewann dadurch eine Kondition, die ihn unverhofft zu einer außerordentlichen Leistung befähigte. Als Barsakow in Jugoslawien Urlaub am Meer machte, entschloß er sich plötzlich, in die Freiheit zu schwimmen. »Ich packte meinen Paß und das Bild meines Vaters in einen Plastikumschlag und steckte ihn in meine Badehose. Dann begann ich zu schwimmen.« Er schwamm zwölf Kilometer und entkam gerade noch den Scheinwerfern der jugoslawischen Grenzpolizei. Schließlich erreichte er die italienische Küste, ließ sein Gepäck nachkommen und flog nach Amerika.

Für eine der besten Adaptionen der Losanowschen Methode hält Dr. Bancroft den Englischunterricht, den Jean Cureau am Lycée Voltaire in Paris gibt. Cureau, ein in Frankreich sehr angesehener Lehrer, hat einzelne Lehrsysteme, die im zweiten Teil dieses Buches beschrieben werden (autogenes Training, Sophrologie etc.), mit Elementen der bulgarischen Technik kombiniert. Zuerst läßt er die Schüler Entspannungsübungen absolvieren, durch die sie lernen, genauer zuzuhören, die ihre Konzentrationsfähigkeit steigern und den Gruppenrapport verbessern. Sie erhalten positive Suggestionen, um besser zu lernen. Dann trägt Cureau den englischen Text zu langsamen Sätzen Barockmusik vor. Dr. Bancroft beobachtete den Unterricht und stellte fest, daß die Schüler den neuen Text spontan wiedergeben konnten, nachdem sie ihn einmal gehört hatten. Cureau gibt zu Protokoll, daß die Schüler dank der Konzentrationsübungen das Englische auch mit ausgezeichneter Aussprache erlernen.

Es war vor allem Jane Bancroft, die mit ihrer unermüdlichen und beherzten Arbeit den Menschen des Westens einen Weg zeigte, ihr geistiges Potential mit Hilfe von Supergedächtnis und Schnell-Lernen weiterzuentwickeln. Sie beriet persönlich Hunderte von Leuten, die uns geschrieben und sich nach den Erfolgsaussichten des bulgarischen Systems erkundigt hatten.

Aber aus irgendeinem Grund veranlassen neue Methoden zur Steigerung menschlicher Fähigkeiten manche Schreibtischexperten manchmal zu den merkwürdigsten Reaktionen. Sie drücken das neue System an ihr Herz und würgen es dann zu Tode. Als zum Beispiel die Schlaflernmethode in Amerika eingeführt wurde, drängten die Experten sich geradezu, sie zu testen. Viele kümmerten sich nicht einmal darum, *wie* sie eigentlich funktionierte und »sparten« sich kurzerhand die für die Stoffvermittlung wesentliche Phase des Halbschlafs, die Entspannungsübungen und die nötigen Wiederholungen. Sie ließen einfach die ganze Nacht hindurch die Kursprogramme aus den Lautsprechern tönen, während die Probanden schliefen oder zu schlafen versuchten. Dann testeten sie die verschlafenen Studenten. Sie hatten nichts gelernt, und die Experten verkündeten: Schlaflernen funktioniert nicht. Der Suggestopädie erging es zunächst ähnlich.

Verschiedene Einzelpersonen und Gruppen bastelten sich ihr eigenes System zusammen, das nur wenig mit Suggestopädie zu tun hatte, nannten es die »Losanowsche Methode« und begannen, es unter diesem Etikett zu vermarkten. Auch die kanadische Regierung stellte ein großangelegtes eigenes Projekt auf die Beine. Nach Bekanntwerden der ersten Berichte über Suggestopädie im Jahr 1971 wurde beschlossen, diese für ein französisch-englisches Programm einzusetzen, da Zweisprachigkeit für Angestellte im öffentlichen Dienst in Kanada obligatorisch ist. 1972 durfte das erste kanadische Team zur Schulung nach Sofia reisen, nach eigener Aussage »praktisch ohne irgendwelche Kenntnisse über Suggestologie«. Bedauerlicherweise kehrten die Teilnehmer aus politischen und anderen Gründen ebenso unwissend zurück. Sie ignorierten offenbar die erfolgreichen westlichen Adaptionen, brauten ihre eigene ausgefallene Mischung und nannten sie Suggestopädie. Dabei fielen für Supergedächtnis so wichtige Elemente unter den Tisch wie der entspannte Körper- und Geisteszustand, die richtige Musik, die rhythmische Atmung und das exakte Tempo. Es wurden Lehrer zugelassen, die im Sprachunterricht keine Erfahrung besaßen, die Kurse waren nicht durchstrukturiert und die Programme mangelhaft. Selbst nach mehreren Jahren gab es nicht einen einzigen Erfolg. Bei den Französischprüfungen fielen zahlreiche Kandidaten durch, die Lehrer gaben auf, viele Studenten beschwerten sich.

Unverdrossen reiste Direktor Gabriel Racle durch die Vereinigten Staaten, von Land zu Land und von einem Kongreß zum anderen, und predigte seine Fassung der Suggestopädie. Von Frankreich bis Mexiko, von Schweden bis Senegal behauptete er, daß die anderen – Erfolgreichen! – auf dem »falschen« Weg seien. Amerikanische und kanadische Konzerne und Hochschulpädagogen glaubten, daß die Regierung, die Millionen in die Suggestopädie investiert hatte, es schließlich wissen müsse. Sie schlugen den gleichen Weg ein und kamen zu ähnlichen Resultaten. Sie meinten, sie hätten die echte Suggestopädie ausprobiert, und da sie nichts taugte, ließen sie sie fallen. Der Fehlschlag der Regierung brachte viele Amerikaner von der Schnell-Lernmethode ab.

Nachdem sie auf direktem Wege nichts erreichen konnte, veröffentlichte Jane Bancroft ihren Protest in der *Montreal Gazette*. Sie erklärte, daß die kanadische Regierung die suggestopädische Methode verdreht und dadurch verhindert habe, daß viele Menschen im Westen von den ungeheuren Möglichkeiten des Systems profitierten. »Diese Methode birgt zu große, erstaunliche Möglichkeiten, als daß wir es uns leisten könnten, sie von Bürokraten, die nichts davon verstehen, ruinieren zu lassen. Die Suggestopädie ist ein Schritt in die Zukunft, und wir brauchen sie jetzt...«

Dieses Jetzt wird bereits Wirklichkeit. Geschäftsunternehmen,

Lehrer und die Öffentlichkeit überhaupt haben sich schon geeignete Methoden zur Entwicklung von Supergedächtnis und dadurch zu ungemein beschleunigtem Lernen zunutze gemacht. Eine Reihe von Leuten hat sie im Selbstlernverfahren angewandt. In Kalifornien berichteten beispielsweise Studenten, daß ihr Notendurchschnitt von 3 auf 1 sprang, als sie ihre Hausarbeiten nach dieser Methode erledigten, und ein japanischer Wissenschaftler schrieb uns: »Ich habe Englisch in sieben Tagen, Französisch in fünfzehn Tagen erlernt.«

An der Universität von Toronto erzielten Bancroft und Irwin »enorm verbesserte Ergebnisse« in Griechisch-Kursen, indem sie einfach Tonbänder abspielten, auf denen der Lehrstoff im Rhythmus zu langsamen Sätzen von Barockmusik gesprochen wurde. Kurse in Waffengattungen der Marine, die bekanntlich äußerst langweilig sind, wurden 1977 an der Iowa State University mit Hilfe des beschleunigten Lernverfahrens von Seekadetten doppelt so schnell bewältigt wie sonst. Die Studenten hatten durch diese Technik »die Kunst des Lernens gelernt«.

Die Angestellten des Konzerns Canadian Pacific konnten, wie Anfang 1979 berichtet wurde, nach einem von Dr. Bancroft und Charles Schmid zusammengestellten Programm mit mehr als doppelter Geschwindigkeit Französisch lernen.

Die Liste auf S. 309 ff. im Anhang zeigt, wo einige der neueren Projekte durchgeführt wurden. Zahlreiche Tagungen über beschleunigtes Lernen fanden außerdem in Kalifornien, Iowa, Washington und Ottawa statt, und Dr. Losanow hielt zahlreiche Vorträge.

Die bulgarische Regierung gab einem Unternehmen in Washington, D.C., »Mankind Research Unlimited, Inc.«, das Recht der kommerziellen Auswertung der »Original-Methode«. Dr. Carl Schleicher, der Präsident von MRU, ist der Ansicht, daß in den nächsten Jahren »eine wahre Revolution der Unterrichtsmethoden stattfinden wird, die seit der Zeit, da der Mensch begann, sich mit Worten zu verständigen, praktisch nicht verändert wurden.«

Dr. Schleicher ist ein Amerikaner, der sich sowohl in der Wissenschaft als auch in der Verhandlungstaktik der Ostblockländer gut auskennt. Er hat zahlreiche neue Errungenschaften in den Westen gebracht und unermüdlich daran gearbeitet, sie für uns nutzbar zu machen. Das Losanow Learning Institute, das von MRU begründet wurde, liegt in Silver Springs, Maryland. Es bietet Sprach- und Lehrerausbildungskurse an. Außerdem läuft die Forschung weiter, und Kurse in anderen Fächern sind in Vorbereitung. Dr. Schleichers Firma vergibt ihrerseits Lizenzen der bulgarischen Methode ins In- und Ausland. Da die bulgarische Regierung diese Vereinbarung getroffen hat, versucht Dr. Losanow natürlich, mit dieser Gruppe zusammenzuarbeiten.

Das erste europäische Zentrum für Suggestopädie im Westen ist das Ludwig-Boltzmann-Institut für Lernforschung in Wien, das auf Volksschulpädagogik spezialisiert ist (siehe Nachwort).

Im vorliegenden Buch haben wir die Superlerntechniken so adaptiert, daß man allein danach lernen kann. Dabei haben wir uns auf Gedächtnistraining konzentriert anstatt auf die ganze Lernmethode, die ein eigenes Handbuch erforderte (siehe Anhang). Wie beim Schlaflernen kann man allein mit Tonbändern arbeiten. Man kann sein eigenes Programm entwerfen und sich jeden beliebigen Stoff aneignen. Mit Hilfe der Entspannungsübungen werden die physischen und psychischen Funktionen herabgesetzt, danach hört man das Tonband oder läßt einen Freund den Stoff im Tempo der Musik vorlesen.

Im Augenblick gibt es viele Formen von Schnell-Lernsystemen für Faktenwissen. Obwohl die Meinungen darüber auseinandergehen, welches der »wahre Weg« ist, funktioniert wahrscheinlich ein Großteil dieser Systeme bis zu einem gewissen Grad. Für die Zusammenstellung unseres »Do it yourself«-Programms haben wir zum Teil dieselben Quellen benützt wie Losanow (zum Beispiel den Raja-Yoga), aber auch andere, die er nicht erwähnt. Außerdem stützten wir uns auf Losanows eigene, höchst kreative Arbeit, und drittens haben wir die Erfahrungen derjenigen ausgewertet, die in Nordamerika gute Ergebnisse mit Superlearning erzielten. Wenn es verschiedene brauchbare Methoden gab, Superlernelemente einzubauen, haben wir die einfachste gewählt.

Mit Hilfe von Supermemory-Techniken kann man sich auf

Volksschul-, Mittel-, Oberschul- und auf Universitätsniveau das erforderliche Faktenwissen leichter und gründlicher aneignen. Auch bei der beruflichen Ausbildung, von Jura bis zu Technik und Medizin, vermag Superlearning die Last des Auswendiglernens zu reduzieren. Wenn die Supermemory-Methoden sich weiterhin bewähren, werden sie wohl auch in größerem Rahmen von Nutzen sein. Vielen, die keine oder nur eine mangelhafte Bildung genossen haben, wäre es möglich, in einem oder zwei anstatt in fünf Jahren ihren »Nachholbedarf« zu decken. Die Einstellung zur Schule als einer »Faktenfabrik« könnte überwunden werden, und es würde mehr Zeit übrigbleiben, um zu lernen, was man mit den Fakten anfangen kann.

Schlagzeilen wie die folgenden, könnten in ihr Gegenteil verkehrt werden: »Resultate der nationalen College-Aufnahmeprüfung so schlecht wie nie«, »Abiturienten in Florida durch simple Arithmetik aufgeschmissen«, »46 Prozent aller Neuimmatrikulierten an drei kanadischen Universitäten versagen in Englisch«.

Die Schnell-Lernmethode könnte der Arbeitslosigkeit abhelfen, indem sie die Umschulung erleichtert und angenehmer macht, und, wie manche Industrieunternehmen bereits entdecken, der Weiterbildung von Angestellten sehr zustatten kommen. Ältere Menschen könnten sich mit Leichtigkeit neue Interessengebiete erschließen, und die Überspezialisierten einen Ausgleich für ihr einseitiges Fachwissen finden. Frauen, die wieder ins Berufsleben eintreten möchten, nachdem sie ihre Kinder großgezogen haben, könnten sich schneller die nötigen Kenntnisse erwerben.

Marilyn Ferguson, die Autorin des Buches *The Brain Revolution* (»Revolution des Gehirns«) und Begründerin des *Brain/Mind Bulletin,* sagt: »Es mag absurd klingen, aber die durch die Suggestologie oder Suggestopädie eröffneten Perspektiven sind nicht nur im Bereich des Möglichen, sondern nach den Ergebnissen der Forschung über die Fähigkeiten des menschlichen Gehirns sogar wahrscheinlich.« Die befreienden, kreativen Aspekte der physischen und psychischen Entspannung können auch das Bewußtsein beeinflussen. »Dies ist unser ›Sesam, öffne dich‹ zu einem unendlich reicheren Leben, als wir uns je hätten träumen lassen.«

4 So funktioniert Superlearning

Als man im Westen zum ersten Mal von dem Supermemory-System hörte, konnten sich viele nicht erklären, wie es funktionierte. Man spielte Musik, setzte sich in bequeme Stühle und hörte Sprachtonbänder ab, aber es geschah nichts. Das blitzschnelle Lernen schien sich dem Zugriff zu entziehen.

Die beiden grundlegenden »Geheimnisse« sind der entspannte Zustand und der synchronisierte Rhythmus. Losanow und andere vereinigten Elemente aus gänzlich verschiedenen Gebieten zu einer Synthese. Diese Vielfalt trieb manche Spezialisten, die ergründen wollten, wie Superlearning funktioniert, ebenso zur Verzweiflung wie Nichtfachleute. Darum soll zunächst ein Überblick über die einzelnen »aktiven« Bestandteile gegeben werden, die grundlegend sind für die Methode, sowie einige weitere Aspekte angesprochen werden, die Ablauf und Erfolg des Ganzen mit beeinflussen.

Superlearning ist eine Art ganzheitlicher Erziehung auf der Grundlage der Harmonisierung von Körper und Geist. Sie beruht auf der Vorstellung, daß der Geist schneller und leichter lernen kann, wenn auch der Körper besser funktioniert. Schon vor Jahren haben die Physiologen erkannt, daß die Fähigkeit, sich Gelerntes zu merken, bei entspannter Muskulatur steigt. Wenn wir unser Herz trainieren könnten, langsam zu schlagen, während wir denken, würde uns geistige Arbeit leichter fallen. Dr. Barbara Brown stellt in ihrem Buch *New Mind, New Body* (»Neuer Geist, neuer Körper«) fest: »Ein langsamerer Herzschlag steigert die geistige Leistungsfähigkeit enorm.« Ein langsamerer Herzschlag bedeutet buchstäblich »Ferien« für das Herz. Im allgemeinen schlägt unser

Herz siebzig- bis achtzigmal in der Minute. Nach dem Urteil der Fachleute wären wir gesünder und geistig leistungsfähiger, wenn wir unseren Herzschlag auf etwa sechzig Schläge pro Minute reduzieren könnten. Man kennt bereits zahlreiche biologische Faktoren, die das Lernvermögen steigern, aber sie wurden einfach nicht angewandt.

In den Jahren, als Losanow Menschen mit übersinnlichen Kräften untersuchte – Yogis mit Supergedächtnis und lebende Rechenmaschinen –, entdeckte er noch etwas über den Zusammenhang von Körper und Geist. Instrumente zeigten an, daß im Augenblick ihrer erstaunlichen geistigen Leistungen der Körper dieser Menschen ganz entspannt war und ihre Gehirnwellen einen gleichmäßigen Alpha-Rhythmus (sieben bis vierzehn Zyklen pro Sekunde) hatten. Sie brauchten ihr Hirn nicht zu zwingen oder sich willentlich anzustrengen. Alles geschah ganz mühelos. Ja, es schien gerade *deshalb* zu geschehen, weil keine körperliche oder geistige Anstrengung im Spiel war.

Das war offenbar ein Paradox, meinte Losanow, denn hier gingen Entspannung und intensive geistige Arbeit Hand in Hand. Es wird allgemein angenommen, daß bei schwerer geistiger Arbeit Puls und Blutdruck steigen und die Gehirnwellen die Beta-Stufe erreichen (vierzehn Schwingungen pro Sekunde und mehr).

Es gibt viele Entspannungs- und Meditationsmethoden, die Verspannungen lösen und den Körper in einen gelockerten Zustand versetzen können. Ließe sich ein Weg finden, den Körper auf diese Weise zu entspannen, während *gleichzeitig* das Gehirn phantastische mathematische und sprachliche Probleme löst? Wenn der Motor des Körpers ruhig bleiben könnte, anstatt zu rasen, während der Geist »angekurbelt« ist, lägen intellektuelle Spitzenleistungen im Bereich des Möglichen.

Nach ausgiebigen Experimenten in seinen physiologischen Labors kam Losanow zu dem Schluß, daß physische Entspannung allein nicht ausreichte. Wäre *nur* Entspannung vonnöten, würden wohl all jene, die in den Unterrichtsstunden am frühen Morgen vor sich hindösen, mit glänzenden Leistungen aufwarten. Im tiefen Entspannungszustand kann man sich jedoch nicht gut konzentrieren, und ohne Konzentration bleiben Lernvermögen und Gedächtnis schwach. Wenn man sich dagegen konzentriert, ist es mit der Entspannung vorbei, und der Streß kehrt wieder.

Mit Hilfe der Musiktheorie des Yoga und den Erkenntnissen der psycho-akustischen Forschung machte Dr. Losanow eine wichtige Beobachtung. Er entdeckte, daß eine ganz *spezifische* Art von Musik mit einem ganz spezifischen Rhythmus einen entspannten Körperzustand herbeiführen kann, der sich grundlegend von anderen Formen der Entspannung unterscheidet. Bei der Entspannung durch Musik blieb der Geist wach und konzentrationsfähig. Im Gegensatz zu anderen Formen der Meditation brauchte man nichts zu tun, als diese Musik abzuspielen. Man mußte sich nicht auf die »Meditation« einlassen, sondern konnte sich mit dem vorliegenden Lehrstoff befassen. Physiologen fanden heraus, daß die Körperrhythmen – Herzschlag, Gehirnwellen usw. – die Neigung haben, sich dem Takt der Musik anzugleichen. Losanow setzte daher klassische Musik mit einem sehr langsamen, getragenen, beruhigenden Rhythmus ein. Die Körperfunktionen der Schüler paßten sich diesem Takt an und fanden Entspannung durch einen besseren und gesünderen Rhythmus.

Während dieser Konzerte waren die Testpersonen an physiologische Meßinstrumente angeschlossen. Das Ergebnis war außerordentlich. Es glich genau dem Resultat, das die amerikanischen Forscher Wallace und Benson aus der Meditation ableiteten: Der Herzschlag verlangsamte sich durchschnittlich um mindestens fünf Schläge pro Minute; der Blutdruck sank; die Beta-Wellen des Gehirns verringerten sich zugunsten des langsameren Alpha-Rhythmus. (Die langsamen Theta- und Delta-Wellen nahmen ebenfalls ab; dieser entspannte Zustand war also kein Dösen.)

Losanow hatte das Unmögliche möglich gemacht: Wir können gleichzeitig entspannt und geistig hellwach und aufnahmefähig sein. Wir brauchen also nicht zu schlafen, wir brauchen uns nicht in hypnotische Trance zu begeben, um den Anschluß an weitere Dimensionen unseres Selbst zu finden und weit über die Norm hinaus lernen und erinnern zu können, wir brauchen nur eins: das Klangfeld der richtigen Musik.

Dieses wohltuende Gefühl entspannter Wachheit durch Musik ist ein Grund dafür, daß der Funke zündet und Superlearning sich entwickelt. Der Körper setzt seine Energien besser, effektiver ein, was außerdem erklärt, daß die Kursteilnehmer »ganz nebenbei« verschiedene gesundheitliche Probleme loswurden, während sie eine Sprache lernten. Die positiven physischen Folgen vieler Meditations- und Entspannungskurse kommen also auch in diesem Fall zum Tragen.

Losanow ist keineswegs der erste Arzt, der sich mit Entspannungstechniken beschäftigt hat, und auch nicht der erste Hypnosespezialist, der nach einem Weg suchte, wie man die positiven Wirkungen der Hypnose nutzen könnte, ohne daß der Mensch die Kontrolle über seinen Geist aufzugeben braucht. Wir erwähnten bereits J.H. Schultz, der in den dreißiger Jahren das autogene Training entwickelte, ein System der körperlichen und geistigen Selbstkontrolle, das in Europa in der Medizin und neuerdings auch im Sport weite Verbreitung fand. Schultz entdeckte, daß echte Entspannung einen gesteigerten Bewußtseinszustand hervorruft im Unterschied zur »Tunnelvision« der Hypnose. Bei seiner eigenen Arbeit ist Losanow zu denselben Erkenntnissen gelangt.

Während des musikalischen Unterrichtsteils erleben die Menschen verschiedene Stufen der Entspannung. Daraus erklärt sich nach Ansicht Losanows die unterschiedliche Menge des erinnerten Lehrstoffs. Die Forscher Prichard und Taylor aus Georgia kamen zu demselben Ergebnis: Je besser die Schüler sich entspannen können, desto größer ihr Lernerfolg.

Ursprünglich absolvierten Losanows Schüler in Bulgarien ein viertägiges Entspannungstraining zur Vorbereitung. In Moskau wurde zur Entspannung der Schüler autogenes Training eingesetzt. Losanow hält das Entspannungstraining jetzt nicht mehr für notwendig, und das ist es wohl auch nicht bei dem etwas langsameren Lebensrhythmus Bulgariens. Amerikanische Benützer der Schnell-Lernmethode stellten jedoch fest, daß bei unserem hektischen Alltag eine Woche bis zehn Tage Entspannungstraining nötig sind, bevor es einem gelingt, sich wirklich zu entspannen und

Physiologische Veränderungen während des Supermemory-Trainings im Vergleich mit TM*

	Supermemory-Konzert Langsame Barock- musik (60 Schläge pro Minute) während intensiver Gehirn- tätigkeit (Erlernen von 100 Fremd- wörtern)	Transzendentale Meditation Rezitieren eines Mantras
Elektroenzephalo- gramm (Alpha- Gehirnwellen: 7–13 Schwingungen pro Sekunde)	Alpha-Wellen nehmen durchschnittlich um 6 Prozent zu	Alpha-Wellen nehmen zu
Beta-Gehirnwellen (mehr als 13 Schwin- gungen pro Sekunde)	Beta-Wellen nehmen durchschnittlich um 6 Prozent ab	
Theta-Gehirnwellen (4–7 Schwingungen pro Sekunde)	Theta-Wellen unverändert	Theta-Wellen nehmen etwas zu
Puls	Puls verlangsamt sich durchschnitt- lich um 5 Schläge pro Minute	Puls verlangsamt sich durch- schnittlich um 5 Schläge pro Minute

* Die Angaben wurden Dr. Losanows Werk *Suggestology* und dem Buch von Pelletier und Garfield, *Consciousness East and West*, entnommen.
TM (Transzendentale Meditation) ist eine der im Westen wissenschaftlich erforschten – allerdings keineswegs unumstrittenen – Meditationsmethoden, die innere Spannungen lindern, den Blutdruck senken, Streßkontrolle ermöglichen und die körperliche und emotionale Gesundheit fördern. Eine bestimmte Barockmusik erreicht offenbar das gleiche.

Schluß der Tabelle von S. 70

Blutdruck	Leichte Senkung des Blutdrucks (4 Einheiten der Quecksilbersäule im Durchschnitt)	Sinkende Tendenz mit intermediären Schwankungen
Körperlage	Bequeme Sitzhaltung Körper entspannt	Bequeme Sitzhaltung Körper entspannt
Geisteszustand	Entspannte Konzentration	»Geruhsame Wachheit«

von der Musik zu profitieren. Für die meisten von uns ist Entspannung eine Fertigkeit und keine automatische Reaktion. Wenn man die Technik einmal beherrscht, kann man sich ihrer jederzeit leicht bedienen, ansonsten nutzt auch der Befehl »Entspannen Sie sich!« gar nichts. Deshalb haben wir ein Anleitungsprogramm zur Entspannung in dieses Buch aufgenommen (siehe S. 95ff.).

Der Pulsschlag des Gedächtnisses

Yogi Ramacharaka faßt das Wesentliche des Yoga in seinem Werk *The Science of Breath* (»Die Wissenschaft vom Atem«) wie folgt zusammen: »Der Rhythmus bringt den gesamten Organismus einschließlich des Gehirns unter vollkommene Kontrolle und in vollkommene Harmonie. Dadurch wird die günstigste Voraussetzung für die Entfaltung ... latenter Fähigkeiten geschaffen.«

Losanow untersuchte die Beziehung von Rhythmus und Lernen. Wenn der Lernstoff in rapidem Tempo, bei Zeitabständen von nur einer Sekunde dargeboten wurde, behielten die Schüler nur ungefähr zwanzig Prozent, bei Intervallen von fünf Sekunden etwa dreißig Prozent und bei einer Pause von zehn Sekunden zwischen jeder Lerneinheit sogar über vierzig Prozent. Das Vokabellernen erweist sich demnach als erfolgreicher, wenn man nicht öfter als alle zehn Sekunden ein neues Wort hört.

Losanows interessante Entdeckung bestand nun darin, daß ein kontinuierlicher, monotoner Lernrhythmus von etwa zehn Sekunden die Erinnerungsfähigkeit des Geistes offenbar besonders aktiviert. Aber – richtiges »Timing« ist alles, sagt man; und beim Superlearning erwies sich der Rhythmus zunehmend als ein sehr »lebendiger« Faktor und die zehn Sekunden keineswegs als sakrosankt. Wir wissen Bescheid über den Herzschlag, aber was hat es mit dem »Pulsschlag des Gedächtnisses« auf sich?

Die Bulgaren begannen mit einer Lernstoffvermittlung im Acht-Sekunden-Rhythmus. Warum nicht alle zehn Sekunden? Vielleicht wollten sie sich dem Takt der Musik anpassen, der gewöhnlich kein Fünfer- oder Zehnertakt ist. Die amerikanischen Benützer des Systems wiederum stellten eine Gedächtnissteigerung fest, wenn die Hauptlerneinheiten alle acht und alle zwölf Sekunden betont wurden.

Losanows System geht bis zu einem gewissen Grad auf Methoden zur Beschleunigung des Lernens und zur Steigerung der Kreativität durch Erweiterung des Zeitsinns zurück, die in Amerika erforscht wurden. In den fünfziger Jahren untersuchten zwei Ärzte, Linn Cooper und der berühmte Hypnosespezialist Milton Erickson, die gleichförmige Rhythmik. Sie stellten ein Metronom auf sechzig Schläge pro Minute ein und verwendeten einen Aktivitätszyklus von zehn Sekunden. Der Takt verlangsamte offenbar die psychophysischen Funktionen. Die hypnotisierten Versuchspersonen, die dem Ticken des Metronoms zuhörten, erlebten die Schläge subjektiv als langsamer im Vergleich mit der Uhrzeit. Die Zeit dehnte sich für sie buchstäblich aus. Eine Frau konnte beispielsweise in Sekundenschnelle ein Kleid entwerfen. Der Hypnotiseur sagte ihr, sie hätte eine ganze Stunde zur Verfügung, und sie selbst hatte auch den Eindruck, so viel Zeit zu haben. Sie war gewissermaßen der Zeit entrückt und daher frei von der Vorstellung, so und so viele Minuten oder Stunden zur Durchführung eines bestimmten Projekts zu brauchen. »Zwanglos« konnte sie wie die lebenden Rechenmaschinen Außergewöhnliches leisten. Es war Dr.

Losanows Idee, solche rhythmischen Methoden im Wachzustand einzusetzen.

Einerseits steigerte der Rhythmus das Erinnungersvermögen, wie Losanow herausfand, andererseits stand er der Entwicklung von Supergedächtnis eindeutig im Wege: Die Monotonie der rhythmischen Wiederholung wirkte einschläfernd.

Losanow und seine Mitarbeiter lösten das Problem, indem sie drei verschiedene Arten der Intonation für das rhythmisch vorzutragende Material vorschrieben:

1. die normale (deklarative),
2. die leise flüsternde (in einem sanften, vieldeutigen, einschmeichelnden Tonfall),
3. die laute, kommandierende (im Befehlston).

Die Sprechweise steht in keinerlei Beziehung zur Bedeutung der Worte, und der »Überraschungseffekt« der merkwürdigen Kombination von Betonung und Inhalt trägt dazu bei, die Monotonie des gleichförmigen Rhythmus zu durchbrechen. Auch der Tonfall kann eine psychotherapeutische Wirkung haben.

Atmen im Takt

Wenn man beim Lernen außer Atem kommt, muß man erst einmal versuchen, seine Atmung unter Kontrolle zu bekommen. Rhythmus und Atmung sind für die Entwicklung von Supergedächtnis gleicherweise von Bedeutung, wie genaue Untersuchungen der beiden Komponenten ergeben haben. Wenn die Leute im Rhythmus zu einem rhythmisch vorgetragenen Material atmeten, so ließen allein diese beiden Faktoren den Lernerfolg um 87 Prozent ansteigen.

Doug Shaffer, der amerikanische Lehrer im Iran, machte die gleiche Erfahrung. Er vermutet, daß die rhythmische Atmung zu einer besseren Sauerstoffversorgung des Gehirns und damit zu größeren Lernerfolgen führt. Immerhin braucht das Gehirn dreimal soviel Sauerstoff wie der Körper, um richtig zu funktionieren, vor allem wenn der Mensch im Sitzen arbeitet. Wir denken selten bewußt an unsere Atmung, und doch atmen wir täglich an die zwanzigtausend Liter (fünfunddreißig Pfund) Luft ein, ungefähr das Sechsfache dessen, was wir essen und trinken. Das zeigt ganz klar: Atmen heißt leben.

Mircea Eliade, ein großer Kenner des Yoga, behauptet, daß die Konzentration durch rhythmisches Atmen und besonders durch das Anhalten des Atems sehr gefördert wird. Yogi Ramacharaka bemerkt in *The Science of Breath*, daß man sich »durch rhythmisches Atmen in harmonische Schwingung mit der Natur versetzen und zur Entfaltung der eigenen latenten Kräfte beitragen könne«. Und in vielen alten Kulturen, zum Beispiel im Islam, findet sich die für die amerikanische Pädagogik wohl neue Vorstellung, daß man die Konzentration steigern kann, indem man zu gesungenen Worten rhythmisch atmet.

Wie soll man beim Lernen atmen? Das Atmen basiert auf einem langsamen Pulsschlag. Indem man nun Atemrhythmus und Pulsschlag synchronisiert, teilt sich, behaupten die Yogis und andere »Eingeweihte«, die Schwingung dem ganzen Körper *und* dem Willen mit. Diese Harmonisierung von Geist und Körper trägt zur Steigerung aller im einzelnen angelegten Kräfte und Fähigkeiten bei, und beim Superlearning atmet man in diesem »idealen« Rhythmus eines langsamen Pulsschlags. Man atmet einfach im Takt des rhythmisch vorgetragenen Stoffes.

Ein Gesetz der modernen Informationswissenschaft besagt, daß um so mehr Information vermittelt werden kann, je geeigneter ein Medium für den Informationstransport ist. Es wäre denkbar, meint Dr. Win Wenger, daß die synchronisierten Rhythmen des Superlearning ein ungewöhnlich geeignetes Medium für den Transport von Informationen darstellen.

Dr. Hideo Seki, ein japanischer Fachmann für Kommunikationstheorie und Vertreter des Superlearning-Selbstunterrichts, meint, daß die verschiedenen synchronisierten Komponenten die »psychischen Geräusche« im Gehirn dämpfen und dadurch die Aufnahmebereitschaft für Informationen steigern.

Bei seiner Untersuchung der Atmung entdeckte Losanow, wie seine methodisch anders vorgehenden amerikanischen Kollegen, daß ein Mensch mit Hilfe bestimmter Atemübungen seine Körperfunktionen kontrollieren und seinen Puls verlangsamen kann.

Jack Schwarz, Experte für Psychophysik, stellte sich selbst amerikanischen Physiologielabors als Versuchskaninchen zur Verfügung, um hinter das Geheimnis der willkürlichen Geistes-, Körper- und Schmerzkontrolle zu kommen. Nach bestimmten Atemübungen zeigten die Instrumente an, daß seine Gehirnwellen und seine Muskeltätigkeit in Brust und Unterleib *synchron* abliefen. »Kopf und Körper stehen in Einklang miteinander«, wie er in seinem Buch *Voluntary Controls* (»Willkürliche Kontrolle«) feststellt.

Vielleicht können wir der gängigen Liste der Umweltverschmutzungen noch eine »Innenweltverschmutzung« hinzufügen: »psychophysische Arrhythmie«. Infolge all der Hektik um uns herum laufen unsere geistigen und körperlichen Rhythmen nicht mehr synchron, und das beeinträchtigt Lernerfolg und Leistung. Die rhythmische Atmung ist wohl einer der einfachsten Wege zur Steigerung innerer Bewußtheit und zur Harmonisierung und Entspannung des Körpers. »Wir stellen fest, daß das Atemtempo einen ungeheuren Einfluß auf die Bewußtseinszustände hat«, berichtet Schwarz.

Über die synchronisierende Wirkung des Atmens und die bessere Sauerstoffzufuhr hinaus gibt es noch einen weiteren Aspekt der Atmung, der für das Supergedächtnis von großer Bedeutung ist (siehe S. 105 f.).

Der »Musik-Weg« zu anderen Bewußtseinsebenen

Nicht nur der Atemvorgang kann veränderte Bewußtseinszustände herbeiführen, sondern auch Musik und Ton können die Tätigkeit der Gehirnwellen verändern. Dr. Morio Owaki, ein Forscher aus Tokio, studierte zehn Jahre lang die spezifischen Klangmuster, die Alpha-Gehirnwellen hervorrufen.

Für Musikwissenschaftler ist es nichts Neues, daß bestimmte Klangmuster das Bewußtsein beeinflussen können, und gern erzählen sie folgende Geschichte als Paradebeispiel dafür:

Es war längst nach Mitternacht, und der russische Gesandte
Graf Keyserlingk wälzte sich wie schon so oft schlaflos auf seinem
Krankenlager. Schließlich befahl er einem Diener:»Rufen Sie
Goldberg!«Johann Goldberg, ein Musiker, wurde aus dem Bett
geholt und zum Grafen geführt.»Ach, Goldberg, würden Sie bitte
die Freundlichkeit haben, mir wieder eine *meiner* Variationen vor-
zuspielen?«Goldberg ging ans Cembalo und spielte eine Komposition, die Johann Sebastian Bach eigens für Graf Keyserlingk geschrieben hatte, der Bach von seinen schrecklichen schlaflosen
Nächten erzählt hatte.»Könnten Sie nicht irgendeine Musik komponieren, die mir Hilfe schafft?«fragte er.»Etwas Ruhiges, aber
auch heiter, freundlich!«

Bach erfüllte Keyserlingks Wunsch, und Goldberg spielte nun
dieses besondere Musikstück für den Grafen, der sich alsbald erfrischt und weniger verkrampft fühlte. Er verlangte, daß ihm jedesmal, wenn er nicht schlafen konnte, dieselbe Musik vorgespielt
würde. Goldberg mußte ein in der Nähe gelegenes Zimmer beziehen und sich bereit halten, auf Wunsch die heilsame Komposition
zu spielen. Graf Keyserlingk war über die positive Wirkung des
Stücks in der Tat so erfreut, daß er Bach ein großzügiges Geldge-
schenk machte. Das Musikwerk wurde zu Ehren des gefälligen
Cembalisten übrigens»Goldberg-Variationen«genannt.

1977 fragte Losanow in Iowa ein Auditorium von Pädagogen:
»Glauben Sie, daß die großen Komponisten, Philosophen und
Dichter der Vergangenheit das Yoga-System kannten und über
Entspannung und andere psychophysische Einflüsse Bescheid
wußten?«Er lächelte und beantwortete seine eigene Frage:»Aber
sicher! Warum eigentlich nicht?«

Nun, vielleicht war ihnen nicht gerade der Yoga bekannt, aber
Losanow hält es für wahrscheinlich, daß viele große Künstler und
Philosophen der Vergangenheit durch wesentliche esoterische
Traditionen mit dem gleichen antiken Wissen vertraut waren, aus
dem auch der Yoga hervorging.

Losanow studierte in seinem Labor die»Goldberg-Variationen«
und fand, daß vor allem die Aria am Anfang und am Ende einen
meditativen Zustand hervorrufen kann, der sich durch die Ver-

langsamung der Körperfunktionen in vieler Hinsicht günstig auf den Körper auswirkt. Die Musikgeschichte vertritt die Ansicht, daß ein Großteil des Bachschen Werks als mentale Musik bezeichnet werden kann. Losanow und seine Mitarbeiter stellten fest, daß diese Art von Musik den Körper entspannt und den Geist »weckt«. Auch Musikstücke von anderen Komponisten des 16. bis 18. Jahrhunderts, die derselben musikalischen Tradition verpflichtet waren, rufen die gleichen Wirkungen hervor.

Die Vorstellung, daß Musik Körper und Geist beeinflussen kann, ist gewiß nicht neu. Jahrhundertelang haben Menschen auf der ganzen Welt Kinder mit Wiegenliedern in den Schlaf gesungen. Jahrhundertelang sangen die Menschen – bei der Ernte oder auf See –, um sich die schwere Arbeit zu erleichtern. Jahrhundertelang verwendeten die Menschen von Asien über den Vorderen Orient bis nach Südamerika Musik, um sich in außergewöhnliche Bewußtseinszustände zu versetzen. Das Geheimnis bestand darin, genau die richtige Musik für die erwünschte Wirkung zu finden.

Die Musik des 16. bis 18. Jahrhunderts, Stücke von Komponisten wie Bach, Vivaldi, Corelli und Händel, wurde in den Labors untersucht, und zwar vor allem die *langsamen* oder Largo-Sätze der Barockkonzerte. In den langsamen Sätzen finden wir den vertrauten und offenbar wirkungsvollen Rhythmus von sechzig Schlägen pro Minute wieder. Die Barockmusik hat oft eine Baßstimme, die wie ein langsamer menschlicher Pulsschlag klingt. Während des Zuhörens »lauscht« auch der Körper und versucht, seine Funktionsrhythmen dem Taktschlag anzugleichen. Bei dieser einfachsten Form der Entspannung »entkrampft« sich der Körper, und der Geist wird wach und munter. Man braucht weder einem Muskel den Befehl zu geben, sich zu entspannen, noch muß man sich konzentrieren oder ein Mantra aufsagen. Man braucht lediglich mit der Musik mitzugehen, und schon wirkt Händel wie eine einfache entspannende Meditation.

Eine Minute hat bekanntlich sechzig Sekunden, und vielleicht steckt mehr dahinter als eine willkürliche Unterteilung der Zeit. Der sowjetische Psychologe I.K. Platonow fand nämlich heraus, daß sogar ein Metronom, das sechzigmal pro Minute tickt, einen

Einfluß auf die Aufnahmefähigkeit des Menschen hat: Die während des Tickens gesprochenen Worte setzen sich nachhaltiger im Gedächtnis fest. Auch bulgarische Schüler erhielten Kurse *ohne* Musik, der Stoff wurde lediglich rhythmisch vorgetragen. Sie bewältigten ihr Lernpensum, klagten jedoch gleichzeitig über Streß, Spannung und Müdigkeit.

Die entscheidende Wirkung der Musik im Superlearning besteht also in der »Tonmassage«, die den Druck schwerer geistiger Arbeit mindert und uns hilft, den Brennpunkt der Aufmerksamkeit von außen nach innen zu verlegen. Während des ganzen Konzerts fühlt sich der Schüler vollkommen Herr der Lage – er ist voll da und sich aller Vorgänge bewußt, er registriert sogar winzige Veränderungen beim Vortrag des Stoffes.

Es ist außerordentlich wichtig, *welche* Musik für Superlearning eingesetzt wird. Wenn sie nicht das erforderliche Klangmuster besitzt, stellt die erwünschte Veränderung des Bewußtseinszustands sich nicht ein, und die Ergebnisse bleiben dürftig. Losanow verwendet bei seinen Kursen nur die in seinen Labors getestete Barockmusik. *Die Auswahl ist nicht subjektiv und hat absolut nichts mit musikalischem Geschmack zu tun.* Es geht allein darum, daß eben gerade diese Musik das für den speziellen Zweck geeignete Klangmuster aufweist (siehe Liste S. 112/13).

Losanow betont, daß *nur* dieser Musiktypus zum gewünschten Erfolg führt und kein anderer als Ersatz taugt. Im Institut wurden eine Reihe von langsamen Sätzen (sechzig Schläge pro Minute) im *Viervierteltakt* aus Barockkonzerten zusammengestellt zu einem halbstündigen Konzert. Den letzten Teil des Konzerts bildet gewöhnlich ein munterer, schnellerer Satz, der einen auf angenehme Weise aus dem träumerischen Zustand »zurückholt«. Eine solche Zusammenstellung von Stücken wäre für ein richtiges Orchesterkonzert völlig ungeeignet, weil zu wenige Tempowechsel vorkommen.

Amerikanische Werbeagenturen investierten eine Menge Geld in Untersuchungen über den Einfluß von Musik und Rhythmus auf den Menschen, und man stellte fest, daß ein Rhythmus von zweiundsiebzig Schlägen pro Minute die Suggestibilität erhöht.

Wilson Key berichtet in seinem Buch *Subliminal Seduction* (»Unterschwellige Verführung«), daß eine Reklame, vorgetragen im zweiundsiebziger Rhythmus, den Menschen die gleichen Symptome – zum Beispiel pochende, dröhnende Kopfschmerzen – »suggeriert«, die das angepriesene Mittel angeblich heilt.

Viele Amerikaner, die ihren ersten Versuch mit der Schnell-Lernmethode machten, scheiterten an der dabei verwendeten Musik. Sie meinten, es handle sich um eine bloße Klangkulisse wie im Supermarkt. Sie probierten ein Konglomerat aus »Country-Western«, Volksmusik, klassischer Popmusik und »falschen« Barockstücken aus und erzielten natürlich schlechte Ergebnisse. Nur der ganz spezifische Klang und Rhythmus sowie die harmonische Struktur dieser besonderen Musik führt zu entspannter Wachheit.

Musiktherapie, psycho-akustische Forschung und die industrielle Werbung interessieren sich für die Wirkung der Musik auf den Menschen – mit unterschiedlicher Zielsetzung allerdings.

So gibt es heute bereits Platten zur allgemeinen Entspannung, zum Beispiel Steven Halperns *Spectrum Suite*, die allerdings nicht den richtigen Rhythmus zum Lernen hat. Halpern, Psychologe und Direktor des Spectrum Research Institute, versuchte auch wie die Forscher der University of California, Los Angeles, mit Hilfe der Kirlian-Fotografie die Wirkung der Musik auf den Körper sichtbar zu machen. Dieses fotografische Verfahren, organische oder anorganische Objekte unter dem Einfluß hochfrequenter Ströme aufzunehmen, macht die »selbstleuchtenden Entladungskanäle«, die sogenannte »Aura« des fotografierten Gegenstandes sichtbar, die sich beim Menschen entsprechend seinem psychophysischen Zustand in Größe, Form und Farbe verändern kann. Vor einigen Jahren starteten wir selbst einen Versuch. Wir machten ein Kirlian-Foto von Lynn Schroeders Finger bevor bzw. während sie dem Dritten Brandenburgischen Konzert lauschte. Auf dem ersten Bild wirkt die Aura um den Finger wirr und spärlich. Während die Musik spielte, wurde die Form jedoch geradezu »klassisch« mit ihren zart gezeichneten Umrissen und den schimmernden Farben.

Wie Robert Palmer in der *New York Times* schreibt, ist die Verwendung von Musik zur Veränderung des Bewußtseinszustands zu einem der wichtigsten musikalischen Trends der siebziger Jahre geworden.* Manche Jazzmusiker und Popgruppen wie »Tangerine Dream« experimentieren in ihrer Musik mit bewußtseinsverändernden Mitteln wie rhythmischen und modalen Wiederholungen, die zu Entspannung, Kontemplation, Euphorie und ähnlichen psychischen Zuständen führen.

Die Schamanen Zentralasiens, die Jajouka-Musiker von Nordmarokko und bestimmte indische und orientalische Musiker kannten musikalische Methoden, die zu so bewußtseinsverändernden Phänomenen führten wie Trance, Schmerzkontrolle und der Fähigkeit, ohne Verletzung auf glühenden Kohlen zu gehen. In der Dritten Welt war laut Palmer diese Art von Musik der älteste, nichtchemische Weg zu Satori, das heißt zur Erleuchtung.

Gegenwärtige Laboruntersuchungen zeigen, daß bestimmte Trommelschläge den Rhythmus der Gehirnwellen und die Atmung beeinflussen und dadurch als Schrittmacher für biochemisch bedingte Bewußtseinsveränderungen dienen.

Die These, daß verschiedene Arten von Musik auch völlig unterschiedliche Wirkungen hervorrufen, von denen manche als positiv zu bezeichnen sind, andere nicht, paßt auch zu den Yoga-Theorien über Musik. I.K. Taimni stellt in *The Science of Yoga* fest, daß zwischen Schwingung und Bewußtsein auf allen Oktaven eine Beziehung besteht.

Da gemäß der Yoga-Theorie jeder Bewußtseinsstufe eine bestimmte Schwingung entspricht, kann ein bestimmter Bewußtseinszustand herbeigeführt werden, indem man genau jene Tonschwingungen erzeugt, die mit dem gewünschten Gemütszustand entsprechen. Auf diesem Prinzip beruht die Mantra-Meditation, das heißt die Klangmeditation oder das »Toning«. Aber die Wirkung der Musik auf den Geist vollzieht sich laut Taimni nicht nur in einer Richtung. Wenn sich unser Gemütszustand ändert, dann ändern sich auch die Schwingungen, die von uns ausgehen, und diese veränderten Schwingungen können sich wiederum auf alles in unserer Umgebung, von Pflanzen bis zu Menschen, auswirken.

---

* Vgl. dazu P. M. Hamel, *Durch Musik zum Selbst*, Bern und München 1976.

5 Eine Energie des Genies?

Die Wissenschaft konnte in den letzten Jahren und Jahrzehnten so manches klären, was mit Bewußtseinsprozessen, Lernvermögen etc. zusammenhängt, aber was unser Gedächtnis zum Supergedächtnis macht, was unsere Fähigkeiten in ungeahntem Maße steigern kann – diesen »Stein der Weisen« hat sie nicht entdeckt. Es gibt zum Beispiel einen Aspekt des Atmens, den Losanow und seine Mitarbeiter gar nicht erwähnen, der jedoch das Wesentliche aller traditionellen Atemübungen und des Yoga selbst ausmacht: Rhythmisches Atmen, heißt es, sei in erster Linie deshalb so wichtig, weil dadurch eine ganz bestimmte Energie gewonnen bzw. aktiviert wird. Eine solche Energie jedoch – das ist der Haken – erkennt die westliche Wissenschaft offiziell nicht an. Dennoch beruhen die Systeme, von denen das Superlearning zum großen Teil abgeleitet wurde, auf dieser Energievorstellung. Ob es sich dabei nur um eine große Metapher handelt oder ob mehr »dran« ist, erfahren wir vielleicht, wenn wir diese Vorstellung genauer untersuchen.

Die meisten östlichen Philosophien vertreten die Anschauung, daß wir in einem hellen, vitalen Meer von Energie leben. Die Yogis nennen sie »Prana«, die chinesische Akupunktur kennt dieselbe Energie unter dem Namen »Chi«. Diese Energie ist in der Atmosphäre und zirkuliert nach Annahme der chinesischen Medizin auch in bestimmten Körperbahnen. So wie wir die Nahrung transformieren, so transformieren wir auch das Prana, um uns am Leben zu erhalten und uns weiterzuentwickeln. Durch eine bestimmte Atemtechnik können wir der Luft eine größere Menge Prana entnehmen als normalerweise. Der Körper lädt sich mit

Prana auf wie eine Batterie mit Strom. Die Yogis behaupten nun, daß diese Energie dem Körper seine Vitalität verleiht und das Bewußtsein »nährt«. Vom Gehirn absorbiertes Prana führt zur Entfaltung geistiger Fähigkeiten und psychischer Kräfte. Wir brauchen Prana angeblich genauso zum Leben wie Sauerstoff, ob wir uns dessen bewußt sind oder nicht. Wenn wir uns dieser Tatsache jedoch bewußt werden und lernen, diese Energie gezielt einzusetzen, entwickelt sich unser Geist in ungeahnter Weise.

Der indische Philosoph Gopi Krishna regte wissenschaftliche Institute in Europa und in den Vereinigten Staaten an, diese Energie und die von ihr freigesetzte Kundalini-Kraft zu untersuchen, die, so sagt er, das »Geheimnis« des Yoga und aller anderen spirituellen Disziplinen sowie der esoterischen Psychologie sei, der Schlüssel zur Genialität, zu künstlerischer Begabung, wissenschaftlicher und intellektueller Kreativität sowie zu außergewöhnlicher Langlebigkeit bei guter Gesundheit.

Der pranische Strom soll angeblich sowohl durch Emotionen, Töne und Musik wie auch durch Essen und Trinken zu beeinflussen sein. Gibt es wirklich eine solche Energie, die uns Klugheit, Talente und Gesundheit verleihen kann?

Auch in der westlichen Ideengeschichte taucht immer wieder der Gedanke einer alles durchdringenden vitalen Energie auf – der »Od-Kraft«, »Kraft X«, »Orgon«, »Ätherkraft«, und wie sie sonst noch genannt wurde. Heute beschäftigen sich Wissenschaftler in vielen Ländern mit dieser anscheinend unverwüstlichen Hypothese.

»Die Entdeckung des ASW-Energie wird ebenso bedeutend, wenn nicht noch bedeutender sein als die Entdeckung der Atomenergie«, sagte Dr. L.L. Wassiliew, der Begründer der sowjetischen Parapsychologie. Eine »andere« Energie aufzuspüren, war denn auch das erste Ziel der damaligen sowjetischen Psi-Forschung. 1968 verkündeten sowjetische Wissenschaftler, daß sie ein neues Energiesystem im Körper entdeckt hätten. Sie legten hübsche Aufnahmen von glitzernden Pünktchen, winzigen Lichtkugeln und Energieströmen vor, die durch den Körper flossen und ihn wie die Aurora borealis umzuckten. Sie nannten diese Energie

»Bioplasma«. Mit Hilfe der Hochfrequenz-Fotografie konnten sie diese Energie, die offensichtlich entlang den Akupunktur-Bahnen abstrahlte, im Bild festhalten. Das war ein entscheidender Durchbruch. Die westliche Wissenschaft hatte die Akupunktur nie ernst genommen, weil sie keine Energie, keine Punkte oder Bahnen im Körper feststellen konnte. Indem sie sich westlicher Forschungsmethoden bedienten, gelang den sowjetischen Forschern wenigstens zu ihrer eigenen Genugtuung der Nachweis, daß es eine im Körper kreisende Art von Energie gibt, und zwar in denselben Bahnen, die von der chinesischen Medizin vor mehr als viertausend Jahren beschrieben wurde. Das Bioplasma der Sowjets schien dem altchinesischen Chi und dem indischen Prana zu entsprechen. Die Russen stellten fest, daß diese Energie durch eine bestimmte Atmung gesteigert werden kann und dem Einfluß vieler Phänomene wie Magnetismus, Sonnenflecken, Licht und Ton unterliegt.

Auch in anderen Ländern machte man Entdeckungen über eine »besondere« Kraft. Die tschechischen Forscher nennen sie »psychotronische« Energie und haben angeblich Wege gefunden, sie zu speichern und zu nutzen. Sie meinen, daß Heilungen, verschiedene übersinnliche Fähigkeiten und sogar der Rapport, der unmittelbare psychische Kontakt zwischen zwei Menschen, auf dieser Energie beruhen. Im All-India Institute of Medical Sciences in Indien hat man untersucht, ob die vom Yoga postulierte Energie tatsächlich das Lernvermögen und die Wahrnehmung steigern kann. Menschen und Tiere wurden Tests unterzogen, wobei sogar Ratten Yoga praktizierten, indem sie in Glaszylindern auf dem Kopf standen! Die Versuchsergebnisse bestätigten, daß Yoga-Energie-Übungen wirklich Streß überwinden und die Aufnahmefähigkeit vergrößern können.

Auch koreanische Wissenschaftler versuchten, einen unbekannten Energiekreislauf im Körper nachzuweisen, und spritzten daher Versuchspersonen radioaktiven Phosphor: Das Präparat breitete sich im Körper aus, und zwar entlang den angeblich nicht existierenden Akupunkturbahnen. Ein bekannter japanischer Wissenschaftler, Dr. Hiroshi Motoyama, experimentierte auf ähnliche

Weise. Er brachte Streifen flüssiger Kristalle (in den USA als eine Art Fieberthermometer verwendet) an den Armen von Versuchspersonen an. Dann erwärmte er einen Akupunkturpunkt und beobachtete, wie die Energiebahnen in den wechselnden Farben der wärmeempfindlichen flüssigen Kristalle »aufleuchteten«.

Einige hervorragende amerikanische Wissenschaftler, die mit den alten Vorstellungen von Akupunktur und Prana nichts im Sinn hatten, sind ebenfalls zu der Ansicht gelangt, daß es noch unerforschte Körperenergien geben muß. Die Physiologin Dr. Barbara Brown, Pionierin des Biofeedback, fand in ihrer Arbeit eine Bestätigung für die Behauptung der Yogis, daß man die Kontrolle der unwillkürlichen Körperfunktionen erlernen kann. Aber *wie* wirkt der Geist auf den Körper, *wie* kontrolliert er ihn? Wäre es möglich, daß der Mechanismus des Biofeedback, wie immer dieser funktioniert, Hand in Hand geht mit einer bisher noch nicht beschriebenen Energie? Dr. Brown gibt in ihrem Buch *New Mind, New Body* die Antwort: »Es würde nicht überraschen, sollten neuartige Formen der Körperenergie entdeckt werden.«

Dr. Harold Burr von der Yale University stellte bereits vor mehreren Jahrzehnten fest, daß alle Lebewesen von einem Energienetz, von elektrodynamischen Feldern umgeben sind, die man mit einem Voltmeter messen kann. In diesen »Lebensfeldern«, wie er sie nannte, hat man seiner Ansicht nach das Bindeglied zwischen Geist, Körper und Kosmos zu sehen. Er und seine Mitarbeiter konnten anhand von Felder-Messungen sogar die Veränderung von Bewußtseinszuständen feststellen. Dr. Burr entdeckte in diesem Zusammenhang noch etwas anderes, was für das Verständnis des Lebens im allgemeinen und von Superlearning im besonderen außerordentlich wichtig ist. Er fand, daß physische Veränderungen wie etwa Veränderungen der Gehirnwellen oder des Pulsschlags, das *Resultat* von Änderungen dieser Energiefelder sind und nicht umgekehrt. So kam er zu der Überzeugung, daß diese Lebensfelder das Medium sind, durch welches der Geist auf den Körper einwirkt.

Die Beweise häufen sich von allen Seiten, daß es in uns sowie zwischen uns und unserer Umgebung einen Energieaustausch gibt, der im Westen im allgemeinen unerkannt blieb und der eine auffallende Ähnlichkeit mit der grundlegenden Energie aufweist, die man im Osten schon immer anerkannt hatte. Pandit Gopi Krishna spricht für viele östliche Philosophien, wenn er diese Energie als die Basis des Lebens bezeichnet. Sie ist die tragende Kraft der Superleistung. Alle stimmen darin überein, daß man diese Energie durch Atmung, Rhythmus und Ton »aufladen« und steigern kann. Wie wir gesehen haben, verwendet das Superlearning Atmung, Rhythmus und Ton, um Supergedächtnis und übersinnliche Fähigkeiten auszulösen. Wer den Drang nach »Höherem« verspürt, wird der Erforschung all dieser Dinge (pulsierende Magnetfelder, Atmung, »vitale« Nahrung, Ton, Licht), die jene »andere« Energie angeblich steigern, Interesse entgegenbringen.

Wie der Physiker Fritjof Capra in seinem Buch *Der kosmische Reigen* so einleuchtend schildert, begegnen sich moderne Physik und östliche Philosophie nun auf halbem Wege. Die alten Weisheitslehren des Ostens gehen in die physikalischen Theorien des Westens ein. Heute gilt es nicht mehr als abwegig, den Yoga als eine Wissenschaft zu betrachten, was er für jene, die ihn ausüben, schon immer war.

Der »Geheimfaktor« der Barockmusik

Vielleicht sollte man die Gründe näher beleuchten, warum gerade die Barockmusik für den Superlearning-Unterricht eingesetzt wird.

Nach einigen Minuten Barockkonzert pro Tag verzeichneten die Teilnehmer der Losanow-Kurse nicht nur gesteigertes Bewußtsein und Gedächtnis, sondern auch eine ganze Anzahl positiver Auswirkungen auf ihre Gesundheit. Sie fühlten sich erfrischt, von neuer Energie erfüllt und ausgeglichen. Spannung und Streß waren verschwunden, Kopfschmerzen und sonstige Beschwerden ebenfalls. Die objektiven physiologischen Kurven lieferten die Beweise: Senkung des Blutdrucks, weniger Muskelspannung, langsamerer Puls. Ist es lediglich der *Takt* dieser Musik, der die psychophysischen Rhythmen auf»Bestform« einpendelt, oder besitzt sie noch irgendein verborgenes»gewisses Etwas«? Ein»Etwas«, wofür keineswegs nur Menschen, sondern auch *Pflanzen* sehr empfänglich zu sein scheinen.

Eine interessante, wenn auch umstrittene Versuchsreihe über »Pflanzen und Musik« begann 1968 unter Leitung von Dorothy Retallack, einer Sängerin und Organistin mit Biologie-Diplom. Die Pflanzen wurden in wissenschaftlich kontrollierten Räumen gezüchtet und mit verschiedenen Arten von Musik bespielt – von Barock bis Rock. Die Pflanzen in den Räumen, wo stets Barockmusik von Bach und indische Musik von Ravi Shankar erklang, gediehen prächtig und entwickelten große Wurzeln. Sie neigten sich so stark – manche bis zu sechzig Grad – der Musikquelle zu,»daß sie den Lautsprecher beinahe umarmten«. Die Pflanzen in den Räumen mit Rockmusik vertrockneten und gingen schließlich ganz ein.

Was ging hier vor? Die Forscher machten Versuche mit anderen Arten von Musik. Auf»Country-Western« reagierten die Pflanzen überhaupt nicht. Mrs. Retallack hatte eine Vorliebe für Debussy – die Pflanzen offensichtlich nicht, sie entfernten sich vielmehr um zehn Grad von der Musik. Auf Jazz sprachen sie etwas besser an. Sie neigten sich um etwa fünfzehn Grad in Richtung Lautsprecher und wuchsen üppiger als in Räumen ohne Musik.

Im Laufe der Jahre führten auch Universitäten und Forschungszentren ähnliche Experimente durch – mit den gleichen Ergebnissen: Die Pflanzen reagierten mit üppigem, schnellem und gesundem Wachstum, wenn sie im Klangfeld von klassischer oder indischer Musik standen, während sie auf andere Musik oder »Funkstille« gar nicht oder negativ reagierten.

Worin bestand nun der»Geheimfaktor« der Barockmusik? Lag es an den Instrumenten, die verwendet wurden, oder an den Tonkombinationen oder woran sonst?

Die alten musikalischen Schulen glaubten, daß die Musik die Brücke sei, die alle Dinge miteinander verbindet. In der Nachfolge des Pythagoreischen Denkens stellten sie einen»heiligen Kanon« dieser spezifischen Harmonien, Intervalle und Proportionen zusammen, die sogenannten *Binde*töne. Wenn die Menschen bestimmte Tonfolgen hören, dann synchronisieren sich die Rhythmen ihrer Zellen, ihres Körpers und Geistes angeblich mit den Rhythmen der Planeten und Pflanzen, der Erde und des Meeres; Disharmonien, Unstimmigkeiten zwischen Körper und Geist verschwinden. Man meinte, diese bestimmten Töne und Rhythmen würden das Leben bereichern, es gesünder und erfüllter machen. Durch die Musik, die Brücke zum Kosmos, würden Körper und Geist sich höheren Kräften und einem gesteigerten Bewußtsein öffnen, da die Musik Mikrokosmos und Makrokosmos miteinander verbinden könnte.

An diese Tradition knüpften die Barockkomponisten an, die zu ihrer Zeit lernten, diese bestimmten Zahlenverhältnisse und Strukturen in Harmonie, Kontrapunkt, Rhythmus und Tempo beim Komponieren zu berücksichtigen. Diese »mathematische« Barockmusik sollte Körper und Geist mit harmonischeren Rhythmen in Einklang bringen. Aber steckt noch mehr dahinter? Bisher hat es den Anschein, als übe diese besondere Art von Musik tatsächlich eine positive Wirkung auf Pflanzen und Menschen aus. Welchen Einfluß hat sie auf die Materie selbst?

Heute haben wir die Möglichkeit, mit Hilfe einer neuen Wissenschaft, der von Dr. Hans Jenny entwickelten Kymatik, die Wirkungen der Musik und verschiedener Töne auf diverse Arten von Materie – Metallspäne, Sand, Flüssigkeiten usw. – zu beobachten. Unter Einwirkung bestimmter Töne bilden Metallspäne organische Muster, die an Seeigel oder spiralförmige Muschelschalen erinnern, während sie beim Klang von Mantras (Meditationsgesänge) präzise, ausgewogene geometrische Muster bevorzugen.

Die Delawarr-Labors in England analysierten die Wellenflächen* verschiedener Musikarten, indem sie die Klänge durch einen Solenoid schickten, eine stromdurchflossene zylindrische Drahtspule, die wie ein Magnetstab wirkt. Als die Wellenflächen des letzten Akkords von Händels *Messias* graphisch dargestellt und

---

* Fläche (in einer Welle), deren sämtliche Punkte den gleichen Schwingungszustand besitzen.

übereinandergelegt wurden, ergaben sie einen vollkommen regelmäßigen fünfzackigen Stern.

Bei der Erforschung des Supergedächtnisses geraten wir immer tiefer in die Geheimnisse der Zahlen und der Musik, denn wie der bekannte Komponist und Dirigent Alan Hovhaness es ausdrückte: »Als Musik noch Melodie und Rhythmus, als jede melodische Kombination noch ein Geschenk der Götter und jede rhythmische Kombination ein Mantra war, das die Naturkräfte zu erschließen vermochte, galt Musik als ein Mysterium der Elemente, des Planetensystems, der sichtbaren und unsichtbaren Welten.«

Alles in einem – eines in allem

Einige Komponenten, die Supergedächtnis auslösen, kennen wir nun. Wir wissen genug, um wenigstens beginnen zu können, dieses Potential zu erschließen und anzuwenden. Aber wie funktioniert Supergedächtnis? Da man bis heute nicht sagen kann, wie Gedächtnis überhaupt funktioniert, muß diese Frage auch im Zusammenhang mit dem Supergedächtnis so lange offen bleiben, bis die in Ost und West laufenden Hirnforschungsprogramme neue, weiterführende Ergebnisse bringen. Vor kurzem haben die Fachleute, die das Geheimnis des Erinnerungsvermögens im allgemeinen zu enträtseln versuchen, ein neues Modell von Gehirn und Gedächtnis entwickelt: das holographische Modell.

Die Holographie ist eine besondere Technik zur Bildspeicherung und -wiedergabe in dreidimensionaler Struktur. Wenn man durch das Holographische Museum von New York geht, sieht man das Bild einer kleinen Ballerina. Man kann – anders als bei einem gewöhnlichen Bild – um sie herumgehen, ihre linke Seite, ihren Rücken mit dem Haarknoten und ihre rechte Seite betrachten. Man kann sogar einen Finger durch sie hindurchbohren, obwohl sie ganz »wirklich« aussieht. Das »Geheimnis« liegt in zwei Lichtwellenfronten, die sich kreuzen und an diesem Schnittpunkt ein Bild hervorbringen, in diesem Fall eben eine Ballerina.

Auch die Holographie hat, wie viele moderne wissenschaftliche

Entwicklungen, eine alte Vorstellung in gewisser Weise bestätigt: Alles in einem – eines in allem. Man kann eine holographische Platte in viele winzige Stücke zerschneiden, und stets enthält jedes dieser Bruchstücke das ganze Bild.

Der Neurologe Karl Pribram aus Stanford hat im Laufe seiner zehnjährigen Forschungsarbeit entdeckt, daß das Gehirn holographisch strukturiert ist. So wie im Hologramm jedes Fragment den ganzen Informationscode in sich trägt, speichert das ganze Gehirn jede einzelne Erinnerung. Darum können auch gesunde Hirnteile Funktionen eventuell beschädigter Zellen übernehmen. Unlängst stellten Pribram und der britische Physiker David Bohm eine neue Theorie darüber auf, wie wir und das Universum funktionieren. Im *Brain/Mind Bulletin* schreiben sie:»Unser Gehirn konstruiert mathematisch die ›konkrete‹ Wirklichkeit, indem es Frequenzen aus einer anderen Dimension interpretiert, aus einem sinnvoll strukturierten primären Wirklichkeitsbereich, der Zeit und Raum übersteigt. Das Gehirn ist ein Hologramm, und es interpretiert ein holographisches Universum.«

Die Holographie bezieht sich auf Ganzheiten, nicht auf Stückwerk. Sie hat mit Frequenzen und Phasenbeziehungen zu tun, vergleichbar den synchronen Rhythmen beim Supergedächtnis. Was in holistischen Programmen wie dem Superlearning eigentlich geschieht, wird vielleicht klarer werden, wenn die Experten ihr holographisches Modell des Gehirns und Gedächtnisses mit konkreten Daten füllen können.

6 Die befreite Persönlichkeit

Vom Augenblick unserer Geburt an, ja, bereits im Mutterleib, werden wir durch unsere Umgebung geprägt. Von klein auf lernen wir dann nicht nur, wie wir gehen, stehen und sprechen müssen, sondern auch, wie wir uns zu benehmen haben, was wir zu denken haben, was wir von uns, Gott und der Welt zu halten und zu erwarten haben. Um wirklich wir selbst werden zu können, müssen wir das Erlernte daraufhin sichten und prüfen, ob es unsere Selbstverwirklichung fördert oder hindert. Diesen Prozeß der Selbstfindung nennt Losanow *Entsuggestion*, die Befreiung von erziehungs- und umweltbedingten Suggestionen. Er skizziert drei hauptsächliche psychische Blockierungen, die dem raschen Lernen und der Erschließung der geistigen Reserven im Wege stehen.

1. Die kritisch-logische Blockierung

Wer gewohnt ist, seinen kritischen Verstand zu gebrauchen, reagiert wahrscheinlich skeptisch bis ablehnend:»Superlearning muß ein Schwindel sein. Die Leute, die glauben, daß an der Idee von den geistigen Reserven etwas dran ist, werden doch nur hereingelegt.«

Und der zweite Teil dieser logischen Barriere lautet:»Vielleicht funktioniert das bei *anderen*, aber bestimmt nicht bei *mir*. Ich habe noch nie schnell und leicht gelernt, warum sollte es jetzt plötzlich gehen?« oder:»Ich lerne sowieso schnell, wie könnte ich mich da noch verbessern?«

Diesen Ungläubigen hilft nur eins: Ausprobieren, ob an Superlearning nicht doch etwas dran ist, auch für sie. Selbst voreingenommene Mitglieder der bulgarischen Untersuchungskommission mußten ja, wie wir hörten, zugeben, daß die Suggestopädie bei ihnen funktionierte. Machen Sie also eine Probestunde, und testen Sie sich vorher und nachher, um zu sehen, ob Sie »danach« leichter und besser lernen.

2. Die intuitiv-emotionale Blockierung

Wer schon in jungen Jahren immer wieder zu hören bekam, daß es mit seiner Intelligenz im allgemeinen oder besonderen – »In Mathe bis du einfach hoffnungslos« – nicht zum besten stünde, wird oft auch später wenig Vertrauen in seine geistigen Fähigkeiten setzen. Diese frühen negativen Suggestionen haben häufig weitreichende Folgen und wirken manchmal geradezu wie eine »self-fulfilling prophecy«. Einmal davon überzeugt, in Mathematik ein totaler Versager zu sein, wächst dieses Fach sich zu einem wahren Schreckgespenst aus. Schlechte Noten, verhauene Klassenarbeiten und verpatzte berufliche Tests häufen sich, die intellektuelle Unzulänglichkeit scheint immer deutlicher zutage zu treten, und das Gefühl der Unsicherheit hinsichtlich der eigenen geistigen Fähigkeiten wächst – kaum die besten Voraussetzungen für weitere Lernversuche.

Im System des Superlearnings sind jedoch Elemente eingebaut, die einem helfen, Angst, Spannung und Unbehagen abzubauen, und einem innerlich entspannten Menschen fällt das Lernen natürlich leichter. Ein Erfolg baut auf dem anderen auf, und so wird sich das Vertrauen in die eigene Lernfähigkeit bald einstellen. Die Stärkung des Selbstvertrauens gehört daher bei allen Superlernsystemen zum Unterrichtsprogramm. Die richtige Art von positivem Zuspruch, den man sich selbst gibt, trägt ebenfalls dazu bei, Blockierungen und Minderwertigkeitsgefühle zu beseitigen (siehe S. 102).

3. Die ethisch-moralische Blockierung

Nach der Devise »Von nichts kommt nichts« glauben viele Menschen, Lernen müsse stets eine langweilige Plackerei sein. Beim Superlearning ist man jedoch weit entfernt von jeder Anstrengung.

Man setzt die Kraftreserven des Körpers so ökonomisch wie möglich ein, um seine Energien nicht unnötig zu verschwenden – für Spannung, Verkrampfung und Langeweile –, so daß nicht mehr genug fürs eigentliche Lernen übrigbleibt. Superlearning wirkt daher so mühelos, weil das System produktiv, ökonomisch und zweckmäßig strukturiert ist. »Die Geburt des Wissens sollte schmerzlos sein«, erklärte Losanow.

Die Superlearning-Praktiker von der University of Iowa sind der Ansicht, daß man alle drei mentalen Blockierungen am besten überwindet, indem man sie einfach überrennt, das heißt, indem man gleich in der ersten Stunde hundert neue Wörter und Sätze lernt, damit der Erfolg unmittelbar sichtbar wird.

»Die antisuggestiven Barrieren fallen sehr rasch, wenn der Schüler gleich in der ersten Stunde entdeckt, daß er plötzlich viel rascher und besser lernt als je in seinem Leben«, meinen die Lehrer Schuster, Gritton und Benitez-Bordon. »Alles weitere ist eine bloße Kettenreaktion: In der ersten Stunde lernt der Schüler leichter als früher, aber er ist noch nicht perfekt. Während der zweiten und der folgenden Stunden merken die meisten, daß sie den Stoff mit einer nahezu neunzigprozentigen Erinnerungsrate rezipieren können.«

Es geht also vor allem auch darum, das Lernen zu lernen. Die slawischen Forscher stellten fest, daß die Lernfähigkeit der Schüler bis zum letzten Kurstag erheblich gestiegen war.

Ein weiterer psychologischer Aspekt der Suggestopädie, der auch für die Superlernsysteme relevant wird, ist die Wahrnehmungssteigerung bei »erweiterter Bewußtheit«, das heißt, wie Losanow sagt, »wir können die Wahrnehmungen, die wir haben wollen, kontrollieren und auswählen. Wir werden *Selbst*entwickler.«

Die Suggestologie versucht, eine Beziehung zwischen Bewußtsein und Unterbewußtsein herzustellen. Darin besteht auch die Grundlage des Raja-Yoga, »der Wissenschaft von der Herstellung einer Verbindung zwischen dem bewußten und dem unbewußten Geist, die einen dritten Zustand erzeugt, das Überbewußte«, wie John Mumford in seinem Buch *Psychosomatic Yoga* schreibt.

»Wenn ich in einem Saal eine Rede gehalten habe«, sagt Losanow, »wüßte ich auf Anhieb nicht zu sagen, wie viele Lampen an der Decke hingen. Wenn Sie mich aber in Hypnose versetzen, weiß ich es. Weil meine Aufmerksamkeit ganz anderen Sachen gilt, liegen diese peripheren Dinge jenseits der Schwelle bewußter Wahrnehmung. Trotzdem nimmt man derlei Informationen ständig auf.«

Superlearning macht sich diese peripheren Informationen zunutze und stellt darüber hinaus eine wechselseitige Beziehung zwischen Bewußtem und Unbewußtem her, so daß wir unsere Wahrnehmungen abrufen können.

Vor allem wird der Stoff, den man lernen möchte, so aufbereitet, daß er *beide* psychischen Ebenen anspricht, die bewußte und die unbewußte: historische Fakten zum Beispiel als »Futter« für den bewußten Verstand, Rhythmus und Tonfall dagegen so, daß sie auf das Unbewußte wirken. »Indem wir zu gleicher Zeit bewußt und unbewußt aufgenommene Anregungen geben, stimulieren wir die gesamte Persönlichkeit«, sagt Losanow, ». . . wir sprechen die *ganze* Persönlichkeit an, die rechte und die linke Gehirnhälfte gleichzeitig.«

Die Schnell-Lernmethoden erweitern nicht nur unsere Wahrnehmungsfähigkeit und lassen unterbewußte Wahrnehmungen ins Bewußtsein dringen, sie wappnen ihre Schüler auch gegen unterschwellige Einflüsse. So stellte sich bei einem Test bulgarischer Absolventen von Superlearning-Kursen heraus, daß sie *weniger* empfänglich für Suggestionen geworden waren und sich *weniger* leicht von irreführenden Behauptungen täuschen ließen.

Wenn Menschen uns unterschwellig beeinflussen wollen – in der Werbung etwa –, erklärt Losanow, dann wollen sie das *ohne* unser Wissen, *ohne* unsere Zustimmung, *ohne* unser bewußtes Einverständnis, uns beeinflussen zu lassen. Wilson Key, der in seiner Arbeit *Subliminal Seduction* (»Unterschwellige Verführung«) zeigt, wie die Medien uns manipulieren, um an unser Geld zu kommen, schreibt: »Alles bewußt Wahrgenommene kann untersucht, kritisiert, diskutiert und möglicherweise abgelehnt werden, während eine unbewußt aufgenommene Information keinem Widerstand, keiner Beurteilung durch den Intellekt begegnet.«

Wir alle wissen, daß vor allem Sex in der Reklame eingesetzt wird, um unterschwellig auf Wünsche und Vorstellungen zu wirken, die mit dem angepriesenen Autoreifen oder der Küchenmaschine herzlich wenig zu tun haben, die aber, einmal trickreich aktiviert, das Kaufinteresse für dieses spezielle Produkt wecken und anheizen. Ob man nach einem Superlearn-Training gegenüber dieser unterschwelligen Beeinflussung durch Reklame resistent bleibt?

Natürlich würde das System nicht funktionieren, wenn man versuchte, gegen den Willen des Schülers Information in ihn hineinzustopfen. Er muß wollen, muß voll da sein, wach, bewußt und kritisch, aber zugleich offen, entspannt, und last not least sollte er auch Freude an der Sache haben.

Die Freude am Lernen ist ein weiteres Grundprinzip der Superlernsysteme, deren Ziel ja die schmerzlose Geburt des Wissens ist, frei von Spannung, Angst und Langeweile. Zuviel Anstrengung schadet nur, und weil Superlearning keinen Streß kennt, wird das Lernen zu einem wirklichen Vergnügen. »Schüler aus unseren früheren Kursen kommen regelmäßig ins Institut zurück, um uns zu sagen, daß sie hier die glücklichste Zeit ihres Lebens verbracht haben«, berichtet Losanow. Es sollte möglich sein, wenigstens ein bißchen von dieser Freude und diesem Glücksgefühl mit in den Alltag zu nehmen.

7 Training macht den Superlearner

Wenn Sie Ihr geistiges Potential erweitern und sich gleichzeitig wohl fühlen wollen, so helfen Ihnen dabei ein paar einfache Techniken, egal, welches Lernprogramm Sie sich vorgenommen haben. Die Übungen des folgenden Entspannungs-Kurzkurses sind vor allem dann wichtig, wenn Sie Ihr Gedächtnis verbessern und Ihr Faktenlernen beschleunigen möchten. Nehmen Sie sich wenigstens eine Woche Zeit, mit diesen Übungen vertraut zu werden, bevor Sie mit dem Gedächtnistraining beginnen – es lohnt sich bestimmt.
Damit Sie für Supermemory in Form kommen, sollten Sie diese Vorübungen absolvieren:

1. Entspannungsübungen (A *oder* B) mit Affirmationen
2. Innere Beruhigung
3. Erinnerung an Lernen mit Freude
4. Atmen im Takt

Entspannungsübungen

Übung A (physische Entspannung)

Lesen Sie die Anweisungen mehrmals durch, und merken Sie sich die wichtigen Punkte. Wiederholen Sie die Anweisungen im Geiste, während Sie die Übung ausführen. Wenn Sie wollen, können Sie die Anweisungen auf Band sprechen und dann während des Übens abspielen; Sie können sie sich aber auch vorlesen lassen. Üben Sie vor allem regelmäßig, denn Sie brauchen bestimmt etwa

eine Woche, bis Sie mit der Technik so vertraut sind, daß Sie sie für
Ihr Lernprogramm nutzen können. Allmählich werden Sie mer-
ken, wie Sie innerlich abschalten und sich in einen entspannten
Zustand versetzen können, ohne daß Sie immer den ganzen Prozeß
Schritt für Schritt wiederholen müssen.

Die Entspannungsübungen sind nicht nur dazu da, den Körper
zu entkrampfen, sie stellen auch eine Brücke zum Unbewußten
her. Wenn Ihnen diese Verbindung erst einmal bewußt geworden
ist, können Sie willentlich Spannungen abbauen, was Ihnen in jedem Lebensbereich zugute kommen wird. Wie ein Mann sagte, der
nach Jahren zum ersten Mal wieder locker und entspannt sein
konnte:»Es ist so, als wäre ich zu mir selbst heimgekehrt.« Die
Ausführung der Übungen dauert nur wenige Minuten.

Diese Entspannungstechnik soll die Muskelverspannungen lösen helfen, darum sollen auch die dabei eingebauten Spannungs-
übungen nicht so anstrengen wie eine Gymnastik. Vor Beginn des
Programms ist es zweckmäßig, den Körper zu dehnen und den
Kopf sanft im Nacken kreisen zu lassen, um die Kopfdurchblutung
zu fördern. Senken Sie das Kinn auf die Brust, und beschreiben Sie
mit dem Kopf einen vollen Kreis von links nach rechts.

Suchen Sie sich einen Platz, wo Sie ungestört sind. Setzen Sie
sich bequem in einen Sessel, oder, wenn Ihnen das lieber ist, legen
Sie sich auf eine Couch oder auf den Fußboden. Lockern Sie zu
enge Kleidungsstücke. Machen Sie es sich sehr, sehr bequem.
Konzentrieren Sie sich auf Ihren Körper, die Knochen und Muskeln, und spüren Sie sein Gewicht. Atmen Sie bei geschlossenen
Augen langsam und tief ein. Atmen Sie aus. Spüren Sie, wie sich
beim Ausatmen die Spannung verflüchtigt, und sagen Sie zu sich
selbst:»Entspannen!« Atmen Sie ein zweites Mal langsam und tief
ein, und spüren Sie beim Ausatmen, wie die Spannung mit dem
ausgestoßenen Atem fortgeschwemmt wird. Entspannen Sie sich.
Atmen Sie zum dritten Mal langsam und tief ein. Atmen Sie aus.
Stellen Sie sich vor, wie die Spannung aus Ihren Muskeln entweicht. Sagen Sie zu sich selbst:»Entspannen!«

Spannen Sie jetzt Ihre Zehen so heftig wie möglich an, dann
drehen Sie Ihre Zehen ganz fest einwärts. Lassen Sie die Zehen ge-

spannt, während Sie langsam bis fünf zählen, dann entspannen Sie Ihre Zehen wieder. Lassen Sie sie ganz locker, und spüren Sie den Unterschied.

Spannen Sie nun Ihre Zehen, die Füße und die Wadenmuskeln. Machen Sie diese Muskeln ganz, ganz hart, aber halten Sie den übrigen Körper entspannt. Verharren Sie in dieser Spannung, und zählen Sie langsam bis fünf. Dann entspannen Sie sich wieder. Genießen Sie dieses Gefühl der Entspannung.

Spannen Sie jetzt auch Ihre Schenkelmuskeln zugleich mit Zehen, Füßen und Waden an, und zwar so fest wie möglich. Noch fester. Fühlen Sie diese Spannung in Körper und Geist, während Sie langsam bis fünf zählen. Entspannen Sie sich. Spüren Sie, wie Ihre Muskeln nachgeben und locker lassen, nachgeben und locker lassen. Sagen Sie Ihren Muskeln, daß sie sich noch mehr entspannen sollen.

Spannen Sie jetzt die Gesäßmuskulatur. Halten Sie diese Spannung, während Sie langsam bis fünf zählen. Dann entspannen Sie sich.

Spannen Sie Ihre Kreuz- und Bauchmuskeln, und machen Sie sich das verkrampfte Körpergefühl bewußt. Spannen Sie diese Muskeln noch mehr an, während Sie langsam bis fünf zählen. Dann lassen Sie locker, immer lockerer, und entspannen sich. Lassen Sie die Spannung aus jedem Muskel entweichen. Lassen Sie sich ganz »fallen«. Geben Sie Ihrem Körper den Befehl, die Muskeln noch etwas mehr zu entspannen, und machen Sie sich dieses Gefühl der Entspannung bewußt.

Machen Sie jetzt die Muskeln in Ihrem Oberkörper hart. Ziehen Sie beide Schultern nach oben. Spannen Sie die Brust- und Rückenmuskeln. Spannen Sie sie noch mehr. Spüren Sie diese Spannung, während Sie langsam bis fünf zählen ... und entspannen Sie sich. Atmen Sie aus, und fühlen Sie, wie alle Muskeln in der Brust und im Rücken sich entspannen. Spüren Sie, wie diese Muskeln nachgeben, sich lockern und entspannen. Fühlen Sie, wie die ganze Spannung und Verkrampfung entweicht. Lassen Sie Ihre Muskeln noch etwas lockerer.

Spannen Sie jetzt Ihre Arme an, und ballen Sie die Fäuste. Machen Sie sich das Gefühl der Spannung bewußt, während Sie langsam bis fünf zählen. Dann entspannen Sie sich wieder. Lassen Sie Ihre Arme zu beiden Seiten des Körpers herunterfallen. Genießen Sie die Lösung der Spannung. Spannen Sie als nächstes jeden Gesichtsmuskel an, so gut Sie können. Verkrampfen Sie Ihre Kiefer, fletschen Sie die Zähne, spannen Sie die Kopfhaut, kneifen Sie die Augen zusammen. Halten Sie die ganze Spannung an, während Sie langsam bis fünf zählen. Lassen Sie Ihre Stirnmuskeln locker, entspannen Sie Kopfhaut, Augen, Mund, Zunge und Kehle. Lassen Sie den ganzen Druck und die Spannung abklingen. Entspannen Sie alle Gesichtsmuskeln. Machen Sie sich den Unterschied ganz bewußt.

Ziehen Sie jetzt jeden Muskel in Ihrem Körper an. Beginnen Sie bei den Zehen, und arbeiten Sie sich über die Beine, Bauch und Rücken, Brust und Schultern, Arme und Fäuste bis zum Hals und zum Gesicht hinauf. Seien Sie so angespannt, wie Sie nur können. Halten Sie jeden einzelnen Muskel in dieser Spannung, während Sie langsam bis fünf zählen. Entspannen Sie sich jetzt. Lassen Sie locker. Fühlen Sie das angenehme Gefühl der Entspannung, das Ihren ganzen Körper durchströmt, ein angenehmes, wohltuendes Gefühl der Entspannung. Machen Sie sich das Gefühl der vollkommenen Entspannung bewußt. Prüfen Sie mit Ihrem geistigen Auge Ihren Körper vom Kopf bis zu den Zehen. Wenn Sie einen Muskel finden, der nicht entspannt ist, ziehen Sie ihn noch fester an, halten Sie ihn, und dann entspannen Sie sich. Ihr Körper ist jetzt vollkommen entspannt.

Lassen Sie sich vom Kopf bis zu den Zehen und wieder zurück von diesem angenehmen Gefühl der Entspannung durchfluten. Genießen Sie es. Machen Sie sich das Gefühl der vollkommenen Entspannung bewußt. Wellen der Entspannung strömen frei vom Kopf zu den Zehen und zurück. Genießen Sie dieses Gefühl. Während Sie sich jetzt entspannen, können Sie sich einige Lern- und Gedächtnisaffirmationen vorsagen (siehe S. 102).

Sagen Sie sich jetzt, daß Sie nach dem Zählen von 1 bis 5 Ihre Augen öffnen und sich wach, erfrischt, voll von Energie und spannungsfrei fühlen werden ... 1, 2, 3, 4, 5 – öffnen Sie die Augen.

Jedesmal, wenn Sie die Entspannungsübung machen, wird sie
leichter und schneller gehen. Sie werden merken, daß Sie sehr
rasch auf einen entspannten Zustand umschalten können, in dem
die Muskelspannung sich auflöst. Je mehr Sie üben, desto leichter
werden Sie sich entspannen. Bereits einige Minuten der Entspannung bewirken, daß Sie sich weniger verkrampft und müde fühlen,
Ihr Geist wach und aktiv bleibt und Sie sich besser konzentrieren
können.

Eine *Kurzfassung* der vorhergehenden Übung kann so ausgeführt
werden, daß man jede der erwähnten Muskelgruppen von den Zehen bis zum Kopf eine nach der anderen spannt. Halten Sie die
Spannung zwei Sekunden, und lassen Sie dann eine Welle der Entspannung in umgekehrter Richtung, vom Kopf zu den Zehen,
durch Ihren Körper rieseln. Zwei bis drei Folgen dieser Welle von
Spannung und Entspannung können ausgeführt werden, während
man dabei langsam bis fünfzehn zählt.

Übung B (psychische Entspannung)

Vielen fällt es leichter, sich mit Hilfe einer bestimmten Vorstellung
zu entspannen anstatt durch körperliches »Muskeltraining« (progressive Entspannung). Für solche Leute ist folgende Übung gedacht. Lesen Sie die Anweisungen erst einmal ganz durch, damit
Sie sehen, worauf es ankommt, und führen Sie sie dann aus.

Setzen Sie sich auf einen Stuhl, oder legen Sie sich auf eine
Couch oder auf den Fußboden. Lockern Sie zu enge Kleidungsstücke. Machen Sie es sich so bequem wie möglich.

»Ich schließe meine Augen und atme mehrmals langsam, tief
und gleichmäßig. Während ich leicht und tief atme, projiziere ich
mich in die siebente Etage eines Gebäudes. Die Wände haben einen warmen roten Anstrich. Ich gehe diesen roten Korridor entlang und erreiche am Ende eine Rolltreppe mit der Aufschrift ›Abwärts‹. Es ist eine ganz besondere, silberfarbene Rolltreppe. Sie
fährt weich, geräuschlos, völlig sicher und zuverlässig. Ich stelle

mich drauf und spüre, wie ich abwärts gleite. Meine Hände ruhen
auf dem Geländer, und ich fahre lautlos und ganz langsam hinunter . . . sehr sicher und geborgen. In geruhsamer Fahrt bin ich auf
dem Weg ins Parterre, und ich weiß, daß ich dort Beziehungen an-
knüpfen kann. Ich fahre weiter abwärts und spüre, wie ich locker
lasse und mich entspanne . . . locker lasse und mich entspanne.
Ich atme tief ein. Beim Ausatmen sage ich mir etliche Male ›7‹
vor. Ich stelle mir vor, wie sich diese große Ziffer 7 von den roten
Wänden der siebten Etage abhebt. Die rote Farbe scheint an mir
vorbeizufließen, während ich meine entspannende Abwärtsfahrt
fortsetze. Ich bin jetzt in der sechsten Etage. Ich steige von der
Rolltreppe und sehe auf den hellen orangefarbenen Wänden dieses
Stockwerks eine 6 gemalt. Umgeben von diesem hellen Orange
gehe ich zur nächsten abwärtsführenden Rolltreppe. Ich betrete
sie und gleite wiederum langsam nach unten.

Ich atme tief ein; beim Ausatmen sage ich mir mehrmals ›6‹ vor,
und ich sehe deutlich die orangefarbenen Wände um mich herum.
Ich spüre, wie ich locker lasse und mich entspanne, während ich zu
einer noch friedlicheren und angenehmeren Etage sanft nach unten gleite. Ich habe jetzt die fünfte Etage erreicht. Im Geiste wiederhole ich mehrmals ›5‹ und genieße die schöne, fröhliche goldgelbe Farbe des Korridors. Ich steige auf die nächste Rolltreppe
und schwebe weiter hinunter. Ich fühle mich sehr wohl, sehr leicht,
ich lasse locker und genieße die Farben. Ich sehe die vierte Etage,
deren Wände in einem wohltuenden satten Grün gestrichen sind.
Ich steige von der Rolltreppe im vierten Stock und gehe durch dieses klare Grün zur nächsten Rolltreppe.

Ich atme wieder tief ein, und' beim Ausatmen stelle ich mir die
Ziffer 4 vor. Ich wiederhole im Geist mehrere Male ›4‹. Ich genieße
das satte Grün um mich herum, während ich die nächste Rolltreppe betrete, und fahre ruhig abwärts durch das beruhigende
Grün in eine noch angenehmere und wohligere Etage. Ich erreiche
die Aufschrift 3 und sehe die schönen blauen Wände dieses Stockwerks. Ich fühle mich durchdrungen von diesem friedlichen, ruhigen Blau. Ich spüre, daß ich eingehüllt bin von Blau. Ich bleibe einige Augenblicke lang in dieser Etage und stelle mir eine idyllische

Naturszene vor – einen Ort, den ich besonders liebe, wo ich mich am besten entspannen kann... einen blauen See oder ein stilles blaues Meer, Wiesen oder Berge, über denen sich ein weiter, blauer Himmel wölbt. Ich spüre wieder dasselbe Harmonie- und tiefe Entspannungsgefühl, das ich einst an diesem Ort empfand. Ich genieße das fließende Blau um mich herum und werde mir eines wohligen, friedlichen und entspannenden Gefühls bewußt. Ich atme tief ein, und während ich ausatme, stelle ich mir die Zahl 3 vor. Ich wiederhole im Geiste einige Male ›3‹. Ich besteige die nächste Rolltreppe und gleite wiederum sanft und leicht nach unten zu einer noch angenehmer entspannenden Etage mit einer sanften, angenehmen Farbe.

Ich sehe die Ziffer 2 und bemerke das kräftige schimmernde Purpurrot der Wände. Ich steige von der Rolltreppe. Ich atme tief ein, und beim Ausatmen stelle ich mir die Ziffer 2 vor. Ich wiederhole im Geiste mehrmals ›2‹. Ich spüre dieses kräftige Purpurrot um mich herum, und ich fühle mich wunderbar wohl und entspannt. Ich gehe durch dieses Purpurrot zur nächsten Rolltreppe und gleite durch das tiefe Purpurrot zu einer noch angenehmeren und noch entspannenderen Farbe hinab. Ich sehe die Ziffer 1 und bemerke die leuchtend ultraviolette Farbe der Wände. Die Rolltreppe gleitet sanft hinab, und ich betrete die erste Etage.

Ich atme tief ein, und während ich ausatme, stelle ich mir die Ziffer 1 vor und wiederhole mehrere Male ›1‹. Ich genieße das leuchtende Ultraviolett um mich herum. Ich habe jetzt einen völlig entspannten Zustand erreicht. Ich fühle mich ganz ausgeruht, gesund und erfrischt. Ich befinde mich jetzt auf meiner inneren Hauptetage. Auf dieser Stufe kann ich mich leicht mit anderen Bereichen meines Bewußtseins in Verbindung setzen. Ich ruhe mich weiter aus, genieße die vollkommene Entspannung und atme tief. Ich verharre etwa eine Minute lang in völliger Entspannung.«
(Pause)

Diese Phase der Entspannung ist übrigens besonders geeignet für die Affirmationen, den positiven Zuspruch, den Sie sich selbst geben.

»Bevor ich diese innere Hauptetage verlasse, zähle ich bis drei.

Wenn ich ›drei‹ sage, öffne ich die Augen und fühle mich wach, ausgeglichen, erfrischt und frei von allen Spannungen.«*

Affirmationen

Wenn Sie sich durch eine der beiden beschriebenen Methoden ausreichend entspannt haben, versuchen Sie, Ihre eigenen Fähigkeiten zu bekräftigen. Eine solche Affirmation kann zu jeder Zeit nützlich sein, aber sie wirkt am nachhaltigsten in diesem heiterentspannten Zustand. Wählen Sie zwei der folgenden Sätze. Sie können sich auch andere, die Ihren besonderen Umständen entsprechen, ausdenken. Die Sätze sollten jedoch möglichst kurz und rhythmisch sein; verwenden Sie Alliteration und Reim, wenn Ihnen das zusagt. Wiederholen Sie die Sätze im Geiste vier- bis fünfmal.

Ich kann.
Ich erreiche jetzt mein Ziel.
Ich habe eine riesige Freude am Lernen.
Lernen und Erinnern fallen mir leicht.
Meine Gedanken bewegen sich in der richtigen Bahn.
Ich bin vollkommen ruhig.

Vor einer Prüfung:

Mir fallen die richtigen Antworten zur rechten Zeit ein.
Ich erinnere mich an alles, was ich wissen muß.
Ich bin vollkommen ruhig und sicher.
Mein Gedächtnis ist wach, mein Verstand ist gut.

---

* Das autogene Training ist wahrscheinlich die wirksamste Entspannungsmethode. Wer sie beherrscht, kann sich jederzeit und überall entspannen (siehe S. 153 ff.).

Innere Beruhigung

Das Ziel dieser Übung ist es, die visuelle Vorstellungskraft zu trainieren und gleichzeitig das Gemüt zu beruhigen. Friedliche, idyllische Naturszenen sind besonders geeignet, Angst und Ablenkungen zu beseitigen. Stellen Sie sich vor, daß Sie in einem Park oder einem Wald spazierengehen, an einem See sitzen, einen Hügel oder einen Berg erklimmen, durch eine Winterlandschaft gehen, im Sommer am Strand entlangschlendern oder sich an irgendeinem Ort bewegen, der auf Sie besonders beruhigend wirkt. Manche Leute stellen sich auch Kunstwerke oder einen Museumsbesuch bei dieser Übung vor. Wir geben hier ein Beispiel; weitere Vorstellungsübungen finden Sie auf S. 165. Entspannen Sie sich nach der Methode, die Ihnen am meisten zusagt, und dann:

Stellen Sie sich vor, daß Sie an einem schönen Strand sind.
Fühlen Sie die Wärme der Sonne.
Gehen Sie am Strand entlang, treten Sie ans Ufer.
Spüren Sie den warmen Sand unter Ihren Füßen, fühlen Sie, wie der weiche Sand beim Gehen durch ihre Zehen quillt.
Geben Sie sich der Bläue des Himmels und des Wassers hin.
Während Sie am Rand des Wassers entlanggehen, spüren Sie, wie die Wellen sanft Ihre Knöchel umspielen.
Spüren Sie eine sanfte Brise, fühlen Sie, wie Sorgen und Ängste sachte fortgeweht werden.
In der Ferne hören Sie den Lockruf der Möwen.
Sehen Sie das Glitzern der Sonne im Wasser.

Genießen Sie diese Szene so intensiv wie möglich. Wenn Sie eine Superlernsitzung beginnen wollen, nehmen Sie sich einige Minuten Zeit, versetzen Sie sich innerlich an diesen friedlichen Ort, um Ihr Gemüt zu beruhigen und Ablenkung, Angst, Sorgen und Streß zu verbannen.

Anmerkung: Um Monotonie zu vermeiden, können die Übungen zur inneren Beruhigung täglich abgewandelt werden. Abgesehen von den zusätzlichen Beruhigungstechniken im Übungsteil kann man auch Musik spielen wie *The Environments*-Reihe oder Entspannungs-Platten wie *Spectrum Suite* (Halpern – Spectrum Research Institute, Palo Alto, Kalifornien).

Erinnern an Lernen mit Freude

Beim Herstellen der Verbindung zwischen Bewußtsein und Unterbewußtsein muß man dafür sorgen, daß die geistigen Botschaften das »innere« Bewußtsein erreichen, damit die Anweisungen auch ausgeführt werden können. Wenn Sie sich sagen: »Ich lerne leicht; mein Gedächtnis ist vollkommen«, so reicht das allein noch nicht aus, Ihr Gedächtnis so zu mobilisieren, daß es diese Leistungen auch wirklich bringt. Bei der Verständigung mit dem »inneren« Bewußtsein fungiert die Emotion als hilfreiche »Überbringerin« der Botschaft.

Rufen Sie sich eine Zeit ins Gedächtnis zurück, in der Sie sich über einen Lernerfolg richtig freuten. Denken Sie an eine Erfahrung, da Ihnen das Lernen Spaß machte, oder an einen Augenblick, in dem Sie eine wirkliche Gedächtnisleistung vollbrachten. Das kann vor kurzer oder längerer Zeit gewesen sein. Vielleicht erinnern Sie sich an jenes Triumphgefühl, als Ihnen das Schlüsselwort einfiel, mit dessen Hilfe Sie ein schwieriges Kreuzworträtsel lösten, oder es fällt Ihnen ein, mit wieviel Vergnügen Sie etwas aus einem Film, einem Fernsehprogramm oder einem Buch lernten. Es kann auch ein Kindheitserlebnis sein – der Tag, an dem Sie zum ersten Mal sicher auf einem Fahrrad fuhren – oder eine Schul- oder Universitätserfahrung, die Ihnen gezeigt hat, daß Lernen und Leistung mit Anregung und Freude verbunden sind.

Rufen Sie sich das Gefühl dieses Erfolgserlebnisses ins Bewußtsein zurück. Empfinden Sie die angenehme Lernerfahrung in allen Einzelheiten so vollständig wie möglich nach. Stellen Sie sich noch einmal diese Situation vor, mit allen Einzelheiten. Waren noch andere Leute anwesend? Was für ein Körpergefühl hatten Sie? Erinnern Sie sich, was Sie im Kopf, in den Händen, im Magen spürten. Rufen Sie sich Ihre Gedanken und Ihre Ansichten zurück. Kosten Sie noch einmal Ihren Eifer, Ihren Drang zum Lernen aus. Empfinden Sie das Vergnügen, als Sie gewahr wurden, daß Ihr Verstand und Ihr Gedächtnis mühelos funktionieren. Halten Sie dieses besondere Gefühl fest und lassen Sie es durch sich hindurchströmen, während Sie sich vor einer Superlernsitzung entspannen.

Atemtechnik

Das Ziel dieser Übung ist es, rhythmisch atmen zu lernen und durch die rhythmische Kontrolle der Atmung die psychophysischen Rhythmen zu verlangsamen.

Setzen Sie sich bequem in einen Sessel, oder legen Sie sich auf eine Couch oder ein Bett. Entspannen Sie sich völlig. Achten Sie darauf, daß alle Körperteile entspannt sind. Schließen Sie die Augen, dann atmen Sie ganz langsam und tief durch die Nase ein. Atmen Sie so viel Luft ein, wie ihre Lungen bequem aufnehmen können. Versuchen Sie nun, noch ein bißchen mehr einzuatmen. Dann atmen Sie langsam aus. Fühlen Sie die tiefe Entspannung, während Sie ausatmen. Wenn Sie glauben, daß Ihre Lungen ganz leer sind, pumpen Sie noch etwas mehr Luft heraus. Üben Sie eine kurze Zeitlang diese ganz tiefen Atemzüge. Atmen Sie so viel Luft wie möglich ein. Dehnen Sie Ihren Bauch. Atmen Sie langsam aus. Ziehen Sie Ihren Bauch ein. Atmen Sie noch einmal tief ein, und nehmen Sie dabei so viel Luft wie möglich auf. Halten Sie die Luft an, während Sie bis drei zählen, und atmen Sie ganz langsam wieder aus. Entspannen Sie sich. Versuchen Sie, die Luft in gleichmäßigen, steten Atemzügen einzuatmen.

Versuchen Sie jetzt, rhythmisch zu atmen. Zählen Sie jeweils bis 4, während Sie einatmen, anhalten, ausatmen, pausieren.

> Einatmen – 2, 3, 4;
> Anhalten – 2, 3, 4;
> Ausatmen – 2, 3, 4;
> Pause – 2, 3, 4.

Wiederholen Sie diese Übung viermal.

Entspannen Sie sich. Versuchen Sie jetzt, diesen Atemrhythmus noch mehr zu verlangsamen, indem Sie bis 6 zählen.

Einatmen – 2, 3, 4, 5, 6;
Anhalten – 2, 3, 4, 5, 6;
Ausatmen– 2, 3, 4, 5, 6;
Pause   – 2, 3, 4, 5, 6.

Wiederholen Sie diese Übung viermal.

Versuchen Sie jetzt, Ihren Atemrhythmus noch etwas mehr zu verlangsamen, indem Sie bis 8 zählen.

Einatmen – 2, 3, 4, 5, 6, 7, 8;
Anhalten – 2, 3, 4, 5, 6, 7, 8;
Ausatmen– 2, 3, 4, 5, 6, 7, 8;
Pause   – 2, 3, 4, 5, 6, 7, 8.

Wiederholen Sie diese Übung viermal.

Diese Atemkontrollübung können Sie täglich ausführen. Dadurch werden die körperlichen und geistigen Abläufe wieder aufeinander abgestimmt (resynchronisiert) und die psychophysischen Rhythmen verlangsamt. Sie sorgt außerdem für eine Stärkung der Lebenskraft (Prana) im Körper.

Mehrere Folgen dieser Atemübung sollten vor einer Superlernsitzung ausgeführt werden, damit die psychophysischen Rhythmen sich optimal verlangsamen.

Wenn Sie die vorhergehenden Übungen ausgeführt haben, dann wissen Sie, wie Sie den für das Lernen günstigen Zustand des psychophysischen Gleichgewichts am besten erreichen. Um Ihr Gedächtnis optimal nutzen zu können, müssen Sie jetzt nur noch Ihre Atmung mit dem Rhythmus synchronisieren, in dem der Lernstoff während der Sitzung vorgetragen wird.

Die Synchronisierung Ihrer Atmung

Vier Sekunden lang, *während der Stoff vorgetragen wird, halten Sie den Atem an.* Das ist wirklich nicht schwer. In der dann folgenden Pause von vier Sekunden atmen Sie aus und ein, und Sie halten den Atem wieder an, wenn der nächste Satz gesprochen wird. Sie brauchen nicht ständig daran zu denken – merken Sie sich lediglich: Atem anhalten, während der Stoff vier Sekunden lang vorgetragen wird.

Vorgetragener Stoff – 4 Sekunden	Pause – 4 Sekunden
la maison – das Haus – la maison	–––––
Atem anhalten: 1, 2, 3, 4	Ausatmen: 1, 2
	Einatmen: 1, 2

Der gesamte Stoff wird im genauen Rhythmus von jeweils 8 Sekunden vorgetragen, so daß die Atmung sich ganz natürlich auf folgenden Rhythmus einpendelt:

Anhalten 4; ausatmen 2; einatmen 2.

Am besten üben Sie diesen Atemrhythmus vor Ihrer ersten Supermemory-Sitzung ein paarmal. Halten Sie den Atem an, während Sie bis 4 zählen; atmen Sie aus bis 2; atmen Sie ein bis 2, usw.

Die Supermemory-Sitzung

Vor Beginn der Supermemory-Sitzung ist es wichtig, den zu lernenden Stoff noch einmal durchzugehen und die Wiederholung so lebendig wie möglich zu gestalten. Sie können ein Spiel oder einen Dialog daraus machen. Für die Sitzung selbst brauchen Sie bloß ein Tonbandgerät (entweder einen Kassetten- oder einen Spulenrecorder) und/oder jemanden, der Ihnen das Material laut vorliest.

Supermemory-Sitzungen bestehen aus zwei Teilen. Zuerst lesen Sie stumm mit, während der Stoff Ihnen vorgetragen wird. Im zweiten Teil schließen Sie die Augen und bekommen dasselbe Material noch einmal präsentiert, dieses Mal mit Begleitmusik. (Wie man den zu lernenden Stoff präpariert, erfahren Sie in Kapitel 8.)

Bevor Sie mit dem ersten Teil beginnen, machen Sie Ihre Entspannungsübungen. Nehmen Sie sich etwa fünf Minuten Zeit dazu. Bekräftigen Sie Ihr Lernvermögen. Versetzen Sie sich in Gedanken für einen Augenblick an einen Ihrer Lieblingsorte in der

Natur; empfinden Sie, wie das leichte, befriedigende Gefühl Sie überkommt, das sich einstellt, wenn man einen Lernerfolg hat. Atmen Sie ein paarmal tief ein. Dann beginnen Sie mit dem ersten Teil. Lassen Sie Ihr Supermemory-Band laufen oder das Material von jemandem vorlesen.

Teil I – ohne Musik

Sie brauchen nur zwei Dinge zu tun. Lesen Sie still für sich den Lernstoff, während eine Stimme ihn gleichzeitig rhythmisch vorträgt. Versuchen Sie zweitens, im Rhythmus des Achterzyklus zu atmen. Wie Sie hören, pausiert die Lehrstimme vier Sekunden, rezitiert den Stoff während der nächsten vier Sekunden, macht wieder eine Pause von vier Sekunden usw. Atmen Sie in den Pausen aus bzw. ein. *Halten Sie die vier Sekunden, in denen das Material vorgetragen wird, den Atem an.* Das ist alles, was Sie zu tun haben.

Nehmen wir an, ein Lehrdurchgang dauert fünfzehn Minuten, dann können Sie bis zu achtzig oder hundert neue Lerneinheiten aufnehmen. Die meisten Menschen beginnen mit vierzig bis fünfzig neuen Einheiten.

Teil II – mit Musik

Wenn Sie den Stoff einmal durchgenommen haben, legen Sie den Text weg, schirmen das Licht ab, lehnen sich zurück und schließen die Augen. Hören Sie sich den Vortrag genau desselben Materials jetzt noch einmal an, dieses Mal jedoch *mit Musik*. Geben Sie genau acht, was gesagt wird. Atmen Sie entsprechend dem Vortragsrhythmus: aus- und einatmen während der Pausen, leicht den *Atem anhalten, während der Stoff rezitiert wird.* Sie beginnen, mit der Technik vertraut zu werden, und versuchen, sich das Material visuell vorzustellen, um das Gedächtnis noch zusätzlich zu unterstützen. Strengen Sie sich aber nicht zu sehr dabei an. *Hören Sie* nur auf die Worte, *atmen* Sie, und lassen Sie die Vorstellungen vor ihrem inneren Auge vorüberziehen.

Die meisten Leute veranstalten nach der Sitzung mit sich selbst einen kurzen Quiz als eine Art »Feedback«, um den Kurs besser verfolgen zu können. Wenn Sie etwas vergessen haben, können Sie es ins nächste Programm mit hineinnehmen. Es ist wichtig, daß Sie den neu gelernten Stoff während der nächsten paar Tage *anwenden*, um ihn sich wirklich anzueignen. Vergessen Sie nicht, daß Superlearning einen Schneeballeffekt hat. Geben Sie nicht auf, bevor Sie das System nicht wenigstens einige Tage lang ausprobiert haben. Auch das Lernen will gelernt sein, und wie jede andere Fertigkeit kann man es mit der Zeit immer besser, leichter und schneller. So sollten Sie zum Beispiel in der siebten Sitzung mehr lernen können als in der ersten. Wenn Sie einmal gelernt haben, wie man lernt, werden Sie vermutlich merken, daß Sie eine Lektion nur einige Male hören müssen, um sie zu behalten.

Im Unterschied zu anderen Lernformen ist das Superlearning bereits an sich wohltuend. Es fördert Ihre Gesundheit und befreit Sie von innerem Druck, indem Sie sich nur entspannen und der Musik zuhören.

Manche Leute, die monate- oder gar jahrelang diese Supermemory-Sitzungen abgehalten haben, berichten, daß Sie ein annähernd fotografisches Gedächtnis erwerben konnten und nur einen kurzen Blick auf eine Buchseite zu werfen brauchen, um deren Inhalt zu erfassen.

8 Programmieren Sie sich selbst

Für die Supermemory-Sitzung können Sie wie beim Schlaflernen Ihr eigenes Lernprogramm zusammenstellen. Sie lassen einfach ein Tonband mitlaufen, wenn Sie das Material im richtigen Rhythmus laut zur Musik vorlesen. Und während Sie beim Schlaflernen das Band in der entspannten Halbschlafphase wieder abspielen, so schalten Sie auch Ihr Supermemory-Band ein, wenn Sie in einem vergleichbaren Zustand geistiger Entspannung sind. (Das laute Vorlesen des Stoffes für die Bandaufnahme ist natürlich keine Supermemory-Sitzung.)

Als Alternative zur Bandaufnahme können Sie auch mit einem Bekannten arbeiten. Nachdem Sie mit Hilfe der Entspannungsübungen Ihr psychophysisches Gleichgewicht erreicht haben und rhythmisch atmen, lassen Sie sich das Material im erforderlichen langsamen Tempo laut zur Musik vorlesen.

Zur Vorbereitung Ihres eigenen Supermemory-Programms brauchen Sie lediglich ein paar Minuten der genannten Musik aufzunehmen sowie den Vortrag des Lernmaterials im erforderlichen langsamen Tempo zur Musik.

Jede Art von reinem Lernstoff ist für das Programm geeignet.

Der erste Schritt ist die musikalische Bandaufnahme. Manche Menschen behaupten, daß ihnen diese Musik soviel inneren Frieden und Ausgeglichenheit vermittelt, daß sie ihr auch einfach nur so »gern zuhören und sich dabei entspannt und wohl fühlen«.

Wenn Sie für sich allein lernen, müssen Sie fünfzehn bis zwanzig Minuten der richtigen »Erinnerungsmusik« zusammenstellen. Wenn Sie ein solches Band einmal besitzen, können Sie es immer wieder verwenden und ganz verschiedene Stoffe mit seiner Hilfe lernen. Wählen Sie die Ihnen zusagenden Stücke aus der auf S. 112/13 wiedergegebenen Musikliste und »komponieren« sie daraus ein etwa zwanzigminütiges Programm.

Jedes dieser Musikstücke hat im allgemeinen einen Vierviertel- oder Dreivierteltakt mit einem ruhig-gemessenen Tempo von etwa sechzig Schlägen pro Minute. Die Stücke sind meistens kurz; sie dauern durchschnittlich zwei bis vier Minuten, so daß Sie im ganzen vielleicht sechs bis sieben Stücke brauchen. Ein kurzes Stück kann auch öfter als einmal aufgenommen werden. Wählen Sie der Abwechslung halber Stücke mit verschiedener Instrumentierung (Violine, Cembalo, Flöte, Mandoline, Gitarre) und in verschiedener Tonart, Dur oder Moll. Diese langsame, feierliche Musik wird beim Superlearning verwendet, um den Zustand entspannter Konzentration aufrechtzuerhalten. Während der letzten zwei Minuten des Tonbands können Sie eine schnellere, lebhaftere Musik – Allegro-Sätze – spielen, damit Ihnen der Übergang von der Tiefenentspannung zum »Normalzustand« leichter fällt. Vielleicht möchten Sie auch mehrere Bänder zusammenstellen, um sie abwechselnd zu benutzen. Schalten Sie auf niedrige Lautstärke, damit die Musik den Text, den Sie lesen, nicht übertönt.

Um den Zeitabstand von jeweils vier Sekunden einzuhalten, können Sie mit einem Holzstab alle vier Sekunden klopfen, während Sie das Band bespielen.

Um das »Lernen mit Musik« zu erleichtern, kann man eine eigens zu diesem Zwecke zusammengestellte Tonbandkassette über folgende Adresse beziehen: Superlearning Inc., Suite 4D, 17 Park Avenue, New York, N. Y. 10016 (15 US-Dollar, mit internationaler Postanweisung).

Liste geeigneter Musikstücke

Diese Liste ist selbstverständlich nicht erschöpfend. Die genannten Werke haben sich bei den Supermemory-Sitzungen bewährt, können aber auch durch andere *langsame Sätze* aus beliebigen Barockkompositionen ersetzt bzw. ergänzt werden. Für die meisten Stücke gibt es mehrere Einspielungen; wir zitieren jeweils nur eine Einspielung, die auf dem deutschen Schallplattenmarkt erhältlich ist.

JOHANN SEBASTIAN BACH

1. Largo aus dem Flötenkonzert in G-moll nach BWV (Bach-Werkverzeichnis) 1056. Bearbeitung für Flöte; Original: Cembalo. (*James Galway spielt Bach*, RCA RL 25119 AW)
2. Aria zu den *Goldberg-Variationen*, BWV 988 (Cembalo). (EMI IC 151–30710/11)
3. Largo aus Konzert für Klavier und Streichorchester Nr. 5 in F-moll, BWV 1056. (*Drei Klavierkonzerte*, ZL 30569)
4. Largo aus Konzert für Cembalo solo in G-moll, BWV 975 (nach Vivaldi). (*Cembalokonzerte nach Antonio Vivaldi*, EMI IC 065–28336)
5. Largo aus Konzert für Cembalo solo Nr. 5 in G-dur, BWV 976. (Dieselbe Platte wie 4.)
6. Largo aus Konzert für Cembalo solo in F-dur. (FSM 34 287)

ARCANGELO CORELLI

7. Alle langsamen Sätze aus *Concerti grossi* op. 6, Nr. 1–12. (DG 2710011 MS)

GEORG FRIEDRICH HÄNDEL

8. Alle langsamen Sätze aus *Concerti grossi* op. 6, Nr. 1–12.
   (EMI IC 153–99645/47 Q)
9. Largo aus Konzert Nr. 3 in D-dur.
   (*Feuerwerksmusik*, EMI IC 065–99690)
10. Largo aus Konzert Nr. 1 in B-dur.
    (*Concerti grossi* op. 3, Nr. 1–6, EMI IC 151–99622/23)

GEORG PHILIPP TELEMANN

11. Largo aus *Fantasien für Cembalo*, Nr. 17 in G-moll.
    (PR 70 124)
12. Largo aus Konzert für Viola, Streicher und Basso continuo in
    G-dur.
    (Dca 91017)

ANTONIO VIVALDI

13. Largo aus »Winter« – *Die vier Jahreszeiten*.
    (*Les Quatre Saisons*, Philips X Stereo 65 15 007)
14. Largo aus Konzert in D-dur für Gitarre, Streicher und Basso
    continuo.
    (DG 139 417)
15. Largo aus Concerto für Mandoline, Streicher und Orgel, Nr. 1
    in C-dur PV 134.
    (FSM 34 153)
16. Largo aus Concerto für Viola d'amore, Laute, Streicher und
    Basso continuo in D-moll PV 266.
    (*Sämtliche Konzerte für Laute / Gitarre / und Mandoline*, DG
    2530211)
17. Largo aus Konzert für Flöte, Streicher und Basso continuo in
    C-dur PV 79.   (DG 25 35 200)

Wenn Sie sich Ihr Programm selber zusammenstellen und dafür langsame Sätze aus den Konzerten verschiedener Barockkomponisten auswählen, brauchen Sie nur darauf zu achten, daß diese ein Tempo von ungefähr sechzig Schlägen pro Minute aufweisen. Die Tempi der einzelnen Sätze oder Teile werden üblicherweise auf italienisch angegeben. »Allegro« bedeutet zum Beispiel ein Tempo von etwa 120 bis 168 Schlägen pro Minute, »Andante« etwa 76 bis 108, »Adagio« rund 66 bis 76, »Larghetto« 60 bis 66 und »Largo« 40 bis 60 Schläge pro Minute. Manche Musiker und Dirigenten setzen das Tempo manchmal etwas schneller oder langsamer als vom Komponisten angegeben. Wenn Sie prüfen wollen, ob das Tempo einer Aufnahme etwa 60 Schläge pro Minute hat, können Sie das mit Hilfe eines Metronoms oder des Sekundenzeigers an Ihrer Uhr leicht feststellen.

Wenn Sie ein Instrument beherrschen – zum Beispiel Klavier, Orgel oder klassische Gitarre –, können Sie die passenden Stücke auch selbst im gewünschten Tempo auf Band spielen.

Kann die Musik durch etwas anderes ersetzt werden? *Nein.* Verwenden Sie auch keine andere *Art* von Musik. Die Auswahl der Musikstücke hat nichts mit persönlichem Geschmack zu tun, und an eine Musikberieselung im Hintergrund ist dabei auch nicht gedacht. Diese spezielle Barockmusik wirkt wie ein Mantra und soll einen bestimmten psychophysischen Zustand entspannter Konzentration herbeiführen.

Ostdeutsche Suggestopäden der Karl-Marx-Universität in Leipzig, die außerordentliche Erfolge mit der Methode verzeichnen konnten, beobachteten, daß die langsamen Sätze barocker Musik mit *Streichinstrumenten* zu den besten Ergebnissen führten. Vokalmusik oder Choräle wurden ausgeschlossen, weil der vorgetragene Stoff sonst gegen die Liedtexte ankämpfen muß. Beim Einsatz von Musik mit einem langsamen, steten, monotonen Rhythmus, einer melodischen Struktur, die nicht ablenkt und nicht sofort ins Ohr geht, und bestimmten harmonischen Mustern wurden bisher die besten Resultate erzielt.

Es bedarf noch weit mehr physiologischer Forschungsarbeit, um andere Arten von Musik zu prüfen, die sich eventuell auch für Superlearning eignen würden, wie etwa die orientalische und indische Musik. (Das indische Vilambit-Tempo besitzt zum Beispiel den erforderlichen Rhythmus von sechzig Schlägen pro Minute.) Vorläufig ist es ratsam, sich an die bereits geprüfte Musik zu halten.

In Bulgarien wurde für die besonderen Erfordernisse von Superlearning eine neue Musik komponiert, die das Lernvermögen steigern soll. Das wäre auch im Westen möglich.

Bei der Auswahl von Superlernmusik konzentriert man sich am besten auf die Adagio-, Larghetto- oder Largo-Sätze aus Barockkonzerten, wobei vor allem darauf zu achten ist, daß der Rhythmus sechzig Schläge pro Minute beträgt. Auch andere Kompositionen, zum Beispiel Suiten oder Variationen, mit dem gleichen Rhythmus sind geeignet. Das Zeitmaß soll ein Viervierteltakt sein (vier Schläge pro Takt), da dieser besonders gut zum Atem-Vortrags-Rhythmus paßt.

Wenn Sie ein Metronom verwenden, damit Sie beim lauten Lesen das Tempo einhalten können, würde auch ein Dreivierteltakt in Frage kommen.

In der Musik kommen am häufigsten zwei, drei oder vier Schläge pro Takt vor. Das Zeitmaß wird in Form einer Bruchzahl angegeben: 3/4, 4/4 oder 2/2. Die vordere Ziffer gibt die Anzahl der Schläge pro Takt an, die hintere Ziffer sagt etwas über die Dauer oder den Klang der Note aus. 4/4 bedeutet vier Schläge, bestehend aus vier Viertelnoten; 3/4 bedeutet drei Schläge bestehend aus drei Viertelnoten; 2/2 bedeutet zwei Schläge von zwei halben Noten.

Wenn Sie Fragen haben zur Auswahl der Stücke, oder wenn Sie wissen wollen, welcher Teil einer Platten- oder Bandaufnahme der richtige ist, wenden Sie sich an einen Musikbibliothekar oder an einen Musiklehrer. Manche Leute hatten nämlich gerade die schnellen Sätze aus den Konzerten aufgenommen und mußten dann mit dreifacher Geschwindigkeit hinterherkeuchen.

Mit der Supermemory-Technik können Sie sich das Faktenwissen eines jeden Gebiets aneignen. Vor allem in der Grundausbildung hat sich Superlearning bewährt. Außerdem wird es Ihnen beim Studium der Anatomie, Geographie, Geschichte oder Biologie sowie vergleichbaren Fächern nützlich sein, in denen man sich zunächst eine Menge fremder Begriffe und Daten merken muß. Darum ist das System für Fremdsprachen geradezu ideal. Aber Superlearning ist nicht nur bei der Aneignung von akademischem Wissen, sondern auch in vielen anderen Bereichen Ihrer Arbeit oder Ihrer Hobbys nützlich.

Lautes Lesen

Superlearning verwendet einen Acht-Sekunden-Zyklus, in dem der Lernstoff in gemächlichen Intervallen gesprochen wird. Stellen Sie sich innerhalb dieses Zyklus zwei Takte von je vier Schlägen oder zwei Zeiteinheiten von je vier Sekunden vor. Jede Sekunde erfolgt ein Schlag.

1   2   3   4   1   2   3   4

Beim Sprechen müssen Sie jeweils eine Informationseinheit in diesem Acht-Sekunden-Zyklus unterbringen. *Sie brauchen nicht im Takt der Musik oder des Metronoms zu sprechen.* Sie sollten lediglich darauf achten, daß Sie beim Vortrag mit dem vorgegebenen Zeitmaß auskommen.

Für uns hat sich ein »Takt-Tonband« als gute Hilfe erwiesen. Nehmen Sie einfach die Taktschläge eines Metronoms auf Tonband auf – alle 4 Sekunden ein Taktschlag. Spielen Sie das Tonband dann ab, damit Sie wissen, wann Sie sprechen und wann Sie stumm sein sollen.

Nehmen wir der Einfachheit halber als Lernbeispiel das kleine Einmaleins. Verwenden Sie eine Uhr oder besser ein Metronom oder einen anderen Zeitmesser. Jede Sekunde erfolgt ein Ticken oder ein Schlag. Während der ersten vier Schläge des Zyklus bleiben Sie stumm, während der nächsten vier Schläge sprechen Sie den Stoff.

1	2	3	4		1	2	3	4

Stille	$2 \times 2 = 4$
Stille	$2 \times 3 = 6$
Stille	$2 \times 4 = 8$
Stille	$2 \times 5 = 10$

Und mit französischen Vokabeln, um noch ein Beispiel zu geben, geht es so:

1	2	3	4		1	2	3	4

Stille	Hase, le lapin
Stille	Bett, le lit
Stille	Buch, le livre

Noch einmal: Sie sprechen *nicht* im Takt, sondern versuchen einfach, bei Ihrem Vortrag mit vier Sekunden auszukommen. Wenn Sie nur zwei Worte zu sagen haben, können Sie langsam sprechen; wenn Sie mehr Material unterbringen müssen, sprechen Sie schneller. Sie werden sehen, daß Sie eine ganze Menge Information innerhalb von vier Sekunden vermitteln können, ohne daß Sie gleich wie Donald Duck klingen. Stellen Sie sich vor, Sie sprechen in einen Anrufbeantworter: Wenn das Ticken der zweiten Zeiteinheit ertönt, beginnen Sie. Die einfache alte Sekundenzählmethode –»Eine Kartoffel, zwei Kartoffeln, drei Kartoffeln, vier Kartoffeln« – gibt Ihnen eine annähernde Vorstellung davon, wie viele Worte Sie in vier Sekunden unterbringen können. Wenn Sie schnell sprechen, schaffen Sie mehr.

Intonation

Die Bulgaren machten die Erfahrung, daß man das Interesse der Zuhörer länger aufrechterhalten kann, wenn man den Tonfall während des Vortrags von einem Zyklus zum anderen ändert. Sie

verwenden dreierlei Intonationen: die normale Sprechstimme, das
leise Flüstern und den Befehlston. Zwischen diesen dreien wird
ständig abgewechselt.

1 2 3 4	1 2 3 4	Intonation
Stille	$2 \times 6 = 12$	normal
Stille	$2 \times 7 = 14$	leise
Stille	$2 \times 8 = 16$	laut
Stille	$2 \times 9 = 18$	normal

Oder bei französischen Vokabeln:

1 2 3 4	1 2 3 4	Intonation
Stille	anstiften, machiner	normal
Stille	Geschäft, un magasin	leise
Stille	Essen, manger	laut

Wenn Sie die Intonation variieren wollen, teilen Sie am besten Ihr
Material vorher in Dreiergruppen ein, damit Sie während Ihres
Vortrags zwischen normaler, leiser und lauter Stimme mühelos
abwechseln können. (Versuchen Sie nicht, entsprechend dem
Wortsinn zu artikulieren; Form und Inhalt brauchen in diesem
Fall *nicht* übereinzustimmen.)

Manche haben Superlearning auch ohne Variation des Tonfalls
mit Erfolg angewandt. Dieser Punkt scheint also nicht zu den »Es-
sentials« zu gehören; aber bedenken Sie, daß Ihr Lernvermögen
um so größer wird, je mehr methodische Elemente Sie einsetzen.

Das ist also der grundlegende Superlearning-Zyklus. Mit etwas
Übung wird es Ihnen leichtfallen, im Achtertakt zu sprechen.
Auch hier werden Sie sehen, daß das richtige Timing sich fast automatisch einstellt. Sie werden ohne Schwierigkeit zum Ticken des
Zeitmessers sprechen können. Sobald man sich an die Methode
gewöhnt hat, bewältigt man gewöhnlich fünfzig bis hundertfünfzig
neue Informationseinheiten pro Sitzung. So könnte man das kleine

Einmaleins in einer oder in zwei Sitzungen lernen. Und wenn Sie zum Beispiel das periodische System der chemischen Elemente lernen wollen, könnten Sie den Stoff so programmieren, daß Sie jeweils Ordnungszahl, Namen und Symbol eines Elements zusammenstellen.

1 2 3 4	1 2 3 4	Intonation
Stille	eins – Wasserstoff – H	normal
Stille	zwei – Helium – He	leise
Stille	drei – Lithium – Li	laut
Stille	vier – Beryllium – Be	normal
Stille	fünf – Bor – B	leise
Stille	sechs – Kohlenstoff – C	laut

Längere Lerneinheiten

In Bulgarien werden oft schon die letzten zwei Schläge der ersten Zeiteinheit verwendet, wenn es ein größeres Gebiet zu bewältigen gilt. Der Hauptstoff wird jedoch in der zweiten Zeiteinheit gesprochen. Das ist ein gutes Schema für fremdsprachliche Sätze. Die deutsche Übersetzung wird ziemlich rasch während des dritten und vierten Schlages der ersten Zeiteinheit gegeben, dann folgt der Satz in der Fremdsprache:

1 2 3 4	1 2 3 4	Intonation
Stille		
Es tut mir leid, daß ich zu spät komme	Je regrette d'être en retard	normal
Stille		
achtundneunzig	Quatre-vingt-dix-huit	leise
Stille		
Ich habe schon Hunger!	J'ai déjà faim!	laut

Die bulgarischen Suggestopäden stellten fest, daß der Wortschatz einer Fremdsprache sich leichter in kurzen Sätzen als in großen Brocken erlernen läßt. Wenn es aber um Regeln geht, mathematische Formeln, lange Definitionen oder Lehrsätze, ist es besser, den Gedanken oder Begriff *nicht* in kleine Teilstücke zu zerhacken. Die Lernenden konnten lange Definitionen besser behalten, wenn der vollständige Gedankengang in einem langen Satz formuliert und zur Musik einfach vorgelesen wurde, und zwar unter Verwendung so vieler Takte wie nötig.

Der Zyklus im Zwölfertakt

In Amerika hat sich auch der Zyklus im Zwölfertakt bewährt. Er besteht einfach aus drei Zeiteinheiten von je vier Sekunden. Vielleicht haben Sie Lust, einmal damit zu experimentieren. Wenn Sie sich englische Vokabeln und die Orthographie dieser Wörter beibringen wollen, können Sie so vorgehen:

1 2 3 4	1 2 3 4	1 2 3 4
govern	g-o-v-e-r-n (Buchstabieren Sie)	herrschen, regieren
fulsome	f-u-l-s-o-m-e	übertrieben, geschmacklos
taxation	t-a-x-a-t-i-o-n	Besteuerung

Genau betrachtet können Sie aber fast alles, was Sie lernen möchten, im Achterzyklus unterbringen.

(Wenn Sie den Zwölferzyklus verwenden, geht die Atmung übrigens so: einatmen – 4 Schläge, anhalten – 4 Schläge, ausatmen – 4 Schläge.)

Wenn Sie laut lesen

Wenn Sie gelernt haben, zum Achterzyklus zu sprechen, ist das laute Lesen einfach. Nehmen Sie eine Uhr zu Hilfe, oder setzen Sie das Metronom in Gang, und tragen Sie Ihren Stoff Zyklus um Zyklus vor. Variieren Sie wenn möglich die Intonation. Nehmen Sie auf diese Weise Ihren Stoff zehn bis fünfzehn Minuten lang durch. Dann hören Sie auf und lesen genau denselben Stoff zu langsamer Barockmusik, die Sie leise abspielen. Behalten Sie weiter den Achterzyklus bei, und lesen Sie einfach zur Musik. Der erste Schlag Ihres Zyklus soll möglichst mit dem ersten Taktschlag der Musik oder mit einem musikalischen Akzent zusammenfallen; entscheidend ist das aber nicht. Achten Sie darauf, daß Ihre Stimme die Musik deutlich übertönt.

Anstatt den Stoff ein zweites Mal zur Musik laut zu lesen, können Sie auch zwei Tonbandgeräte verwenden. Spielen Sie die Musik auf das eine Tonband und sprechen Sie den Stoff auf das andere. Ihr Vortrag braucht mit dem Takt der Musik nicht haargenau übereinzustimmen. (In der Musik gibt es immer wieder einen Tempowechsel.)

Wenn Sie alleine lernen, sprechen Sie Ihren Stoff auf ein Dreißig-Minuten-Band. Nehmen Sie das Material einmal durch, dann ein zweites Mal zur Musik. Heben Sie Ihr Tonband auf, bis Sie im richtigen, geistig entspannten Zustand sind, und hören Sie es dann ab. Wenn Sie mit jemandem zusammenlernen und Sie sind an der Reihe mit dem Vorlesen, dann sprechen Sie den Stoff zuerst ohne und dann mit Musik. Beim Zwölferzyklus ist es genauso.

Programmieren Sie Ihr Lernmaterial

Folgende Sätze, die im Tempo des Achterzyklus zu sprechen sind, wurden dem Text eines englischen Sprachkurses für Bulgaren entnommen. (Anstelle der im Original natürlich bulgarischen Übersetzung steht hier die deutsche.)

A.	B.	C.	In-
2 Sekunden	2 Sekunden	4 Sekunden	tonation
Pause	Übersetzung	Englischer	
		Satz	

»Da ist ein	»There is a	normale,
Grammophon mit	gramophone with	sachliche
Schallplatten.«	records.«	Stimme

»In der Klasse	»There are no chairs in	flüsternd,
sind keine Stüh-	the classroom, are	beschwörend
le, nicht wahr?«	there?«	

»Nein, hier sind	»No, there are	lauter
nur Lehn-	only armchairs	Befehlston
sessel.«	here.«	

»Gibt es	»Are there any	normal
Pulte?«	desks?«	

»Nein, hier	»No, there is	flüsternd
ist ein vier-	a square	
eckiger Tisch.«	table.«	

»An der Wand	»There's a	laut
ist eine	blackboard on	
Tafel.«	the wall.«	

(*Anmerkung*: In Bulgarien wurde nur der zu lernende Stoff vorgetragen, nicht die Übersetzung.)

Normalerweise haben höchstens neun kurze Wörter im Vier-Se-kunden-Rahmen Platz. Sie können Ihr Material in Neun-Wör-ter-Gruppen oder noch kleinere Einheiten aufteilen. Die Erfahrung hat gezeigt, daß Vokabeln sich glänzend für Superlearning programmieren lassen.

Im Achterzyklus können Sie siebeneinhalb Lerneinheiten (Sätze oder Wörter) pro Minute unterbringen. Hundert Wörter erfordern ungefähr dreizehn Minuten. Im allgemeinen sind Sitzungen von zwanzig Minuten zu empfehlen.

Ein Tonband von zwanzig Minuten (die üblichste Länge) könnte etwa so gestaltet werden:

Vier Minuten einleitende Musik.

Dreizehn Minuten mit insgesamt hundert Lerneinheiten in Zyklen von je acht Sekunden.

Drei Minuten schnelle Musik zum Schluß der Konzertsitzung.

Fünfzig Vokabeln können in ungefähr sechseinhalb Minuten durchgenommen werden. Für achtzig Wörter braucht man etwa zehn Minuten. In den Sprachführern für Touristen werden meistens kurze Sätze wiedergegeben, die man für Superlearning leicht adaptieren kann. Das Kursmaterial anderer Schnell-Lernsysteme, zum Beispiel des Schlaflernens*, läßt sich ebenfalls gut bearbeiten.

Wenn Sie beginnen, sich mit Superlearning näher zu beschäftigen, werden Sie viel Faszinierendes darüber entdecken, wie die verschiedenen Elemente zusammenwirken und zu Supergedächtnis und zur Steigerung der geistigen Fähigkeiten führen. Sie werden herausfinden, wie Sie auf jede der verschiedenen Variablen ansprechen, und können diese zur Steigerung Ihrer Leistung auf Ihre individuellen Bedürfnisse abstimmen, anstatt das ganze Ritual stets stur durchzuspielen.

Vielleicht merken Sie etwa, daß die Atemübungen bei Ihnen besonders zur Leistungssteigerung beitragen; oder daß vor allem aufmerksam durchgeführte Entspannungsübungen zu besseren Ergebnissen führen; oder daß die Affirmationen zur Steigerung des Lernvermögens Sie geradezu beflügeln. Auch ein nochmaliges Abspielen der Musik während des Quiz kann eine Gedächtnisstütze sein.

Schuster und Benitez-Bordon, die Forscher aus Iowa, haben

---

* Kontaktstelle: Sleep-Learning Research Association, Olympia, Washington, USA.

versucht, die verschiedenen Komponenten einzeln zu analysieren und herauszufinden, wie sie auf das Kurzzeit- und Langzeitgedächtnis wirken. Sie stellten fest, daß bei Affirmationen zur Steigerung des Lernvermögens die Leistung um 60 Prozent nach oben schnellte. Die Synchronisierung der Atmung mit dem langsamen Tempo des zur Musik vorgetragenen Stoffes verbesserte die Leistung unmittelbar um 78 Prozent. Gruppen, die mit sämtlichen Elementen in einem wohlverwobenen Ganzen arbeiteten, konnten eine Steigerung um 141 Prozent erzielen. Die Elemente wirken so zusammen, daß sie sich gegenseitig »aufschaukeln«.

Doug Shaffer stellte in seinen Untersuchungen fest, daß der eigentliche Schlüssel zu den allerbesten Resultaten die synchronisierte Atmung war. Während zur gleichen Zeit Forscher in Georgia herausfanden, daß viele kleinere Kinder mit diesem System des Atmens nicht ganz zurechtkamen, was durch eine gute Entspannung jedoch wettgemacht werden konnte.

Es muß noch viel Forschungsarbeit geleistet werden, um mehr über die psychophysischen Wirkungen der einzelnen Komponenten des Systems sagen zu können: die verschiedenen Arten von Musik; verschiedene rhythmische Zyklen der verbalen Wiederholung und der Atmung; verschiedene musikalische Zeitmaße; die Beziehung zwischen rhythmischer Atmung und Gedächtnis, Sauerstoffversorgung des Gehirns, Lernvermögen usw.

In den Vereinigten Staaten ist Superlearning bisher hauptsächlich als »Notprogramm« eingesetzt worden – um Schülern zu helfen, sich wichtige Grundkenntnisse anzueignen. Aber erst wenige Menschen des Westens haben erforscht, wie groß ihr geistiges Potential wirklich ist und wo die Grenze dessen liegt, was man an einem Tag an Stoff bewältigen kann. Könnte man sich mit Hilfe des Systems vielleicht sogar zwei Sprachen gleichzeitig aneignen, also »zweigleisig« lernen?

Die verschiedenen Möglichkeiten der Methode müssen erst noch erforscht werden. Begabte Kinder werden bei diesem System oft vernachlässigt. Manchmal finden sie von selbst einen Weg zur Konzentration, oder sie entwickeln ein fotografisches Gedächtnis, aber diese Techniken des »Lernens, wie man lernt«, sind im allgemeinen nicht auf bereits Hochbegabte ausgerichtet. Anstatt die Superlearning-Schüler in den regulären Unterrichtsfächern weiter als den Durchschnitt zu bringen, wurde in manchen bulgarischen Schulexperimenten die Anzahl der Gebiete erhöht – mehr Fremdsprachen und verschiedene andere Fächer –, mit dem Ziel, ein ausgewogenes Universalwissen zu fördern anstelle von Überspezialisierung.

Es liegt auf der Hand, daß Suggestopädie grundsätzlich ein auditives System und daher ungeeignet für gehörgeschädigte Leute ist. In Bulgarien hat man jedoch inzwischen auch ein visuelles System entwickelt. So wurde zum Beispiel nach einem Grimmschen Märchen eigens eine Oper komponiert, deren Handlung mit einem Arithmetiklehrgang verbunden ist, der in einer Ecke des Bildschirms immer wieder aufblitzt.

Je mehr Menschen das System des schnellen Lernens erforschen, desto mehr Einzelheiten wird man entdecken, die unser natürliches Lernvermögen steigern können.

9 Früh übt sich…

Schon ein paar Supermemory-Sitzungen können einem Kind möglicherweise helfen, sich seine Hausaufgaben besser einzuprägen und seine Noten zu verbessern. Ob Sie nun die Supermemory-Sitzungen versuchen wollen oder nicht, Sie können Ihrem Kind auf jeden Fall etwas Gutes tun, indem Sie ihm die grundlegenden Superlerntechniken beibringen: wie man sich körperlich und geistig entspannt und wie die Affirmationen funktionieren; wie man sich das Gefühl von Lernerfolgen visuell vergegenwärtigt und nacherlebt. Diese Fähigkeiten werden Ihrem Kind nie mehr verlorengehen und ihm ermöglichen, in jeder Lernsituation sein Bestes zu leisten.

Pädagogen vom Georgia State Department of Education, die beim Nachhilfeunterricht im Lesen hervorragende Resultate mit Schnell-Lernmethoden erzielten, sind der Ansicht, daß wahrscheinlich jeder rascher lernen kann, der Entspannungsübungen beherrscht. »Das Erlernen irgendeiner Entspannungstechnik wird vielleicht einmal zum regulären Unterrichtsprogramm eines jeden Kindes gehören…«, meinen sie.

Auch die allseits gefürchtete Prüfungsangst, die oft zu einer völligen Blockierung des Gedächtnisses während der Prüfung führt, kann abgeschwächt oder sogar weitgehend abgebaut werden, wenn man gelernt hat, wie man lernt.

Supergedächtnis hat mit Faktenwissen zu tun, und in Bildung und Erziehung geht es natürlich um sehr viel mehr als darum, den Kopf mit Daten vollzustopfen. Wenn jedoch ein Kind sich rasch und sicher das Grundwissen aneignet und zunehmend Vertrauen in seine Lernfähigkeit gewinnt, dann kann es mehr Zeit darauf verwenden, logisches Denken und kreatives Schaffen zu lernen.

Wenn Sie Supermemory-Sitzungen mit Ihrem Kind ausprobieren wollen, dann geht es wahrscheinlich meist darum, ein schlechtes Gedächtnis, Schwächen im Schreiben, Rechnen, Vokabel- und Datenlernen zu beheben, und nicht darum, ein Gebiet von Grund auf zu erarbeiten. Eltern und Lehrer, die sich für den Unterrichtsablauf im Klassenzimmer interessieren, der die Supermemory-Sitzung begleitet, seien auf den Anhang verwiesen.

In Amerika wurde mit dem Supermemory-System die Erfahrung gemacht, daß Kinder offenbar viel schneller lernen und am meisten davon haben, wenn sie Entspannungs- und Atemtechnik sowie die visuelle Vorstellung beherrschen (siehe Kapitel 7 und 19). Nancy Ostrander hat Erfahrungen mit diesen Übungen für Kinder und stellte fest, daß die meisten Kinder wirklich Spaß daran haben. Die einzige Lernübung, die kleinen Kindern manchmal schwerfällt, ist die rhythmische Atmung. Wenn Sie es mit Supermemory versuchen wollen, bringen Sie Ihrem Kind daher möglichst als erstes das richtige Atmen bei (siehe S. 105 ff.).

Während der allgemeinen Lernübungen sollen die Kinder in einem Sessel sitzen, auf einem Bett, einer Couch oder auf dem Fußboden liegen. Sie können das Kind durch die Übung führen, während es sich entspannt. Sie können die Programme aber auch auf Tonband aufnehmen und sie den Kindern vorspielen. Machen Sie diese Vorübungen mit Ihrem Kind etwa eine Woche lang, bis Sie spüren, daß es sich gut entspannen kann und den Atemrhythmus für rasches Lernen beherrscht. Erst dann beginnen Sie mit der eigentlichen Supermemory-Sitzung.

Um das Interesse eines Kindes für diese neue Lernweise zu wekken, ist es wichtig, daß Sie eine positive, erwartungsfrohe Atmosphäre schaffen, die sich von der normalen Situation im Schulzimmer oder zu Hause unterscheidet.

Erzählen Sie dem Kind etwas über die Grundlagen und die Verfahrensweise von Superlearning – zum Beispiel, daß es da ganz neue Forschungen gibt, die gezeigt haben, daß wir schneller, leichter, besser und vergnüglicher lernen können, wenn wir die Sache nur richtig angehen. Diese Forschungen haben ergeben, daß die Menschen eine viel größere Lernfähigkeit besitzen, als man bisher für möglich gehalten hatte. Man muß eben nur wissen, wie man diese Fähigkeit aktiviert. Die Superlernmethode nun erzielt bei gleicher Anstrengung bessere Resultate, weil durch sie die geistigen Kräfte optimal genutzt werden.

Erklären Sie ihnen, wie wohltuend Entspannung ist, wie interessant es sein kann, vor seinem inneren Auge einen Film ablaufen zu lassen und sich etwas visuell vorzustellen. Olympiasportler und sogar Kosmonauten unterziehen sich dieser Art von psychophysischem Training (siehe Kapitel 10). »Das Lernen im Raumzeitalter schafft die Langeweile ab. Es kann unglaublich viel Spaß machen zu lernen, wenn du siehst, wie viel du wirklich kannst. Alle möglichen Schüler haben das schon ausprobiert und eine echte Überraschung erlebt. Das Lernen fiel ihnen ganz leicht, egal, wie es vorher war. Sogar jene, die beim ersten oder zweiten Mal noch nicht mitkamen, hatten beim nächsten Mal Erfolg, und die Ergebnisse wurden immer besser. Und man braucht sich dabei noch nicht mal besonders anzustrengen. Du wirst sehr schnell merken, daß du viel mehr kannst, als du je gedacht hättest.«

Wenn Ihr Kind Fragen oder Bedenken hat, prüfen Sie, ob es sich um grundsätzliche psychische Widerstände gegen das schnellere Lernen handelt. Der Sinn der Einführung besteht darin, die Vorstellung begrenzter Lernfähigkeit zu »entsuggerieren«, den Schüler zu ermutigen und seine Erwartung zu steigern.

Bevor Sie mit der Supermemory-Sitzung beginnen, schauen Sie sich die Schulaufgaben Ihres Kindes an, und gestalten Sie den Stoff dann so lebendig wie möglich. Es gibt verschiedene Bilderbücher und Spiele zu kaufen, die zum Lernen anregen, oder die Kinder sollen ein Spiel erfinden, mit dem das Lernen lustiger wird. Sie können geeignete Spiele so einsetzen, daß die Kinder Farben und Zahlen in einer Fremdsprache lernen oder sogar Orthographie.

Bewährt hat sich auch das Rollenspiel. Es macht den Kindern erfahrungsgemäß viel Spaß, die Rolle irgendeines Erwachsenen zu spielen: einen Geologen, der Minerale erforscht; einen Flugzeugpiloten, der seine Position berechnet; einen Touristen, der sich eine Mahlzeit in der Landessprache bestellt.

Wenn Sie Vokabeln durchnehmen, lassen Sie das Kind sich zu

jedem Begriff ein lebhaftes Bild ausdenken, damit es sich das Wort
besser merkt: Sprechen Sie ein Wort aus, buchstabieren Sie es, versuchen Sie, ein Bild oder eine Idee damit zu verbinden, und verwenden Sie es in einem Satz.
   Nachdem Sie den Stoff der Schulaufgaben durchgegangen sind,
beginnen Sie die Supermemory-Sitzung. Befolgen Sie die Anweisungen von Kapitel 8, wie man den Stoff einrichtet und vorträgt.
Geben Sie den Kindern während der Vorübungen zur Entspannung viele Lernaffirmationen. Lesen Sie dann den Stoff in gemes-
senen Intervallen vor. Das erste Mal tragen Sie ohne Musik vor,
während Ihr Schüler die Informationen still mitliest. Dann bringen Sie genau dasselbe Material noch einmal zur Musik. Dieses
Mal lehnt sich der Schüler zurück, schließt die Augen und nimmt
den Stoff auf. Während beider Durchläufe sollten die Kinder richtig atmen, das heißt den Atem anhalten, während Sie sprechen,
und in den Pausen atmen.
   Das geht mit jeder Art von Faktenwissen gleich gut, auch kom-
pliziertere Dinge lassen sich vermitteln, wenn Sie das Material in
kurze Sätze unterteilen. Ihr Kind nimmt in Erdkunde zum Beispiel
gerade Nigeria durch. Sie könnten die Informationen über dieses
Land folgendermaßen gliedern:

1 2 3 4	1 2 3 4	Intonation
Stille	Nigeria, Westküste Afrikas	normal
Stille	Nigeria, Afrikanische Republik	leise
Stille	Einwohnerzahl: 75 Millionen	laut
Stille	Hauptstadt Lagos	normal
Stille	Offizielle Sprache: Englisch	leise
Stille	Hauptexportartikel: Öl	laut

Nach der Sitzung sollen die Kinder sich selbst testen und das Ergebnis aufschreiben. Ein solches Quiz ist nur ein »Feedback«, um
festzustellen, wie man vorankommt. Wenn die Schüler sehen, wie
sie jeden Tag besser werden, freuen sie sich bald auf das Quiz.
Manche Kinder erinnerten mehr, wenn die Musik während des
Quiz spielte.

Der bereits erwähnte Charles Gritton, Lehrer aus Iowa, erteilte zwei Schülern der achten Klasse Nachhilfeunterricht. Die beiden – ein Junge und ein Mädchen – wurden sowohl von ihren Lehrern wie auch von ihren Eltern als lernbehindert betrachtet. Sie beherrschten weder Bruch- noch Dezimalrechnung, auch konnten sie nicht richtig schreiben, und die Schule war ihnen gleichgültig geworden. Gritton gab ihnen bei sich zu Hause Unterricht und verwandte einige Zeit darauf, ihnen Entspannungsübungen beizubringen und ihnen von dem neuen Lernsystem zu erzählen. Dann sollten sie eine Art Vorprüfung in Rechtschreibung und Arithmetik ablegen. Sie versuchten den Schreibtest, weigerten sich jedoch, den Mathematiktest zu machen.

Gritton begann mit einer Sitzung in der die Schüler fünfzig Worte mit schwierigster Rechtschreibung* zu lernen hatten. Die beiden zensierten ihre eigenen Tests und begannen, sich zu wundern. Bei der Vorprüfung hatten sie 20 bzw. 30 Prozent richtig gehabt, jetzt waren es bei beiden 90 Prozent. Im Laufe des Unterrichts erklärten die »behinderten« Kinder Gritton bald: »Lernen macht Spaß. Es ist überhaupt nichts dabei.« Sie behielten den Stoff besonders gut, wenn während des Quiz die Musik spielte.

Dann nahm er mit ihnen die Rechenaufgaben durch, die sie zuerst nicht einmal hatten versuchen wollen. Jetzt konnten sie alle Aufgaben ohne Schwierigkeiten lösen. Ihre Selbsteinschätzung stieg ungemein, und das Lernen machte ihnen Freude.

Am nächsten Tag waren die nächsten fünfzig schwierigen Worte dran. Das Mädchen konnte im Quiz einen hundertprozentigen Erfolg verbuchen, und auch der Junge war verblüfft, daß er fast alles richtig hatte. Sein negatives Selbstimage saß aber so fest in ihm, daß er unbedingt richtige Wörter ausradieren und falsche hinschreiben wollte, weil er sich gar nicht vorstellen konnte, keinen Fehler gemacht zu haben.

---

* Im Unterschied zum Deutschen hat das Englische keine phonetische, sondern eine historische Schreibweise, so daß man vom Lautwert eines Wortes nicht unbedingt auf die Buchstabenfolge schließen kann. Das Erlernen der Orthographie macht daher einem englischsprachigen Kind anfangs mehr Mühe als vergleichsweise einem deutschen.

An einem anderen Tag lernten sie weitere fünfzig Worte und mehrere mathematische Formeln. »Es ist ganz einfach«, sagten die zwei und ließen Gritton mit Bruchzahlen und noch schwierigeren Dingen weitermachen. Sie behielten mathematische Formeln mit erstaunlicher Leichtigkeit, berichtete er. Nach vier Tagen hatte sich ihre Einstellung sich selbst gegenüber völlig geändert. Auch Gritton war überrascht. Es war eine seiner ersten Versuche mit dem System gewesen. »Die Methode funktionierte viel besser, als ich erwartet hatte«, meinte er.

Die Ergebnisse der beiden Schüler sahen so aus: *Rechtschreiben*: Vorprüfung 30 Prozent bzw. 20 Prozent. Erste Sitzung: 90 Prozent und 90 Prozent. Zweite Sitzung: 100 Prozent bzw. 60 Prozent (der Junge hatte die richtigen Antworten ausradiert). Dritte Sitzung: 100 Prozent bzw. 60 Prozent (wieder falsche Korrekturen). *Mathematik*: Vorprüfung 0 und 0. Erste Sitzung: 90 Prozent und 90 Prozent. Zweite Sitzung: 100 Prozent bzw. 90 Prozent. Dritte Sitzung: 80 Prozent bzw. 90 Prozent.

Zu merken für die Supermemory-Sitzung

1. Prüfen Sie, ob das Kind sich wirklich entspannen kann und auch die anderen Lernübungen beherrscht.
2. Gestalten Sie die Stoffvermittlung so lebendig wie möglich.
3. Veranlassen Sie das Kind, sich zu entspannen, sein Lernvermögen zu bekräftigen (Affirmation) und sich einen Augenblick intensiv vorzustellen, wie schön erfolgreiches Lernen sein kann.
4. Tragen Sie das Material im richtigen Tempo vor, während das Kind schweigend mitliest.
5. Lesen Sie das Material noch einmal, dieses Mal mit Musik, während das Kind mit geschlossenen Augen einfach entspannt zuhört.
6. Veranstalten Sie ein Quiz, welches das Kind selbst zensiert.

Superleistung

10 Meditation für Olympiasieger

Wir befinden uns in Lausanne, in der Praxis von Dr. Raymond Abrezol, einem Schweizer Kieferchirurgen. Eine junge Frau sitzt in einem Zimmer und betrachtet farbige Lichtprojektionen, die über die Wand tanzen. Sie schneidet Grimassen, streckt ihre Arme vor sich aus und läßt ihren Kopf in alle Richtungen kreisen. Dann lehnt sie sich zurück und entspannt sich. Sie stellt sich vor, daß ihr Arm ganz schwer wird. Sie spürt einen frischen Wind auf der Stirn. Als sie sich vollkommen entspannt fühlt, ertönt die melodische Stimme des Arztes aus dem kleinen Fernsehgerät im Zimmer, und sie spricht seine Affirmationsformeln nach:

»Dynamische Entspannung verbessert meine Form beim Skifahren. Ich bin aggressiver. Ich vertraue meinen Fähigkeiten als Skiläuferin. Ich bin von Anfang an konzentriert. Ich habe nicht die geringste Angst vor den Zuschauern, den Fernsehkameras, der Zeitmessung oder vor einem Unfall.«

Diese Frau ist eine europäische Spitzenläuferin und trainiert für ein wichtiges Rennen. Sie stellt sich jede Einzelheit des bevorstehenden Wettkampfs vor. Sie spürt die Skier an ihren Füßen, sie fühlt, wie ihr Körper sich in die Kurve legt, und sieht die schneebedeckte Piste vor sich. Sie muß in ihrer Vorstellung jedes Manöver perfekt ausführen. Wenn sie stürzt oder einen Fehler macht, muß sie zurück zum Start und die Strecke in Gedanken noch mal abfahren.

In einem anderen Raum liegt ein junger Mann ausgestreckt auf einer Couch und entspannt sich. Mit seinen fünfundzwanzig Jahren ist er bereits Direktor einer europäischen Marketing-Gesellschaft. Die Stimme des Arztes erklingt aus dem Fernsehgerät, und der junge Manager spricht die Sätze nach:»Ich habe Selbstvertrauen. Die andern schüchtern mich nicht ein. Ich spreche *gern* in der Öffentlichkeit. Ich spreche ausgezeichnet, und meine Zuhörer freuen sich und sind zufrieden.«

Der junge Mann unterzieht sich diesem Training, weil er angesichts eines Vortrags, den er vor wesentlich älteren Geschäftsleuten halten sollte, die Nerven verloren hat. Obwohl er kerngesund ist, leidet er unter starkem Lampenfieber, und manchmal wird seine Angst so groß, daß er stottert. Nach einigen Sitzungen wird er in der Lage sein, seine Aufregung zu meistern.

Diese Leute praktizieren eine Version des autogenen Trainings, die bereits Tausende zu erfolgreicheren Sportlern, eloquenteren Rednern und kreativeren Künstlern gemacht hat – ja, sie steigerte die Leistungen auf buchstäblich jedem Gebiet.

Die Idee dazu hatte Dr. Abrezol, achtundvierzig Jahre alt und seit Jahren ein Anhänger des Sports. Abrezol, sozusagen Arzt und Sportler in einer Person, ist einer der westlichen Pioniere des psychophysischen Trainings im Sport. Viele berühmte Sportchampions und Stars haben von seinen Trainingsprogrammen profitiert.

Seitdem das autogene Training in den dreißiger Jahren von J.H. Schultz entwickelt wurde, gilt es als geeignete Therapie bei der Behandlung streßbedingter Störungen. Das autogene Training lehrt die bewußte Kontrolle einer Reihe von sogenannten unwillkürlichen Körperfunktionen wie Herzschlag und Kreislauf. Visuelle Vorstellung und Affirmationen gehören ebenfalls zum Programm.

Dr. Abrezol nennt sein Konzept nicht autogenes Training, sondern »Sophrologie«. In den frühen sechziger Jahren, als Abrezol seine Experimente mit Sophrologie begann, arbeitete er mit Amateur-Tennisspielern und Skiläufern. Er lehrte sie, wie man beunruhigende, die Leistung beeinträchtigende Faktoren ausschaltet: Nervosität vor und während eines Wettkampfs, Konzentrationsmangel, fehlenden Kampfgeist, Müdigkeit, Angst vor Fehlern oder vor einer Niederlage. Im Jahre 1967 hörte Peter Baumgartner von der Schweizer Ski-Nationalmannschaft von den bemerkenswerten Ergebnissen, die Abrezol mit seinem psychophysischen Trainingsprogramm im Sport erzielte, und bat ihn, auch die Schweizer Mannschaft zu trainieren.

Vier Skiläufer unterzogen sich einem Sophrologie-Training – Madeleine Guyot, Fernande Bochatay, Willy Fabre, Jean-Daniel Daetwyler –, und bei den internationalen Meisterschaften war ein deutlicher Aufwärtstrend zu verzeichnen. Von den genannten gewannen drei bei der Winterolympiade in Grenoble im Jahre 1968 Medaillen. Der plötzliche Erfolg ließ die Gerüchteküche brodeln. Was hatten die Schweizer entdeckt – ein neues Megavitamin, eine neue Fitnessmethode? Oder war psychisches Training wirklich in der Lage, Spitzenleistungen herbeizuführen? Das Schweizer Team blieb bei der Sophrologie. Vier Jahre später, bei der Winterolympiade in Sapporo im Jahre 1972, gab es wieder drei Schweizer Medaillengewinner: Marie-Therese Nadig, Roland Collumbin und Bernard Russi.

Abrezol glaubt, daß sein psychisches Trainingsprogramm Wettkämpfer von unbewußten Ängsten befreit, die sie mehrere Hundertstelsekunden kosten und damit um einen Medaillengewinn bringen können.

Die Methode bewährte sich nicht nur bei Skiläufern. Ein modifiziertes autogenes Training half auch dem Boxer Fritz Charlet, der im Begriff war, seine Karriere aufzugeben. Nach dem psychischen Training wurde er Europameister im Federgewicht.

In Europa gibt es sehr viele Sportler, die mit Hilfe von Sophrologie-Trainern ihre Leistungen verbesserten: Weitspringer, Eisläufer, Fechter, Segler, Fußballspieler. Sobald ein Sportler sich ernsthaft auf die Übungen einläßt, erklärt Dr. Abrezol, macht er sehr rasch spürbare Fortschritte.

Eine grundlegende psychische Übung ist die visuelle Vorstellung, bei der man sich den ganzen Leistungsablauf in jeder Einzelheit vergegenwärtigt. »Die Vorstellung ist mächtiger als der Wille«, sagt Abrezol. Wer Nervosität bewußt bekämpft, bürdet sich zu dem bereits bestehenden Streß noch mehr inneren Druck auf.

In Frankreich untersuchten Ärzte die Auswirkungen des Sophrologie-Trainings auf ihre Sportler und werteten die Ergebnisse aus. Die Ärzte H. Boon, Y. Davron und J.-C. Macquet berichteten:

Physisch betrachtet führe das mentale Training zu erhöhter Bewegungspräzision, zu ökonomischerem Einsatz von Energie und kontrollierter Haltung. Im psychischen Bereich verbessere das geistige Training die Konzentrations- und Aufnahmefähigkeit und steigere das Wahrnehmungsvermögen. Es führe zu besserem Rapport zwischen den Mitgliedern des Teams und den Trainern. Es schalte Unruhe, Streß, Nervosität, Angst vor Fehlern usw. aus. Wie medizinische Tests nach den Wettkämpfen zeigten, erholten sich die Sportler schneller, was wiederum mehr Einsätze hintereinander möglich machte. Wenn Schmerzen oder Muskelkrämpfe infolge Überanstrengung auftraten, konnten sie mit Hilfe der Sophrologie gelindert werden. Schmerzkontrolle ist natürlich für jedermann, nicht nur für Sportler, sehr nützlich (siehe Kapitel 12).

Dr. Abrezol weist darauf hin, daß mentale Übungsprogramme wie die Sophrologie auch verschiedenen körperlichen Beschwerden abhelfen können: Erkrankungen der Atemwege, Gefäßerkrankungen, Hautkrankheiten, Schlaflosigkeit, Kopfschmerzen, ja, sie können sogar den Cholesterinspiegel kontrollieren. Laborversuche haben gezeigt, daß man mit den Methoden aus dem Umfeld des autogenen Trainings tatsächlich lernen kann, Muskelkraft, Kreislauf, Körpertemperatur, Gehirnwellen und Stoffwechsel zu kontrollieren. Aus diesem Grund gehören in Europa und in der UdSSR die autogenen Techniken zu den beliebtesten Formen ärztlicher Therapie und werden oft der medikamentösen Behandlung vorgezogen.

Vor allem aber kann man das leidige Lampenfieber damit bekämpfen, unter dem Berühmte und weniger Berühmte gleicherweise leiden. Die Symptome faßt Dr. William Kroger, der viele solcher »Kandidaten« behandelt hat, wie folgt zusammen: »Panik, Übelkeit, gerötete Haut, zugeschnürte Kehle, schlechte Blutzirkulation, erhöhter Puls, sogar Erbrechen – stets verbunden mit dem heftigen Wunsch zu flüchten«.

Die autogenen Techniken geben solchen Leuten die Möglichkeit, sich zu sammeln und Talent, Geist *und* Körper optimal zu koordinieren. Menschen, die gelernt haben, auf diese Weise mit sich umzugehen, sind sozusagen von automatischer Gangschal-

tung auf Selbstbedienung umgestiegen – in diesem Fall eindeutig
ein Fortschritt.

Auch Organisationen wie die deutsche Industrie- und Handels-
kammer haben Kurse in autogenem Training durchgeführt, und
man hat festgestellt, daß bei den Teilnehmern, die regelmäßig geübt haben, eine Steigerung von Kreativität und Produktivität zu
verzeichnen war sowie weniger Krankschreibungen, weniger Un-
fälle und bessere persönliche Beziehungen.

Das sind nur einige der positiven Wirkungen, die dem autogenen Training zugeschrieben werden und damit auch der Sophrologie. Die Grundtechniken beider Methoden gleichen sich in vielem – Entspannung und Körperkontrolle, Verwendung von Affirmationen und visuellen Vorstellungen. Dennoch entwickelte sich
die Sophrologie anscheinend unabhängig vom autogenen Training, denn Dr. Abrezol wandte die Sophrologie zwar als erster im
Rahmen sportlichen Leistungstrainings an, aber das System selbst
stammt nicht von ihm. Als wir den Ursprung dieser »-ologie«
nachgingen, hörten wir immer wieder nur: »Die Zeit war reif dafür.«

Die Sophrologie wurde von Prof. Dr. L. Alfonso Caycedo, einem
gebürtigen Kolumbianer, entwickelt, der zu jener Zeit Medizin an
der Universität von Madrid las. Bereits als junger Arzt hatte er
sich auf Neuropsychiatrie spezialisiert und sich sehr für Hypnose
interessiert. Im Zusammenhang damit studierte er alte und neue
Techniken, die auf Körper und/oder Geist einwirken und daher
den Bewußtseinszustand verändern können. Wie Losanow befaßte
er sich intensiv mit Raja-Yoga, der Wissenschaft der Konzentration, und ging nach Indien, um einige der berühmten Raja-Yogis
zu beobachten. Er fuhr außerdem nach Japan, um Zen näher ken-
nenzulernen. In Tibet erhielt er mit Genehmigung des Dalai Lama
Zutritt zu einem Kloster, wo er einige der buddhistischen Techniken studieren konnte. Nach seiner zwei Jahre dauernden Reise
kehrte er nach Spanien zurück mit der Erkenntnis, daß der Westen, was sein Verständnis des menschlichen Bewußtseins anging,
noch im Steinzeitalter lebte. Er beschloß, die alten Begriffe aufzugeben, da sie zu viele Ressentiments hervorrufen würden. Statt

dessen wollte er einen neuen Terminus mit griechischer Wurzel
einführen:»Sophrologie« setzt sich aus *sos* (Harmonie) und *phren*
(Bewußtsein oder Psyche) zusammen und bedeutet soviel wie»das
Studium des harmonischen Bewußtseins«. Es lassen sich einige erstaunliche Parallelen zur Suggestologie feststellen.

Wie Losanow führten Dr. Caycedo und ein Team von Physiologen Laboruntersuchungen aller östlichen Praktiken durch, die angeblich zu»anderen« Bewußtseinszuständen führten. Sie entmy-
stifizierten und modernisierten diese Methoden. Sie lösten das wesentliche Agens aus jahrhundertealten Traditionen heraus und untersuchten auch westliche Theorien über den Zusammenhang von
Körper und Psyche. Dann wählten sie die geeignetsten Techniken
aus, mit deren Hilfe ein Kranker sich selbst physisch und psychisch heilen und ein Gesunder seine Leistungsfähigkeit steigern
kann.

1960 wurde in Barcelona ein Forschungszentrum für Sophrologie gegründet. Ursprünglich wandte Caycedo die Sophrologie me-
dizinisch an (wie Losanow die Suggestologie), und zwar bei der
Behandlung von Magen- und Darmkrankheiten, in der Psychiatrie
und bei der Geburtshilfe. Sophrologie ist in Wirklichkeit eine
Lehrmethode, meint er, denn»wir lehren die Menschen, richtig zu
atmen, sich schmerzunempfindlich zu machen, sich zu entspannen. Wir unterstützen die Fähigkeit des Menschen, sich selbst in
den Griff zu bekommen, und geben ihm damit mehr Zuversicht.«

Nach der Medizin machte sich der Sport die Sophrologie zu-
nutze und schließlich auch die Pädagogik. Wieder beobachtete
Caycedo wie Losanow, daß man mit bestimmten Methoden des
Raja-Yoga des Phänomen der Hypermnesie oder des Supergedächtnisses entwickeln kann. Die Sophrologie ist für pädagogische
Zwecke noch nicht voll ausgearbeitet, aber es finden bereits Experimente an Schulen in Frankreich, Spanien und Südamerika statt.
Lehrer am Lycée Voltaire in Paris, am Lycée de Calais und am Pa-
riser Institut für Zeitungswissenschaften erzielten mit ihren
Sophrologie-Kursen für Englisch und Stenographie gute Ergeb-
nisse.

Zuerst üben die Schüler Entspannung und visuelle Vorstellung, um erst einmal die Kommunikation zwischen Körper und Geist herzustellen. Wenn die Schüler im meditativen, im sogenannten »sophroliminalen« Zustand sind, liest der Lehrer den Text mit wechselnder Intonation vor. Caycedo nannte diese Art des Lesens »*terpnos logos*«, ein Ausdruck, den Platon für bestimmte melodische Anrufungen gebrauchte, die einen Zustand tiefer Ruhe und Entspannung bewirken. Lernprogramme mit Hilfe von Sophrologie werden in Madrid bereits durchgeführt.

1970 fand die erste internationale Tagung über Sophrologie in Barcelona statt und wurde von 1400 Fachleuten aus 42 Ländern besucht. Der zweite Weltkongreß fand 1973 statt – mit 1500 Teilnehmern aus 55 Ländern. Auch in Frankreich wurden Tagungen abgehalten.

Losanow vertritt die Ansicht, daß seine Suggestologie ähnlich wie die Sophrologie auf fast allen Gebieten zu besseren Leistungen führt.»Die Suggestologie hat auch einen Platz in der Kunst. Sie vermag dem Schauspieler zu zeigen, wie er das Gemüt seiner Zuschauer bewegen, und einem Schriftsteller, wie er das Herz seiner Leser gewinnen kann. Der Sportler wird durch sie lernen, wie er seine Kräfte sammeln und im entscheidenden Augenblick einsetzen kann, um den Sieg zu erringen. Selbst Politik und Wirtschaft könnten von der Suggestologie profitieren. Es gibt in der Tat keinen Bereich des öffentlichen Lebens, in dem die Suggestologie sich nicht als nützliche Wissenschaft erweisen könnte.«

Ohne daß sie voneinander wußten, gingen Losanow und Caycedo zur gleichen Zeit offenbar ähnliche Wege in der Erforschung und Entwicklung von verwandten, aus dem Yoga abgeleiteten Systemen mit ähnlich klingenden Namen. Während Caycedos Sophrologie mehr Anwendung in der Medizin und im Sport fand, spezialisierte sich die Losanowsche Suggestologie vor allem auf die Pädagogik. Als wir übrigens die Adresse des Instituts für Sophrologie im Telefonbuch von Barcelona nachschlugen, schien das »Zufallsbüro« Überstunden zu machen: Dr. L.A. Caycedos Vorname lautet *Lozano*.

Den Erfolg »sehen«

Lange bevor die Idee in Westeuropa zündete, kamen die Sowjets
aufgrund ihrer Forschungen zu der Erkenntnis, daß Muskel- plus
Geisteskraft im Sport eine erfolgsträchtige Kombination darstellt.
Nach Ansicht westlicher Experten hat das psychische Training
den sowjetischen Sportlern dazu verholfen, Spitzenleistungen zu
vollbringen und die meisten olympischen Goldmedaillen zu gewinnen. Professor Richard Suinn, Vorstand des Instituts für Psychologie an der Colorado State University, stellte fest: »Die sowjetischen Sportler machen aus dem Wettkampf eine Karriere, und
sie betrachten die Psyche als entscheidend für den sportlichen Erfolg.« Dank diesen Techniken errangen die Russen 1976 bei der
Olympiade in Montreal den ersten und die Ostdeutschen den
zweiten Platz der Medaillenrangliste. Die Sowjetunion gewann
siebenundvierzig Goldmedaillen und die kleine DDR vierzig.

Suinn, der 1976 das psychische Trainingsprogramm für die
olympische Skimannschaft der USA entwickelte, erklärt, daß die
Vereinigten Staaten und die meisten anderen westlichen Länder
noch kaum angefangen hätten, die Möglichkeiten der psychischen
Kraft für den Sport zu untersuchen oder gar zu nutzen.

Ein Amerikaner, der das offenbar getan hat, ist Charles Tickner,
der im März 1978 dem sowjetischen Titelverteidiger die Weltmei-
sterschaft im Eiskunstlauf wegschnappte. Reporter hatten in Erfahrung gebracht, daß er regelmäßig ein psychisches Training ab-
solvierte. Tickner, Student der University of Nevada im zweiten
Studienjahr, erklärte, daß er sich jeden Morgen in einen entspannten Zustand versetze: »Ich wiederhole einfach ein paar Minuten
lang einige Worte, die mein Selbstvertrauen stärken.«

Der Psycho-Experte Kreskin demonstriert nicht nur Psycho-
techniken in seiner Fernsehshow, sondern nimmt auch an psychologischen Forschungsprogrammen am Seton Hall College in New
Jersey teil. Er hatte Zugang zu sowjetischen Berichten über Psychotraining und widmete der sportlichen Ausbildung eine gründli-
che Untersuchung. Er ist der Ansicht, daß die Russen seit 1940 mit
psychischen Methoden zur Leistungssteigerung im Sport experi-

mentiert haben und ihre sportliche Überlegenheit, die jetzt ja schon fast Jahrzehnte anhält, darauf zurückzuführen ist. Laut Kreskin haben auch die Ostdeutschen dieses Training in ihre sportliche Ausbildung eingebaut.

Während der Sommerolympiade 1976 gab es eine lange Minute, die bei Millionen von Zuschauern eine kollektive Muskelzerrung verursachte. Wassilij Alexejew bückte sich, und seine Hände umspannten ein Gewicht, schwerer, als je ein Mensch gestemmt hatte. Der Weltrekord gelang, und die Spannung entlud sich in einem begeisterten Applaus. Auch Wassilij Alexejew hat Psychotraining betrieben. Auf seinem Weg zur Goldmedaille ereignete sich übrigens ein interessanter Fall von Suggestion. Im Gewichtheben galten 500 Pfund lange Zeit als unüberwindliche Leistungsgrenze ebenso wie die vier Minuten für die Meile beim Langstreckenlauf. Alexejew und andere hoben Gewichte bis knapp unter dieser Grenze. Bei einem Wettkampf sagten ihm nun seine Trainer, daß er einen Weltrekord von 499,9 Pfund stemmen würde. Er bekam das Gewicht auch tatsächlich hoch. Als man es hinterher jedoch noch einmal nachwog, zeigte sich, daß Alexejew in Wirklichkeit 501,5 Pfund geschafft hatte, und einige Jahre später bei der Olympiade sollten es sogar 564 Pfund sein.

Zum Geheimnis des sowjetischen Erfolgstrainings gehört laut Kreskin, daß man lernt, begangene Fehler und die Angst vor einer Niederlage psychisch zu löschen und sich das erfolgreiche Ergebnis einer Tätigkeit vorzustellen. Man sagt sich im Geiste nicht vor, was man erreichen möchte, sondern daß man *bereits hat*, was man möchte. Wie bei der Sophrologie lernen die Sportler, sich zu konzentrieren, damit sie gegen alle Ablenkungen von seiten der Zuschauer »immun« werden und sich einzig und allein auf den Erfolg konzentrieren können.

Viele sowjetische Sportwissenschaftler sind heute der Meinung, daß der durchschnittliche Sportler kaum die Hälfte seiner potentiellen Leistung bringt, wenn er die Gedankenkraft nicht mit einsetzt. Laut Dr. V. Roschnow und Dr. A. Alexejew, Psychotherapeuten am Advanced Medical Training Institute, arbeiten die Russen an weiteren Methoden, die Sportlern die Fähigkeit verleihen, mit der Kraft ihrer Psyche die Muskelkraft zu beherrschen. Roschnow und Alexejew, Experten in holistischer Sportausbildung, sind der Ansicht, daß auch das Gefühlstraining eine Rolle spielt. Das Ziel besteht in jedem Falle darin, *alle* Kräfte des Individuums zu mobilisieren, damit der Körper sein äußerstes geben kann. Manche sowjetischen Boxer absolvieren ein Psychotraining von zehn Minuten, bevor sie in den Ring steigen, da psychische Entspannung und Reaktionsschnelligkeit offenbar eng miteinander verbunden sind. Sowjetische Kunstspringer, die vor einem Wettbewerb nervös werden oder gar in Panik geraten, machen jetzt Beruhigungsübungen. Sie gewinnen dadurch Selbstvertrauen und die Fähigkeit der visuellen Vorstellung und motivieren so den Körper zum optimalen Sprung.

Dieses dreigleisige Training, bei dem der Sportler, sein regulärer Trainer und der Psychotrainer zusammenwirken, wird laut Roschnow und Alexejew in Rußland heute auf breiter Basis durchgeführt. Auch Tänzer und andere reproduzierende Künstler wissen es zu nützen. Wie die Sophrologie ist auch das sowjetische Programm eine modifizierte Form des autogenen Trainings. Die Methode wurde so abgewandelt, daß die Übungen schrittweise erlernt werden können und nur wenige Minuten pro Tag in Anspruch nehmen. Sie erfordert keine speziellen Geräte, keine schwierigen körperlichen Übungen, keine besondere Anstrengung und keinen besonderen Glauben. *Übung* und *Vorstellung* heißen die beiden Schlüsselbegriffe. Durch Übung stellt man allmählich die Kommunikation mit dem Unterbewußtsein her und erschließt so seine geistigen Reserven. Allmählich entwickelt sich die bewußte Kontrolle der sogenannten unwillkürlichen Körperfunktionen. Der Abbau von Streß erfolgt mit der Zeit ganz automatisch.

Sobald sie den Körper unter autogener Kontrolle haben, sind die Affirmationen zur Leistungssteigerung besonders wirksam. Im autogenen Entspannungszustand laufen in der Vorstellung der Wettkämpfer »lebendige« Filme ab. Die Erfahrung zeigt, daß dieses mentale Training ebensoviel wert ist wie das physische. Professor Suinn aus Colorado läßt Skiläufer so trainieren, daß sie sich ihre Abfahrten vorstellen und im Geiste die Fehler korrigieren, die sie beim sportlichen Training gemacht haben. Die Vergegenwärtigung von Abfahrtsstrecken in der Vorstellung hat, so stellt er fest, eine positive Auswirkung auf die darauf folgende Leistung.

Diese Methode als Weg zur Spitzenleistung ist für den amerikanischen Golfchampion Jack Nicklaus nichts Neues. Er behauptet, daß er seinen Erfolg einzig und allein seinen Konzentrations- und Vorstellungsübungen zu verdanken habe, denn – so lautet seine verblüffende Behauptung – der eigentliche Schlag mache nur zehn Prozent seines Golfspiels aus. Die Landung besonderer Treffer besteht zu fünfzig Prozent aus dem geistigen Bild und zu vierzig Prozent aus Vorbereitung. Worin besteht seine Technik nun? Er schaltet völlig ab und konzentriert sich. Dann läßt er die ganze Flugbahn des Balles wie einen Film vor seinem inneren Auge ablaufen, mit scharfer Einstellung aus der Nähe und aus der Ferne. »Nicht einmal beim Training schieße ich ohne diesen Farbfilm«, erklärt er. In seinem Buch *Golf My Way* verrät er: »Zuerst ›sehe‹ ich den Ball dort, wo ich ihn hinbefördern möchte. Da liegt er, niedlich und weiß, hoch oben im leuchtend grünen Gras. Dann wechselt die Szene schnell und ich ›sehe‹, wie der Ball dorthin fliegt. Ich sehe seine Bahn, seine Kurve, seine Form und sogar sein Verhalten beim Landen. Dann wird abgeblendet, und die nächste Szene zeigt mir, wie ich aushole, um die vorhergehenden Bilder in die Wirklichkeit umzusetzen.«

Tony Jacklin, der sowohl die amerikanische als auch die britische Amateur-Golfmeisterschaft gewann, sagt, daß er sich während des Spiels in seine Konzentration einspinne »wie in ein Kokon« und dadurch in die richtige »Schwingung« komme, die ihm erlaubt, das Richtige zu tun.

Arnold Schwarzenegger, »Bodybuilder« und Gewichtheber, fünffacher Weltmeister, vierfacher Olympiasieger, erklärt, daß beim Gewichtheben die Materie ganz dem Geist gehorche: »Solange du im Geist überzeugt bist, daß du etwas kannst, dann kannst du es auch ... Ich stellte mir immer vor, ich sei bereits am Ziel.« Die tatsächliche Leistung ist dann einfach der physische Nachvollzug der Vorstellung, die wir ins Auge fassen.

Geistige Bilder – Quelle der Kreativität

Nicht nur bei Sportlern gibt es diesen Nachvollzug einer Vorstellung. Auch schöpferische Leistungen werden hervorgerufen durch die Fähigkeit, lebendige innere Bilder entstehen zu lassen. Eine dieser Vorstellungen sollte unser aller Leben nachhaltig beeinflussen. Es geschah an einem Februarnachmittag in Prag, als ein großer, dunkelhaariger Wissenschaftler mit seinem Assistenten bei Anbruch der Dämmerung durch einen Park spazierte. Er begann, ein Gedicht von Goethe über den Sonnenuntergang zu deklamieren – plötzlich blieb er wie angewurzelt stehen und starrte in die Sonne. »Sehen Sie es nicht?« fragte er seinen verdutzten Gefährten. »Es steht genau vor mir. Sehen Sie, es geht vorzüglich.«

Er nahm einen Stock und zeichnete damit die Linien eines Diagramms in die aufgeweichte Erde. Der Mann war Nicola Tesla, und was er da in den Schmutz malte, war das seit langem gesuchte Wechselstromsystem zur Elektrizitätserzeugung. Aufgrund dieser Entdeckung konnte er die Wasserkraft der Niagarafälle nutzen und der Welt das Zeitalter der Elektrizität bescheren.

Tesla ist in unserem Jahrhundert eines der besten Beispiele für eine rundum unbehinderte Persönlichkeit. Seine vielseitige Begabung ließ sich nicht so leicht in die üblichen Kategorien einordnen, und vielleicht ist dies der Grund, weshalb er bis vor kurzem eines der am meisten vernachlässigten Genies war.

Tesla bildete seine Vorstellungsgabe in so hohem Maße aus, daß er im Geiste eine Erfindung auch in allen Einzelheiten einsetzen konnte. Als ob Geräte und Laboratorium tatsächlich vorhanden wären, konnte er haargenau vorhersagen, wie die Erfindung entsprechend ihrer Konstruktion funktionieren würde. Die Methode des Experimentierens und Lernens durch Fehler, die zum Beispiel Edison anwandte, erschien Tesla als eine Verschwendung von Material und Zeit.

Tesla konnte kopfrechnen wie eine elektronische Rechenmaschine, er lernte im Nu zwölf Sprachen und besaß ein fotografisches Gedächtnis. Seine Mitarbeiter berichteten, daß er jede Einzelheit von über fünftausend Experimenten, die in über fünfzig Jahren durchgeführt worden waren, im Kopf hatte. Seine Angestellten waren fest davon überzeugt, daß er außersinnliche Kräfte besaß und ihre Gedanken lesen konnte. Tesla berichtete selbst, daß er telepathisch begabt war und manchmal über große Entfernungen hinweg mentale Bilder von seiner Mutter empfing. Sie sei es gewesen, die seine Talente gefördert habe. Er war noch ein Kind in Jugoslawien, als sie bewußt und konsequent seine Vorstellungskraft mit verschiedenen, von ihr erfundenen Spielen – auch ASW-Spielen – trainierte.

Tesla produzierte ungeheuer viel. Zu seinen siebenhundert Erfindungen zählen der nach ihm benannte Tesla-Transformator, mit dem er hochfrequente Wechselströme hoher Spannung erzeugte, das Neonlicht und die Leuchtstofflampen, der Oszillator (auf dem unsere gesamte Funktechnik beruht), die ersten Elektromotoren und ferngesteuerte Geräte sowie andere außerordentliche Dinge, die zum Teil sogar geheimgehalten wurden: ein planetarisches Stromsystem zur billigen Energieversorgung, Kraftstrahlen, drahtlose Energiestrahlen als Treibstoff für Flugzeuge und sogar ein interplanetarisches Kommunikationssystem.

Teslas Vorstellungsvermögen war so präzise, berichteten seine hochqualifizierten Mitarbeiter, daß er bei der Erfindung einer neuen Turbine, eines Sonnenkraftmotors oder anderer Elektrogeräte die genauen Maße jedes einzelnen Teils bis zu Daten von Tausendstelmillimetern aus dem Kopf angeben konnte.

Der Schriftsteller Thomas Wolfe war zwar ein anderer Typ von Erfinder, aber er konnte wie Tesla die Dinge im Geist so scharf sehen wie mit seinen Augen. In seinen Memoiren erwähnt Wolfe diese Vorstellungsgabe, die ihm beim Schreiben sehr zugute kam: »Ich saß zum Beispiel auf der Terrasse eines Cafés ... und plötz lich fiel mir das Eisengeländer entlang der Strandpromenade von Atlantic City ein. Ich sah es schlagartig genauso vor mir, wie es war – die schwere Eisenröhre, roh verzinkt, mit ihren aneinandergefügten Teilen. Alles war so lebendig und plastisch, daß ich meine Hand auf dem Gelände spürte und alle Einzelheiten wußte – seine Größe, sein Gewicht und seine Form.«

Es sieht so aus, als würden hervorragende Köpfe wie hervorragende Athleten ihre Kraft aus derselben Quelle beziehen: aus einem genau eingestellten geistigen Bild, obwohl ihnen diese Ähnlichkeit wahrscheinlich gar nicht bewußt ist. Wie George Leonard
bemerkt,»leben Sportler und Intellektuelle zum Nachteil beider in
verschiedenen Welten«. In *The Ultimate Athlete* weist Leonard darauf hin, daß die Vorstellung vom Sport als Verbindung von Körper und Geist integraler Bestandteil orientalischer Akrobatik ist,
von Aikido, Kung-fu und anderen Kampfsportarten etwa. Er plä-
diert dafür, daß die Kluft zwischen Geist und Körper im westlichen Sport überbrückt wird. Wenn wir die Ganzheit zurückgewinnen, könnte der Sport ein Weg zur Selbsterkenntnis werden.
    Diese Perspektive gewinnt im amerikanischen Sport allmählich
Boden. Es ist ein Trend zur lebenslangen sportlichen Betätigung
entstanden, wobei es weniger um Kampf und Konkurrenz geht als
um die Bewegung an sich und vor allem um die Wechselbeziehung
zwischen Geist und Körper als einem Weg zu mehr Freude und zu
transzendierender Leistung. Es gibt Workshops in diesem neuen
Stil für Golfspieler, Tennisspieler und Skiläufer. Die Betonung
liegt dabei auf Entspannung, auf dem Finden von Ausgleich und
Mitte, auf visueller Vorstellung und dem Erspüren des inneren
Energiestroms.
    Wir haben begonnen, vom Osten zu lernen, und es sieht so aus,
als könnten wir auch etwas vom Westen lernen. Für Hunderttau-
sende von Sowjets und Europäern war das Psychotraining ein
Schlüssel zu besserer Gesundheit und zu größeren Leistungen.
Ohne Drogen und ohne aufwendige Biofeedback-Apparaturen
lernen die Menschen, ihre Physiologie selbst zu kontrollieren. Abgesehen von der Anwendung im Sport und in den darstellenden
Künsten wird eine modifizierte Form des autogenen Trainings zur
Heilung von Körper und Geist in Europa so häufig eingesetzt, daß
sie hinter der üblichen Psychotherapie schon an zweiter Stelle
steht. In der Mitte der siebziger Jahre gab es bereits mehr als
zweitausendfünfhundert wissenschaftliche Publikationen über das
autogene Training und seine zahlreichen Heilwirkungen.
    Es war ein seltener Glücksfall, daß wir in ein typisches sowjeti-

sches Programm für Psychotraining Einblick gewinnen konnten. Wir wollen Sie im folgenden Kapitel damit bekanntmachen, denn es ist, wie wir feststellten, eine brauchbare Methode, die autogene Entspannung und Kontrolle, auf die es ankommt, zu erlernen.

11 Ein sowjetisches Programm für Höchstleistungen

Das Grundprogramm des psychophysischen Trainings ist leicht zu erlernen und kostet Sie nur wenig Zeit pro Tag. Jeder, mit Ausnahme ganz kleiner Kinder, kann diese Übungen ausführen. Üben Sie jeweils sieben bis zehn Minuten (manche üben sogar nur zwei Minuten), und früher oder später wird die gewünschte Wirkung sich einstellen. Sie werden schließlich fast automatisch reagieren, so daß bei Streß gleichzeitig der »Entspannungsmechanismus« einsetzt und Körper und Geist wieder miteinander in Einklang gebracht werden. Im Jahre 1971 veröffentlichte der sowjetische Arzt A. G. Odesskij eine tägliche Übungsanleitung für jedermann, die russischen Tänzern und Sportlern zu großen Erfolgen verhalf. Wie Odesskij sagt, gewinnt man durch autogenes Training jene zusätzliche Kraft, die es einem ermöglicht, sein Bestes zu leisten und in jedem Sport – ob beim Turmspringen, Schwimmen oder Volleyball – seine Leistung zu steigern. Zum Sport rechnet Odesskij übrigens auch Schach, das Lieblingsspiel der Russen. Doch autogene Techniken sind durchaus nicht nur für Sportler da. »Sie sind für jeden wichtig, insbesondere für Lehrer, Schauspieler, Tänzer, Militärs, Kosmonauten – und sogar für Ärzte«, setzt Odesskij hinzu.

Das Wort *autogen* kommt aus dem Griechischen: *autos* bedeutet »selbst« und *gennan* »erzeugen«. Die autogene Technik ist also eine »selbst-tätige« Methode, deren Wirkung auf der Arbeit bzw. Mitarbeit des Übenden beruht. Wie die Sophrologie basiert auch das russische Programm auf dem von J. H. Schultz bereits in den zwanziger Jahren entwickelten autogenen Training. Odesskij führt aus: »Unser Training lehrt die bewußte Kontrolle verschiedener physiologischer Prozesse, zum Beispiel der Verdauung, der Atmung, des Blutkreislaufs und Stoffwechsels sowie die Steuerung von Gefühlen, Stimmungen und die Steigerung der Konzentration.«

Auch die sowjetische Forschung hat sich eingehend mit dem Yoga befaßt und die Beobachtung gemacht, daß viele Yogis innere Zustände kontrollieren können. Odesskij läßt Yoga nur mit Einschränkungen gelten, denn abgesehen von den schwierigen Stellungen, dem großen Zeitaufwand und der asketischen Lebensweise des Yoga seien »Mystik und Idealismus« für den Sowjetbürger verpönte Begriffe. Eine modifizierte autogene Technik jedoch macht es der großen Mehrheit der vielbeschäftigten modernen Menschen möglich, sich selbst in den Griff zu bekommen. Odesskij nennt diese Technik, durch die man vollkommene Kontrolle über die Psyche gewinnen kann, auch »psychische Gymnastik«.

In der UdSSR spielen autogene Techniken eine große Rolle in der Psychotherapie. Odesskij berichtet, daß sie zur Heilung von Phobien, Neurosen, Bettnässen, Stottern, nervösen Ticks und chronischem Alkoholismus angewandt werden und die schmerzlose Geburt erleichtern. Westliche Experten könnten hinzufügen, daß sie sich außerdem bei sexuellen Problemen wie Impotenz und Frigidität und bei Schlankheitskuren bewährt haben. Auch bei depressiven Gemütsstörungen haben sie sich als hilfreich erwiesen. Dr. Paul Grim, einer der relativ wenigen amerikanischen Psychologen, die das autogene Training regelmäßig in ihrer Praxis anwenden und mit der internationalen Forschung auf diesem Gebiet vertraut sind, stellt fest: »Suizidpatienten berichten, daß das autogene Training ihnen eine konkrete Hilfe beim Kampf gegen ihre Verzweiflung bedeutet. Die Beobachtung einer Gruppe solcher Patienten während eines ganzen Jahres zeigte, daß keiner von ihnen einen Rückfall in die Depression hatte.«

Wie die Erfahrung in West und Ost bestätigt, können autogene Techniken auch organische Krankheiten heilen. So berichtet Odesskij von spastischen Darmlähmungen, Herzbeschwerden, Asthma, Magengeschwüren, Gallenkrankheiten, die erfolgreich behandelt werden konnten. Der wichtigste Beitrag des autogenen Trainings zur Medizin wird auf lange Sicht vielleicht darin liegen, daß es Krankheiten verhindern und bis ins hohe Alter Lebenskraft verleihen kann. J. H. Schultz ist selbst das beste Beispiel dafür. Er war als Kind kränklich und durfte vieles nicht, was für gesunde Kinder selbstverständlich war. Dadurch wurde sein Interesse für körperliche und seelische Krankheiten geweckt. Im Unterschied zu seinem Vater, der sich als Theologe der »Seelenheil-Kunde« widmete, wollte er sich der »Seelen-Heilkunde« verschreiben. Er starb im hohen Alter von sechsundachtzig Jahren.

Um nicht den Eindruck zu erwecken, das autogene Training sei ein Wunderheilmittel, weist Odesskij darauf hin, daß bei diesem Programm alles mit irdischen Dingen zugeht. Es mag vielleicht zu einfach klingen, aber die Heilwirkung des autogenen Trainings beruht im wesentlichen auf der Entspannung. Wenn lästige Verspannungen gelöst werden, dann tendieren Körper und Psyche zur Normalisierung; das heißt, daß jede Heilung in diesem Sinne im Grunde eine Selbstheilung ist.

Odesskij rät zum klassischen autogenen Training unter Anleitung eines erfahrenen Arztes. Aber daneben gibt es eine Menge von Dingen, die jeder selbst in die Hand nehmen kann. Wie können wir uns von all den hemmenden Gefühlen und Empfindungen befreien, die uns immer gerade in den wichtigsten Augenblicken überfallen – vor Prüfungen, öffentlichen Auftritten, Wettkämpfen, Operationen, bei Auseinandersetzungen in Beruf und Privatleben? Wir werden später einige in solchen Fällen hilfreiche Techniken kennenlernen.

Das autogene Training oder die »psychische Gymnastik« erfolgt in zwei Stufen. Viele der erwähnten Leistungen kann man allein mit dem Grundtraining erreichen. Wenn man tägliches Üben gewöhnt ist oder regelmäßig Sport oder Musik treibt, wird es einem besonders leichtfallen, diese wenigen Minuten zur täglichen Routine zu machen. Die Übungen auf der zweiten Stufe umfassen Techniken, die wir bereits kennengelernt haben – bildhafte Vorstellung und bestimmte formelhafte Vorsätze.

Wenn Sie das Programm beherrschen, sollten Sie sich innerhalb
von dreißig Sekunden bis einer Minute in den wachen, entspannten autogenen Zustand versetzen können, gleichgültig, an welchem Ort und unter welchen Umständen. Zum Lernen wählen Sie
jedoch einen angenehmen, vor Störungen möglichst sicheren Ort.
»Autogene Übungen sind zu jeder Zeit nützlich«, erläutert Odesskij, »aber sie schlagen am besten an, wenn man sie mindestens anderthalb Stunden nach der letzten Mahlzeit ausführt.«
Mit der Zeit werden Sie merken, daß das autogene Training sich
auf die verschiedensten Dinge günstig auswirkt. Es kann Ihre Fähigkeiten auf jedem Gebiet und Ihre Freude an allem – am Sport,
an geschäftlichen Unternehmungen, oder an außersinnlichen
Entdeckungsreisen – bedeutend steigern. Aber es kommt noch etwas hinzu. Die Freude liegt zum Großteil nämlich darin, zu einem
Ziel unterwegs zu sein. Man fühlt sich besser und glücklicher, *während* man die Übungen macht. Sie erleben dabei ein überraschen-
des Gefühl der Befreiung.
Die folgenden Anleitungen entnehmen wir dem Programm von
Odesskij, aber sie beruhen, wie gesagt, auf dem autogenen Training von J. H. Schultz.

Stellung

Nehmen Sie eine der folgenden Stellungen ein, je nachdem, welche
den Umständen entsprechend am geeignetsten für Sie ist:
1. *Droschkenkutscher*: Stellen Sie sich einen Kutscher vor, der sich
nach einer langen Fahrt ausruht. Setzen Sie sich auf einen Sessel
oder auf einen Stuhl. Lassen Sie den Kopf leicht vornüberhängen,
Unterarme und Hände ruhen locker auf den Schenkeln, Ihre Beine
stehen bequem, die Füße sind leicht auswärts gerichtet. Ihre Augen haben Sie geschlossen.
2. *Lehnsessel*: Setzen Sie sich bequem in einen Lehnsessel, und
lehnen Sie den Kopf nach hinten. Arme und Hände ruhen auf den
Seitenlehnen oder auf Ihren Schenkeln, Beine und Füße sind in
angenehmer Stellung, die Füße leicht nach außen gedreht. Ihre
Augen sind geschlossen.

3. *Liegen*: Legen Sie sich auf den Rücken, und verwenden Sie ein kleines Kissen als Kopfstütze. Ihre Arme sind etwas angewinkelt, die Handflächen ruhen auf dem Boden neben Ihrem Körper. Ihre Beine liegen entspannt und berühren einander nicht. Die Füße kippen ein wenig zur Seite. (Wenn Ihre Fußspitzen nach oben stehen, sind Sie nicht entspannt.) Sie halten die Augen geschlossen.

Die Aufwärmübung

Diese Übung zum Aufwärmen ist so einfach wie alles beim autogenen Training. Sie legen Ihre »Entspannungsmaske« an und führen einen Atemzyklus durch.

Stellen Sie sich vor, daß Sie eine Entspannungsmaske auf Ihr Gesicht legen. Diese wunderbare Maske glättet Furchen und Runzeln der Haut. Alle Muskeln in Ihrem Gesicht lassen locker und entspannen sich. Sie schließen sachte Ihre Lider, wobei Sie die Augen auf Ihre Nasenspitze richten. Ihr Kiefer ist locker, Ihr Mund leicht geöffnet. Sie berühren mit der Zunge den Ansatz Ihrer Zahnreihe am Gaumen und bilden ein unhörbares *d* oder *t*.

Beginnen Sie nun mit einem leichten Atemzyklus, ohne sich irgendwie anzustrengen. Sie üben die »Bauchatmung«. Spüren Sie beim Einatmen, wie Ihr Bauch sich mit Luft füllt und nach vorne wölbt. Spüren Sie beim Ausatmen das Entweichen der Luft. Atmen Sie langsam, und verwenden Sie doppelt so viel Zeit für das Ausatmen wie für das Einatmen. Jeder Atemzug wird länger als der vorhergehende. Nehmen Sie zum Beispiel folgenden Takt: *einatmen*, zwei, drei; *ausatmen*, zwei, drei, vier, fünf, sechs. *Einatmen*, zwei, drei, vier; *ausatmen*, zwei, drei, vier, fünf, sechs, sieben, acht. Beginnen Sie beim Einatmen mit »eins«, und zählen Sie weiter bis zu sechs, ohne sich anzustrengen.

Kehren Sie den Zyklus dann um. Atmen Sie sechs Takte ein und zwölf Takte aus; atmen Sie fünf Takte ein und zehn Takte aus usw., bis Sie auf einen Takt kommen.

Verwenden Sie zwei bis drei Minuten für diese Aufwärmübung. Dann beginnen Sie mit den »eigentlichen« Übungen.

1 Die Schwereübung

Sie lernen, ein herrliches Gefühl der Schwere in Ihrem Körper zu erzeugen. Diese Schwere zeigt an, daß alle Ihre Muskeln entspannt sind. Beginnen Sie mit Ihrem rechten Arm (wenn Sie Linkshänder sind, mit dem linken Arm). Wiederholen Sie im stillen die Formel, und machen Sie sich ihre Bedeutung bewußt:

Der rechte Arm wird schlaff und schwer. (6-8 mal)
Der rechte Arm wird immer schwerer. (6-8 mal)
Der rechte Arm ist ganz schwer. (6-8 mal)
Ich bin vollkommen ruhig. (1 mal)

Während Sie innerlich diese Sätze sprechen, stellt sich das Gefühl der Schwere allmählich ein. Öffnen Sie dann die Augen, und nehmen Sie die Schwere zurück. Beugen Sie Ihren Arm zweimal, atmen Sie einige Male tief durch. Prüfen Sie Ihre Stellung und Ihre »Entspannungsmaske«, und beginnen Sie den Zyklus von neuem. Verwenden Sie zwei- bis dreimal täglich jeweils sieben bis acht Minuten für diese Übung, und vergessen Sie auch die Aufwärmübung nicht.

Wiederholen Sie die Formel im genauen Wortlaut. Finden Sie sich selbst gegenüber den richtigen Ton, und stellen Sie sich vor, wie Ihr Arm immer schwerer wird. Halten Sie sich an die Übung, aber strengen Sie sich nicht zu sehr an. Machen Sie sie nicht zu einer Sache des Willens, sondern geben Sie sich den Worten und dem Gefühl der Schwere einfach hin. Wenn es Ihnen Mühe macht, sich die Schwere vorzustellen, nehmen Sie zwischen den Sitzungen etwas Schweres in die Hand, fühlen Sie diese Schwere, und sagen Sie laut: »Mein Arm wird immer schwerer.« Die Wirkung steigt von Mal zu Mal, und Ihre Ausdauer wird Sie schließlich zum Ziel führen.

Machen Sie die Schwereübung drei Tage lang mit dem rechten Arm. Üben Sie dann mit denselben Formeln weiter, doch statt »rechter Arm« sagen Sie jetzt »linker Arm«:

Der linke Arm wird schlaff und schwer usw. (3 Tage)
Beide Arme werden schlaff und schwer. (3 Tage)
Das rechte Bein wird schlaff und schwer. (3 Tage)
Das linke Bein wird schlaff und schwer. (3 Tage)
Beide Beine werden schlaff und schwer. (3 Tage)
Arme und Beine werden schlaff und schwer. (3 Tage)

Die Schwereübung beansprucht insgesamt einundzwanzig Tage.
Wenn ein echtes Gefühl der Schwere schon früher aufkommt, können Sie zur nächsten Übung übergehen. Im allgemeinen empfiehlt
es sich, die volle Zeit zu nutzen, um eine gute Grundlage zu schaffen. Es ist vielleicht ganz praktisch, die einzelnen Übungsschritte
abzuhaken, damit Sie wissen, wie weit Sie sind. Regelmäßiges
Üben bringt die schnellsten Resultate. Manche üben täglich nur
einmal und erreichen das Ziel trotzdem, aber meistens braucht
man länger dazu. Wenn Sie durchhalten, wird der gewünschte Erfolg sich allmählich einstellen.

2 Die Wärmeübung

Sie lernen, auf Wunsch ein Gefühl der Wärme in Ihrem Körper zu
erzeugen. Machen Sie anfangs zwei Minuten lang Ihre Aufwärmübung. Beim autogenen Programm wiederholen Sie zunächst immer die vorhergehende Übung und gehen erst dann weiter. Nehmen Sie also den letzten Zyklus durch (Schwere in Armen und
Beinen), der ungefähr dreiviertel bis eine Minute dauert. Wenn Sie
die Schwere spüren, beginnen Sie die Wärmeübung mit den gleichen allgemeinen Satzformeln.

Der rechte Arm wird schlaff und warm. (6-8 mal)
Der rechte Arm wird immer wärmer. (6-8 mal)
Der rechte Arm ist ganz warm. (6-8 mal)
Ich bin vollkommen ruhig. (1 mal)

Nehmen Sie bei dieser Wärmeübung auch die Phantasie zu Hilfe,
während Sie die Formeln sprechen.

Üben Sie nach diesem Muster drei Tage lang mit dem rechten Arm, drei Tage mit dem linken Arm und jeweils drei Tage mit beiden Armen, dem rechten Bein, dem linken Bein, beiden Beinen und beiden Armen und Beinen. Die letzten Satzformeln fassen die ersten beiden Übungen zusammen. Sie brauchen davor nicht mehr den Schwere-Zyklus gesondert auszuführen.

Arme und Beine werden schlaff, schwer und warm. (6-8 mal)
Arme und Beine werden schwerer und wärmer. (6-8 mal)
Arme und Beine sind ganz schwer und warm. (6-8 mal)
Ich bin vollkommen ruhig. (1 mal)

Zwischen den Zyklen der Wärmeformel öffnen Sie die Augen, nehmen etwas Schwere und Wärme zurück und bewegen sich. Wiederholen Sie dann die Formel, und vergegenwärtigen Sie sich eine Zeit, als Ihr Arm wirklich warm war. Sie können sich auch vorstellen, daß Ihr Arm in einem warmen Wasserbad liegt, oder Sie erinnern sich an das Gefühl, wenn die Sonne scheint und Ihren Arm erwärmt. Notfalls können Sie zwischen den Runden Ihren Arm in heißes Wasser tauchen und laut sagen:»Mein Arm wird immer wärmer.« Sie können sich auch vorstellen, daß Sie innere Wärme in Ihre Glieder strömen lassen. Beginnen Sie mit der Wärmeformel erst dann, wenn Sie das Gefühl der Schwere in diesem Körperteil haben. Wenn es nicht glückt, wiederholen Sie die entsprechende Formel, bis die Schwere sich einstellt.

3 Die Herzübung

Sie lernen, Ihr Herz ruhig und gleichmäßig schlagen zu lassen. Machen Sie zuerst die Aufwärmübung. Wiederholen Sie dann in gekürzter Fassung die Schwere-Wärme-Formel, indem Sie jeden Satz drei- oder viermal sprechen. Legen Sie sich wenigstens zu Beginn dieser Übung auf den Rücken. Erspüren Sie Ihren Herzschlag. Fühlen Sie ihn in Ihrer Brust, im Hals oder wo immer (wenn Sie zu Kopfschmerzen neigen, aber nicht im Kopf!). Vielleicht legen Sie auch lieber die rechte Hand an die linke Pulsschlagader oder auf die Brust. In einem entspannten Zustand spürt man gewöhnlich den Herzschlag. Wiederholen Sie im stillen:

Das Gefühl in meiner Brust ist warm und angenehm. (6-8 mal)
Mein Herz schlägt ruhig und gleichmäßig. (6-8 mal)
Ich bin vollkommen ruhig. (1 mal)

Führen Sie diese Übung zwei Wochen lang jeweils sieben bis zehn Minuten zwei- bis dreimal täglich aus. Nur ganz wenige Leute meistern diese Übung nicht oder lehnen sie ab. Wenn das bei Ihnen der Fall sein sollte und Sie haben die Übung schon einige Male vergeblich versucht, nehmen Sie die nächste Übung durch.

4 Die Atemübung

Sie lernen, den Rhythmus Ihres Atems zu kontrollieren. Machen Sie zuerst die Aufwärmübung. Wiederholen Sie die anderen Übungen in verkürzter Fassung mit diesen Formeln:

Arme und Beine werden schlaff, schwer und warm. (1-2 mal)
Arme und Beine werden immer schwerer und wärmer. (1-2 mal)
Arme und Beine sind ganz schwer und warm. (1-2 mal)
Das Herz schlägt ruhig und gleichmäßig. (1-2 mal)
Ich bin vollkommen ruhig. (1 mal)
Der Atem ist ganz ruhig. (6-8 mal)
Ich bin vollkommen ruhig. (1 mal)

Führen Sie diese Übung zur Kontrolle des Atems vierzehn Tage lang jeweils sieben bis zehn Minuten zwei- oder dreimal täglich durch. Sie haben sie dann wirklich intus, wenn Sie in der Lage sind, nach leichter körperlicher Betätigung oder psychischer Erregung auf eigenen Befehl hin ruhig und rhythmisch zu atmen. Anstatt des üblichen Satzes »Ich bin vollkommen ruhig« am Ende dieser Übung setzte J. H. Schultz lieber die Formel: »Es atmet mich.«

5 Die Leibübung

Sie lernen, in Ihrem Solarplexus (oder »Sonnengeflecht«: die Magengegend unterhalb des Zwerchfells) ein angenehmes Wärmegefühl zu erzeugen. Machen Sie zuerst die Aufwärmübung. Wiederholen Sie in Kurzfassung die Schwere-Wärme-Formel, die Herz- und Atemformel. Dann sprechen Sie folgende Sätze:

Der Magen wird weich und warm. (6-8 mal)
Ich bin vollkommen ruhig. (1 mal)

Wenn Sie wollen, können Sie Ihre rechte Handfläche während der Übung auf Ihren Solarplexus legen. Allmählich werden Sie ein Wärmegefühl verspüren. Anstatt der angegebenen Formel sagen manche lieber »Solarplexus ist strömend warm«. Wenn Ihnen die bildhafte Vorstellung dieser Formel leichter fällt, dann verwenden Sie sie. Führen Sie die Übung jeweils sieben bis zehn Minuten lang zwei- oder dreimal täglich zwei Wochen lang aus. Sie haben die Übung dann gemeistert, wenn Sie ein wohliges Wärmegefühl spüren.

6 Die Stirnübung

Sie lernen, ein Gefühl der Kühle auf Ihrer Stirn zu spüren. Machen Sie wieder zuerst die Wärmeübung. Wiederholen Sie wie üblich die Kurzfassung der Formeln für Schwere, Wärme, Herz, Atem und Leib, und gehen Sie dann weiter:

Die Stirn ist angenehm kühl. (6-8 mal)
Ich bin vollkommen ruhig. (1 mal)

Stellen Sie sich eine frische Brise vor, die Ihnen die Stirn und die Schläfen kühlt. Damit Sie dieses Gefühl bekommen, können Sie während der Übung notfalls an eine Klimaanlage oder an einen Ventilator treten und laut sagen: »Meine Stirn ist angenehm kühl.« Wenn Sie wiederholt eine klare Kühle empfinden, ist die

Übung abgeschlossen. Führen Sie auch diese Übung vierzehn
Tage lang zwei- bis dreimal täglich jeweils sieben bis zehn Minuten aus. Springen Sie nach einer Sitzung nicht unvermittelt auf. Öffnen
Sie zuerst die Augen, und bewegen Sie sich allmählich. Strecken
und beugen Sie Ihre Gliedmaßen, nehmen Sie die Schwere zurück,
und werden Sie aktiv.

Wiederholung

Wiederholen Sie alle Formeln wortgetreu, aber *nicht* automatisch.
Sprechen Sie sorgfältig, damit der Sinn der Formeln sich Ihrem
Bewußtsein einprägt. Verbinden Sie die Suggestionen mit einer
Vorstellung. Die Schwere-Wärme-Formeln erzeugen oft einen angenehmen Zustand der Schläfrigkeit, ein Zeichen dafür, daß Sie
die Übung beherrschen. Sie sollen aber nicht einschlafen. Geschieht es trotzdem, dann lassen Sie sich diese Erfahrung eine
Lehre sein. Vielleicht sollten Sie dann im Sitzen üben. Vielleicht
waren Sie mit Ihren Gedanken auch nicht bei der Sache. Das Ziel
des autogenen Trainings ist entspannte Wachheit, und Ihr Bewußtsein sollte klarer und aufnahmefähiger werden, während die
inneren Spannungen sich lösen. Stellen Sie sich vor, daß Ihr
Wahrnehmungszentrum während des Übens wach bleibt. Wenn
die Gefahr des Einschlafens droht, suggerieren Sie sich:»Auch
wenn ich einschlafe, ist mein Bewußtsein hellwach.« Dann kommt
die letzte Formel:

Arme und Beine sind schwer und warm.
Herzschlag und Atem sind ruhig und gleichmäßig.
Der Leib ist weich und warm, die Stirn angenehm kühl.
Ich bin vollkommen ruhig.

Meistens erreicht man den angenehmen Zustand der autogenen
Körperbeherrschung bei ein bis zwei Wiederholungen dieser Formel. Wenden Sie diese Technik regelmäßig an, wenn Sie sich entspannen oder Ihr Bestes leisten wollen. Zur Erhaltung dieses Zu-

stands brauchen Sie eine tägliche Übungszeit von nur fünf Minuten. Wenn Sie viel Übung haben, reicht es zu sagen:»Arme und Beine schwer und warm. Herzschlag und Atem ruhig und gleichmäßig; Leib warm, Stirne kühl, ruhig«, und Sie sind tief entspannt. Damit beendet Odesskij sein Programm. Er erwähnt kurz die autogenen Techniken der Oberstufe (s. S. 164 ff.) und geht dann zu anderen therapeutischen Verfahren, zum Beispiel zur Musiktherapie, über.

Mit diesen einfachen sechs Übungen haben Sie die Grundstufe des autogenen Trainings bewältigt. Wenn Sie darauf reagieren wie die meisten Menschen, haben Sie die Wirkung längst gespürt. Lindemann stellte in seinen Kursen fest, daß die Teilnehmer gewöhnlich lange vor dem Ende des Programms eine Linderung verschiedener Beschwerden spüren. Als typischen Fall zitiert er einen fünfzigjährigen Beamten, der seit seiner Jugend an Migräne gelitten hatte. Schon nach der dritten Übung konnte er seine Medikamente absetzen. Bei diesem Zusammenspiel von Körper und Psyche lösen sich nicht nur alte physische Spannungen, sondern auch psychische Verkrampfungen und Knoten. Wie Odesskij, Lindemann und andere bestätigen, erleben die Menschen durch autogenes Training eine allgemeine Hebung ihres Selbstvertrauens und nehmen ihre Sorgen und Ängste weniger schwer. Sie besitzen nun ein Mittel, mit dessen Hilfe sie im Notfall ihr Gleichgewicht wiederherstellen können.

Wenn Sie bis hierher gekommen sind, brauchen Sie nicht mehr so viel Zeit für die Formeln zu verwenden. Sie können jetzt zu den sogenannten»formelhaften Vorsätzen« übergehen. Darunter versteht man den eigenen Bedürfnissen angepaßte Autosuggestionen, mit denen wir unser Selbstbewußtsein stärken. Diese Übungen sehen wiederum ganz einfach aus, sind aber sehr wirkungsvoll. Durch sie kann ein nervöser Stotterer mit schwitzenden Händen zu einem gewandten Redner werden, und mit ihrer Hilfe überquerte Lindemann in seinem Faltboot den Atlantik.

Ihre eigenen formelhaften Vorsätze

Natürlich sind die Lebensumstände, mit denen man zu kämpfen
hat, die Fähigkeiten, die man verbessern möchte, und die Persönlichkeit eines jeden Menschen verschieden. Deshalb stimmen Sie
Ihre Formeln auf Ihre persönlichen Bedürfnisse ab und steuern
durch diese Autosuggestionen Ihr Verhalten. Sie lernen allmählich, Verhaltensmuster abzubauen, die sich im Laufe der Jahre
unbewußt gebildet haben. Wiederholen Sie im Zustand der autogenen Entspannung Ihre persönlichen Vorsätze zweimal täglich
jeweils drei bis vier Minuten. Halten Sie sich, zumindest am Anfang, nur an ein Thema. Warten Sie ab, bis der erwünschte Erfolg
sich einstellt, bevor Sie zu anderen Dingen übergehen. Wenn Sie
zum Beispiel beim Gedanken daran, vor anderen Leuten Klavier
spielen zu müssen, nervös werden, sagen Sie sich:»Ich spiele gern
öffentlich Klavier. Es macht mir Freude, anderen mein Talent vor-
zuführen.« Oder wenn Sie Baseball spielen:»Selbstbewußt trete
ich zum Schlag an. Ich schlage treffsicher und kraftvoll.« Identifi-
zieren Sie sich mit Ihren Worten, während Sie innerlich die Formel
sprechen. Lassen Sie Ihre Skepsis beiseite, und handeln Sie, als ob
die Worte tatsächlich wahr seien.

Es können kurze, bestimmte Suggestionen sein:»Mein Auge
folgt dem Ball.«-»Ich senke das Kinn beim Abschlag.« Sie können jedoch auch die ganze Persönlichkeit stärken:»Ich verzeihe
mir alle Fehler der Vergangenheit. Ich bin frei. Ich bin mit mir und
der Welt ausgesöhnt.« Es ist zweckmäßig, beide Formen – die spezifische und die allgemeine Suggestion – zu kombinieren. Am Ende
der Sitzung bekräftigen Sie, daß Sie diese Vorsätze mit in die Welt
hinausnehmen.

Halten Sie sich an möglichst kurze Sätze. Eine rhythmische
Formel, die sich noch dazu reimt, prägt sich besser ein, wobei die
literarische Qualität gar keine Rolle spielt. Hauptsache ist, daß sie
im Gedächtnis haftet. Ein Beispiel, das Lindemann anführt, lautet:

Schlafe durch die ganze Nacht,
bis um sechs die Sonne lacht.

Formulieren Sie Ihre eigenen Sätze sorgfältig und bündig; so dringen sie besser in die tieferen Schichten Ihres Bewußtseins ein. Statt des Satzes: »Ich werde das Training mit Begeisterung und Freude absolvieren«, sagen Sie sich: »Ich trainiere begeistert und freudig.« Bilden Sie Ihre Sätze im Präsens, denn das Futur ist – vom jetzigen Augenblick aus gesehen – immer etwas, das erst kommt und vielleicht nie eintrifft. Am wichtigsten ist, daß Sie Ihre Vorsätze positiv fassen. Vermeiden Sie Formulierungen wie folgende: »Ich verliere meine Konzentration nicht... Ich vergesse meine Rede nicht...« Sagen Sie lieber: »Ich bin vollkommen konzentriert. Ich erinnere mich gut an meine Rede.« Von diesem kleinen Wörtchen »nicht« geht eine negative Suggestion aus, die wir von vornherein ausschalten wollen. An seine Stelle setzen wir das Wort »gleichgültig«; etwa: »Rauchen gleichgültig. Ich atme frisch und frei. Ich bin vollkommen zufrieden.«

Wir fassen zusammen: Sprechen Sie Ihre Vorsätze aufmerksam, und prägen Sie sich ihren Sinn ein. Halten Sie die Sätze kurz. Formulieren Sie Ihre Wünsche positiv und im Präsens. Reden Sie sich selbst in einem freundlichen Ton an.

Wenn Sie einen hektischen Tagesablauf und viel Verantwortung haben, wird Ihnen eine »autogene Pause« mehr Entspannung verschaffen als eine Kaffeepause. Sie können in vier bis fünf Minuten an jedem Ort eine Übung machen, ob Sie im Büro, im Taxi oder im Flugzeug sind. Verwenden Sie eine Minute, um sich in einen völlig entspannten Zustand zu versetzen. Sprechen Sie dann eine Formel wie die folgende: »Ich bin frisch, hellwach und in guter Stimmung. Die Spannungen lassen nach.« Oder variieren Sie: »Spannungen und Ärger lösen sich auf.«

Denken Sie bei Ihren Vorsätzen an Leistungen im weitesten Sinn. Sprechen Sie sich selbst Mut zu; suggerieren Sie sich vor Prüfungen, Vorstellungsgesprächen oder persönlichen Auseinandersetzungen Erfolg. Mit etwas Phantasie können Sie auch formelhafte Vorsätze zur Verbesserung der sexuellen Beziehung zu Ihrem Partner oder Ihrer Partnerin bilden. Manche konnten sich mit Hilfe des autogenen Trainings das zwanghafte Rauchen oder Trinken abgewöhnen. Neuerdings wird es auch bei Schlankheitskuren eingesetzt, und sein Erfolg beruht wie immer nicht auf Willenskraft, sondern auf der Kraft der Vorstellung. Bedienen Sie sich des autogenen Trainings, wenn Sie sich aus irgendeinem Grund benachteiligt fühlen – sei es, daß Sie unter dem Bewußtsein leiden, einer Minorität anzugehören, oder daß Sie zu einer beruflichen Umschulung gezwungen sind oder sich als Hausfrau und Mutter wieder in die Arbeitswelt eingliedern wollen. Die richtige Anwendung von formelhaften Vorsätzen kann Ihnen bei jeder Art von Schwierigkeit eine Hilfe sein.

Autogenes Training der Oberstufe

Das autogene Oberstufentraining stärkt die Vorstellungskraft und macht sie zu einem außerordentlich nützlichen Instrument der Selbstkontrolle. Wieder gibt es sechs Übungen. Mit ihrer Hilfe werden sie lernen, sich Farben und Gegenstände bildhaft vorzustellen und auch abstrakte Begriffe mit dem »inneren Auge« anschaulicher zu fassen. Ihr Selbstbewußtsein wächst; Sie werden sich klar über Ihre Beziehungen zu anderen Menschen; Sie können aus einem gesteigerten Bewußtsein heraus handeln. Gerade letzteres wird Ihnen bei der Lösung persönlicher und beruflicher Probleme sehr zustatten kommen, denn dabei werden die Schichten des sogenannten Unbewußten oder Überbewußten angesprochen. Man kann darin auch eine Kommunikation mit seinem »höheren Selbst« sehen. Der Hamburger Arzt H. Hengstmann nannte das autogene Training daher die »reinste Form der tiefenpsychologischen Auseinandersetzung eines Menschen mit dem anderen und mit sich selbst«.

Sportler, Künstler, überhaupt alle, die in der Öffentlichkeit Leistungen erbringen müssen, verwenden, wie wir gesehen haben, gerne das mentale Kino, um ihr Können zu steigern. Es liegt auf der Hand, daß für die Produktion solcher im Geiste ablaufenden Filme die Kraft der bildhaften Vorstellung besonders wichtig ist.

Das geistige Kino

Nehmen wir an, ein Basketballstar verletzt sich das Bein. Die nächsten zwei Tage, während das Team trainiert, macht er im Geist mit und verfolgt sorgfältig die verschiedenen Spiele und Würfe. Durch diese Methode der inneren Teilnahme bleibt er in Form, obwohl er physisch aussetzen muß. Auch Sportler in bester Kondition verbessern ihre Leistungen durch dieses geistige Kino mehr als durch zusätzliches Training. Sie können sich auf diese Weise jede Tätigkeit vorstellen, gleichgültig, ob es darum geht, öffentlich oder privat richtig aufzutreten, ob Sie Autofahren lernen oder einen neuen Tanzschritt einüben wollen.

Beginnen Sie Ihr geistiges Kino einige Minuten nach der autogenen Entspannung. Lassen Sie den Film langsam ablaufen, und stellen Sie sich eine glänzende Leistung vor. Sehen Sie zu, wie Sie vollkommen ruhig und mit perfekter Technik Ihre Bewegungen ausführen. (Allerdings sollten Sie unbedingt über die richtige Technik Bescheid wissen. Hüten Sie sich vor falschen suggestiven Informationen.)

Nehmen wir als Beispiel das Kegeln. Beobachten Sie im Geist, wie Sie die Kugel halten, wie Sie vortreten, die Kugel loslassen und nachfedern. Verfolgen Sie, wie die Kugel die Bahn entlangrollt und den Mittelkegel genau im richtigen Winkel trifft, so daß die anderen Kegel auch umfallen. Üben Sie verschiedene Würfe. Wenn Sie einer wichtigen geschäftlichen Besprechung entgegensehen, beobachten Sie vorher, wie Sie ins Konferenzzimmer treten. Hören Sie zu, wie Sie eine Sache vortragen, die gut ankommt.

Bedienen Sie sich aller »filmischen« Mittel. Blenden Sie an wichtigen Punkten ein und aus wie Jack Nicklaus bei seinen Golf-Vorstellungen. Wechseln Sie die Perspektive. Lassen Sie den Film langsam ablaufen; das ist besonders wichtig bei Bewegungen, in denen es auf Bruchteile von Sekunden ankommt wie beim Turmspringen oder in der Gymnastik. Wenn Sie einen Fehler machen, drehen Sie zurück und filmen diesen Abschnitt noch einmal, aber dieses Mal richtig. Nachdem Sie Ihre Leistung quasi von außen beobachtet haben, schlüpfen Sie im Film wieder in Ihr Selbst hin-

ein. Spüren Sie den Golfschläger oder die Kugel in Ihrer Hand.
Führen Sie die Schritte aus, und fühlen Sie, wie Sie mit Ihrer Bewegung eins werden. Wenn Sie eine Rede halten, blicken Sie innerlich auf Ihre Zuhörer, beobachten Sie die wachen, aufmerksamen
Gesichter. Freuen Sie sich darüber, daß Sie spüren, wie der Rapport zwischen Ihnen und Ihrem Publikum wächst.

Das sportliche Training

Es gibt eine Reihe bestimmter autogener Techniken, die einer großen Zahl von Sportlern zur Steigerung ihrer Leistung verholfen
haben. Durch formelhafte Vorsätze kann man sich die Motivation
und die Lust am Training erhalten. Diverse Ängste und psychische
Hemmungen können abgebaut werden – zum Beispiel die Angst
vor einer Niederlage oder einer Verletzung, Nervosität, Konzen-
trationsschwäche, Ärger über die Kameraden im Team oder der
Leistungsabfall, wenn ein Gegner Vorsprung gewinnt. Im letzte-
ren Fall ist die Formel nützlich:»Gegner gleichgültig. Ich bin ruhig und sicher und spiele gut.« Trainer, die mit Sophrologie arbeiten, verbinden solche Formeln mit rhythmischer Atmung. Nach
jeder Ausatmung wird ein kurzer Vorsatz wiederholt. Regelmäßiges autogenes Training reduziert Sportverletzungen, weil weniger
Gefahr besteht, daß man mit verspannten Muskeln antritt, und
Sportler rühmen die Wirksamkeit dieser Methode auch als Erho-
lung. Nach einem Wettspiel oder nach der Lösung eines Problems
ist das psychophysische Gleichgewicht durch autogene Entspannung rasch wiederhergestellt.

Das Übungsprogramm ist zwar jeweils genau auf das Indivi-
duum zugeschnitten, doch man kann sich ein allgemeines Bild von
den geeigneten Techniken machen. Viele Trainer befürworten als
Grundübung die progressive Entspannung (vgl. Kapitel 7). Die
Sportler werden aufgefordert, Spannung und Entspannung jeder
Muskelgruppe genau zu beobachten und sich die ganze Organisation ihres Körpers deutlich vorzustellen. Zur besseren Wahrnehmung des ganzen Körpers, seiner Energiefelder und der Expansion
und Kontraktion dieser Felder bedienen sich die Sophrologen ei-

ner ähnlichen Übung, wie wir sie in Kapitel 17 (»Wahrnehmung der Energiefelder«) beschreiben.

Ein Schütze, der regelmäßig diese progressive Entspannung praktizierte, berichtete, daß während eines Wettschießens die Zeit sich auszudehnen schien. Obwohl er nur eine achtzehntel Sekunde zur Verfügung hatte, um zu zielen, wuchs seine psychische und physische Konzentration derart, daß er reichlich Zeit zu haben meinte, um sein Ziel aufs Korn zu nehmen und den Schuß abzugeben. Eine andere Technik,die zu dieser Fähigkeit führt, die Wirklichkeit im Zeitlupentempo zu erleben, ist die Vorstellung von Größe, Farbe und Bewegung, die wir ebenfalls in Kapitel 17 darstellen.

Im Psychotraining für Sportler verwenden die Sophrologen zahlreiche Übungen zur Entwicklung von Konzentration, zur Steigerung der Wahrnehmung und des Rapports (vgl. Kapitel 18). Wenn zum Beispiel ein Sportler mehrere Niederlagen einstecken mußte, wird ihm eine Übung zur Stärkung seines Selbstbewußtseins verschrieben, damit die inneren Bilder des Versagens sich in Erfolgsbilder verwandeln. Wenn Sportler sich auf einen Wettkampf vorbereiten, stellen sie sich diesen in allen Einzelheiten samt ihrer eigenen Höchstleistung im Geiste vor. Sie vergegenwärtigen sich so genau wie möglich alle körperlichen Empfindungen und alle Gefühle, die dieses Erfolgsbild begleiten. Schließlich lernen sie, dieses Erfolgsgefühl zu reproduzieren, wenn sie zum Kampf antreten. Erinnern wir uns in diesem Zusammenhang an die Vorstellung der Freude am Lernen aus Kapitel 7, die man sich ebensogut als Freude am Gewinnen in einem sportlichen Wettbewerb denken kann.

Nochmals sei betont: Strengen Sie sich bei den autogenen Übungen nicht allzusehr an. Stählerne Willenskraft hilft Ihnen hier nicht weiter. Wie der französische Heilkundige Emile Coué, der Ahnherr aller modernen Suggestionsmethoden, schrieb: »Wenn Vorstellungskraft und Wille im Konflikt sind, gewinnt unweigerlich die Vorstellung ... In diesem Wettstreit steht die Kraft der Vorstellung in direktem Verhältnis zum Quadrat des Willens.«

Wer mit Lampenfieber oder mit der Angst zu verlieren in einen Wettkampf geht, nimmt die Niederlage im Geist bereits vorweg. Je mehr der Wille sich dagegen stemmt, desto schlimmer wird alles. Genauso ist es mit der fatalen Attraktion des Bunkers für den nervösen Golfspieler. Coué schildert den Vorgang:»Im Geiste sieht er, wie sein Ball an der ungünstigsten Stelle landet. Er kann jeden beliebigen Schläger verwenden, er kann den Ball weit oder kurz schlagen; solange er vom Gedanken an das Hindernis beherrscht wird, nimmt der Ball unweigerlich seinen Weg dorthin. Je mehr er versucht, seinen Willen zu Hilfe zu rufen, desto schlimmer wird seine Lage.«

Wir sehen also, wie die Vorstellung uns nützen oder schaden kann. Die positive Kraft der Vorstellung durch die Methoden der Sophrologie oder des autogenen Trainings in den Griff zu bekommen, ist eine wahrhaft schöpferische Leistung. Einigen wenigen Menschen ist es gelungen, ihr Potential auf diese Weise zu verwirklichen. Einer von ihnen, der auf vielen Gebieten Außerordentliches geleistet hat, wird uns zeigen, wozu eine unbehinderte Persönlichkeit fähig ist.

12 Schmerzkontrolle und Selbstheilung – ein schöpferischer Akt

Jack Schwarz, ein großer, sehniger Mann mit silberweißem Bart steht wie ein ruhender Pol in der Mitte eines Kreises von Menschen, die ihn wie gebannt beobachten. Gedankenverloren starrt er auf eine mehr als zehn Zentimeter lange Nadel, die so in seinen Arm gestoßen wird, daß sie auf der anderen Seite wieder herausfährt. Nach ihrer Entfernung zeigt sich weder Blut, noch ist die Einstichstelle sichtbar. Dann drückt einer der Umstehenden dem großen Mann das rotglühende Ende einer Zigarette ins Fleisch. Er schreit nicht, er zuckt nicht einmal zusammen. Es ist so, als ob gar nichts geschehen wäre, denn auf seiner Haut bildet sich keine Blase, die den Vorfall bezeugen könnte. Jack Schwarz wird hier nicht gefoltert, doch er entdeckte als holländischer Widerstandskämpfer in den Folterkammern der Nazis seine erstaunliche Fähigkeit, Schmerz zu kontrollieren und mit der Kraft des Bewußtseins körperliche Wunden zu heilen.

Zahlreiche Wissenschaftler und namhafte Forschungsinstitute haben Jack Schwarz getestet, darunter das Langley-Porter-Institut für Neuropsychiatrie der medizinischen Fakultät der University of California, das Max-Planck-Institut in München und vor allem die Menninger Foundation in Topeka, Kansas. In Topeka untersuchte das Forscherehepaar Dr. Elmer und Alice Green mit »gefühllosen« Geräten das Phänomen der Schmerzkontrolle. Die Greens brachen mit dem traditionellen Vorurteil, daß jeder, der behauptete, seine autonomen Körperfunktionen kontrollieren zu können, ein Schwindler sein müsse und einer wissenschaftlichen Untersuchung daher nicht wert sei.

Elmer und Alice Green stellten fest, daß Schwarz und andere diese Fähigkeit tatsächlich besaßen. »Jack Schwarz ist auf dem Gebiet der willkürlichen Körperkontrolle eines der größten Talente des Landes, und wahrscheinlich ist er einmalig auf der ganzen Welt«, meint Elmer Green. Schwarz und andere Personen, die von den Greens untersucht wurden, können ihren Kreislauf steuern, den Herzschlag verändern, die Temperatur in verschiedenen Körperteilen erhöhen oder senken, Schmerz ausschalten, den Blutverlust hemmen und den Heilungsprozeß drastisch beschleunigen. Swami Rama, einer dieser Versuchspersonen, konnte sogar eine kleine Geschwulst an seiner Hand hervorbringen und dann wieder verschwinden lassen.

Jack Schwarz erklärt, daß er bei seinem ständigen Bemühen um die Erschließung der Reserven des menschlichen Geistes auch eine Reihe anderer Fähigkeiten erworben habe. So lernte er, die wechselnden Ströme von Bioenergie, die Aura eines Körpers, zu sehen und von ihr auf den Gesundheitszustand eines Menschen zu schließen. Die Ärzte der Menninger Foundation und anderer Institute stellten fest, daß seine Auradiagnosen mit den Untersuchungsergebnissen der konventionellen Medizin übereinstimmten und daß er sogar Dinge bemerkte, die von den Ärzten übersehen wurden. Seit fünf Jahren erteilt Jack Schwarz praktischen Unterricht für Ärzte zur Ausbildung von Schmerzkontrolle und anderen ungenutzten Fähigkeiten. Er ist Berater der Menninger Foundation und Vorsitzender der Aletheia Foundation in Grants Pass, Oregon. Seit längerer Zeit trägt er sich mit dem Plan, ein pädagogisches und therapeutisches Zentrum zu errichten zur Förderung der »physischen, psychischen und spirituellen Gesundheit« und zur Verwirklichung des ganzen menschlichen Potentials. Seine Organisation verfügt jetzt über sechzig Hektar Wald und ist im Begriff, den Plan in die Tat umzusetzen. Ende 1979 soll eine holistische Ambulanz eröffnet werden, in der Schwarz mit verschiedenen Fachleuten zusammenarbeiten will.

Außer Schwarz gibt es in den USA noch einen anderen Mann, dessen Fähigkeit der Schmerzkontrolle Aufsehen erregte. Vernon E. Craig, ein mittelgroßer, etwas untersetzter Mann, stammt aus

Ohio und ist von Beruf Käsefabrikant. In seiner Freizeit verwandelt er sich in den Orientalen »Komar« mit Turban und Pluderhosen und spaziert mit bloßen Füßen über eine meterlange Bahn glühender Kohlen. Einen Weltrekord stellte er auf, als er über eine acht Meter lange Bahn von Kohlen mit einer Temperatur von 800 Grad Celsius lief.

Craig trat auf einer Wohltätigkeitsveranstaltung für Behinderte zum ersten Mal als »Komar« auf. Er kletterte Schwerter hoch und ließ von starken Männern mit einem Schlaghammer eine auf seiner Brust liegende Betonplatte zertrümmern. Das veranlaßte ihn, darüber nachzudenken, daß wir im Grunde alle »behindert« sind, weil wir unsere natürlichen Fähigkeiten so wenig entwickeln. »Ich bin nur ein gewöhnlicher Mensch«, betont Craig. »Was ich kann, kann jeder lernen.« Als Junge hatte er einmal ein Yogabuch entdeckt und dann an sich selbst ausprobiert, ob die Behauptung der Yogis, daß Schmerzkontrolle erlernbar sei, wirklich stimmte.

Mit einer weiteren »Nummer« stellt er seine Fähigkeit unter Beweis. Wieder beteuert er seinem Publikum: »Ich bin nur ein gewöhnlicher Mensch«, und legt sich auf ein Brett, gespickt mit fünfzehn Zentimeter langen Nägeln. Ein zweites Nagelbrett wird herabgelassen, so daß Komar in ein Sandwich von Nägeln gepreßt wird. Sechs der schwersten Männer im Auditorium setzen sich noch darauf, und der Käsefabrikant aus Ohio lächelt. Als er befreit wird, sind keine Wunden, kein Blut, nicht einmal ein Kratzer zu sehen. Auch das war ein Weltrekord: Er hielt in seinem »Nagelsandwich« ein Gewicht von 1 642 1/2 Pfund aus.

Als Motiv für diese Schaustellungen gibt Komar an: »Ich interessiere mich sehr für die Entwicklung der in uns allen schlummernden Fähigkeiten. Mit der dramatischen Vorführung meiner Fähigkeit, Schmerzen zu kontrollieren, möchte ich erreichen, daß die Leute nachdenken. Denn an mir sehen sie, was ein gewöhnlicher Mensch lernen kann.«

Craig hält Vorträge vor Ärzten und Wissenschaftlern und ließ sich in Laboratorien untersuchen. Dr. C. Norman Shealy, der Direktor des Pain Rehabilitation Center in La Crosse, Wisconsin, testete ihn mit verschiedenen Methoden, die zur Messung der

Schmerztoleranz verwendet werden. Doch bei Komar versagten alle Meßgeräte. Ob sie ihn einfroren, annagelten oder immer stärkere Stromstöße durch seinen Körper schickten – Shealy und die anderen Ärzte konnten Vernon Craig offenbar keinen Schmerz zufügen.

Es wurde festgestellt, daß sowohl Schwarz als auch Komar eine normale Schmerzempfindlichkeit besitzen, wenn sie nicht in dem veränderten Bewußtseinszustand sind, der die Kräfte der Psyche aktiviert. Wie schalten Jack Schwarz und Vernon Craig den Schmerz ab? Sie haben gelernt, wie man den Körper kontrollieren und »wegtreten« kann. Schwarz berichtet: »Ich trete sozusagen aus mir heraus und stelle mir vor, daß ich neben meinem Körper stehe. Ich steche die Nadel nicht in *meinen* Arm, sondern in *irgendeinen* Arm.«

Das erinnert an eine Äußerung des großen russischen Tänzers Waslaw Nijinskij. Als einmal jemand zu ihm sagte: »Wie schade, daß Sie sich selbst nicht tanzen sehen können«, antwortete er: »Doch, ich sehe mich. Ich bin außerhalb meines Körpers, ich beobachte und dirigiere ihn.«

»Die Fähigkeiten, die ich in Experimenten demonstriere, sind für jeden erlernbar«, meint auch Schwarz, denn sie ergeben sich aus dem harmonischen Zusammenspiel von Körper und Psyche. Dazu bedarf es allerdings einer »inneren Haltung des Loslassen-Könnens, des Sich-an-nichts-Klammerns, eines Wissens um den Sinn des Lebens und eines Energie- und Bewußtseinsstroms, der nicht von Angst oder verdrängten Gefühlen behindert wird«.

Diese Einstellung läßt sich durch eine kreative und aktive Meditation erlernen. Schwarz befürwortet nicht ein geschlossenes Meditationssystem, sondern eine Auswahl verschiedener Techniken und Methoden zur Harmonisierung von Körper und Psyche. Viele von ihnen werden in diesem Buch umrissen, aber im Mittelpunkt der Lehre von Schwarz steht etwas, was wir nur kurz andeuten konnten. Es handelt sich um jene geheimnisvolle Kraft, die den Superfähigkeiten zugrunde liegt und unter so verschiedenen Namen wie Bioenergie, Subtilenergie, Chi, Prana oder Kundalini bekannt wurde. Es ist jene durch das Rückgrat aufsteigende Energie, die von der östlichen Philosophie und der Wissenschaft des Yoga seit urdenklichen Zeiten als der Sitz des Göttlichen im Menschen angesehen wird. Pandit Gopi Krishna bezeichnet sie als die »Energie des Genies«. Ob wir diese Kraft nun »real« oder »imaginär« nennen wollen, auch in der westlichen Forschung sprechen immer mehr Gründe dafür, daß es diese Energie ist, die uns zu außergewöhnlichen Leistungen befähigt. Durch sie erlangen wir höchste Meisterschaft in Karate oder ein Supergedächtnis. In seinem Buch *Voluntary Controls* gibt Jack Schwarz Anleitungen, wie man mit dieser Energie umgeht.

Obwohl über Schwarz die wildesten Gerüchte im Umlauf sind – daß er »kein wirklicher Mensch« oder vom Pluto herabgestiegen sei –, ist er, ebenso wie Vernon Craig, natürlich ein ganz normaler Mensch. Ja, man könnte sogar sagen, Leute wie diese beiden seien menschlicher als wir übrigen, da sie mehr von den unserer Spezies innewohnenden Fähigkeiten zur Entfaltung gebracht haben. Schmerzkontrolle ist nur eine davon.

Für eine holistische Medizin, die diese Fähigkeiten mit berücksichtigt, setzt sich auch der Neurologe und Neurochirurg C. Norman Shealy ein. Er ist der Ansicht, daß eine wirkliche Heilung nicht darin bestehen könne, einen Patienten mit chronischen Schmerzen unter Drogen zu setzen oder Erregungszustände mit chemischen Mitteln zu dämpfen. Aus Erfahrung wußte er, daß chirurgische Eingriffe auf seinem Gebiet mit ihren oft gefährlichen Nachuntersuchungen auch kaum die ideale Therapie sind, und suchte daher nach Alternativen.

Shealy und einige seiner Kollegen haben eine Anzahl nicht-toxischer Heilmittel zusammengestellt, die von chronischen Schmerzen befreien. Außerdem entwickelte Shealy, angeregt durch die Erfahrungen aus seiner ärztlichen Praxis, ein abgerundetes Programm zur Erlangung eines ganz neuen Wohlbefindens. In seinem Mittelpunkt steht die »Biogenik«, ein stark erweitertes Programm autogener Techniken auf der Basis einer »holistischen Auffassung von Leben und Gesundheit, die man während des Übens ständig neu begreifen und erweitern kann«. Denn, wie Shealy sagt, »man schafft sich seine eigene Wirklichkeit«. Er hofft, daß der Tag kommen wird, an dem die Schulen der Vereinigten Staaten ihren Unterricht auf den Grundsätzen des autogenen Trainings aufbauen. Die Anleitungen zum täglichen Üben von Schwarz, Craig und Shealy füllen ganze Bücher. Wir können hier nur einige für den Anfang angeben. Wenn Sie das Grundprogramm des autogenen Trainings und die Bildvorstellung beherrschen, haben Sie die nötige Voraussetzung zum Erlernen von Schmerzkontrolle und Selbstheilung. (Falls Sie im unklaren sind, woher ein bestimmter Schmerz kommt, sollten Sie sich jedoch stets zuerst an Ihren Arzt wenden.)

Den Schmerz wegatmen

Die modernen Methoden der Schmerzkontrolle machen sich verschiedene Yogaerfahrungen zunutze. Sie beruhen zum Teil auf einer um die Jahrhundertwende veröffentlichten Abhandlung des gelehrten Yogi Ramacharaka, der die traditionellen Yogaübungen dem »überaus praktischen Geist des Westens« zugänglich machen wollte. Eine dieser Übungen betrifft die rhythmische Atmung. Dieser Atemrhythmus ist von Mensch zu Mensch verschieden. Er wird vom Herzschlag bestimmt und stärkt bei richtiger Durchführung den Rhythmus des ganzen Körpers.

Fühlen Sie im entspannten Zustand Ihren Pulsschlag. Zählen Sie so lange laut mit, bis Sie den Rhythmus so im Gefühl haben, daß Sie in diesem Takt atmen können, ohne sich konzentrieren zu müssen. Die meisten Anfänger verwenden sechs Pulsschläge für das Einatmen. Halten Sie den Atem dann drei Takte lang an, atmen Sie bei sechs Takten aus, halten Sie drei an, und beginnen Sie von neuem. Mit der Zeit wird es Ihnen leichtfallen, Ihren Atemrhythmus über noch mehr Takte auszudehnen. (Atmen Sie stets durch die Nase, wenn Sie nicht andere Anweisung haben.)

Zum Einüben von Schmerzkontrolle setzen Sie sich entweder aufrecht hin oder Sie legen sich auf den Rücken. Atmen Sie so lange im Rhythmus Ihres Pulsschlags, bis Ihnen das ganz selbstverständlich ist. Denken Sie dabei, daß Sie Prana atmen: die absolute Energie, das aktive Lebensprinzip, eine helle, vitale Kraft. Sie at-

men diese Energie ein; beim Ausatmen schicken Sie sie im Geist in
den schmerzenden Körperteil zur Anregung der Blutzirkulation
und zur Beruhigung der Nerven. Dann atmen Sie wieder Prana ein
und stellen sich vor, daß Sie mit dieser Energie Ihre Schmerzen
vertreiben. Denken Sie abwechselnd: Stärkung der Heilkräfte des
Körpers – Vertreiben der Schmerzen. Machen Sie das siebenmal,
und ruhen Sie dann aus. Als Übergang zum Ausruhen empfiehlt
Ramacharaka die Reinigungsatmung des Yoga: Atmen Sie tief ein,
und füllen Sie Bauch und Brustkorb mit Luft. Halten Sie diese Luft
einige Minuten an. Spitzen Sie den Mund wie beim Pfeifen, ohne
die Wangen aufzublähen, und stoßen Sie die Luft in kurzen, kräftigen Stößen durch den Mund aus. Wiederholen Sie gegebenenfalls
den ganzen Zyklus siebenmal. Auch hierbei führen Willenskraft
und Anstrengung nicht zum Ziel, sondern, wie Ramacharaka sagt,
ruhige Beherrschung und ein starkes Vorstellungsbild.

Die Lichtübung

Dies ist eine weitere altbewährte Yogatechnik, die zur Schmerzkontrolle, zur Entkrampfung oder zur Belebung einzelner Körperteile dient. Sie entnehmen der großen »Batterie« in Ihrem Solarplexus reines, energiespendendes Licht und leiten es an die pochende oder schmerzende Stelle, zum Beispiel in den Kopf.
    Denken Sie dabei an die mächtige, von der Sonne gespeiste
Energie des Lebens. Setzen Sie sich aufrecht hin, oder legen Sie
sich auf den Rücken. Berühren Sie mit Ihren Händen und Fingerspitzen leicht Ihren Solarplexus. Die Hände sind gewölbt, die Finger einander gegenüber. Atmen Sie in tiefen, langsamen, gleichmäßigen Zügen. Stellen Sie sich vor, daß Sie weißes Licht einatmen, hell und vital wie das Innere der Sonne. Stellen Sie sich vor,
wie diese Lichtenergie durch Ihren Unterleib und dann in Ihren
Brustraum fließt, während Ihre Lungen sich ausdehnen. Atmen
Sie dann aus.
    Wenn Sie den Rhythmus heraus haben, imaginieren Sie beim
Einatmen, wie dieses große, helle Licht durch Ihren Solarplexus
bis in Ihre Fingerspitzen strömt und Ihre Hände mit Energie auf-

lädt. Halten Sie den Atem an, und legen Sie die Fingerspitzen sachte an die Stirn. Dann atmen Sie langsam aus und stellen sich bildhaft vor, wie die Lichtenergie von Ihren Fingerspitzen mitten durch Ihre Stirnwand strömt, bis der ganze Kopf von Licht durchflutet ist. Wenn Sie vollkommen ausgeatmet haben, halten Sie die Luft an, während Sie Ihre Hände zum Solarplexus zurückführen, und beginnen dann einen neuen Zyklus.

Jack Schwarz empfiehlt, nicht nur zu imaginieren, wie das Licht den Kopf füllt, sondern es auch durch die Stirn wieder ausströmen zu lassen. Führen Sie diese Übung einundzwanzigmal aus. Wiederholen Sie sie gegebenenfalls nach einer Pause. Eine konstante, lebhafte Bildvorstellung des weißen Lichts ist wichtig. Versuchen Sie, an reinen, weißen Schnee im Sonnenglanz zu denken. Nach den Aussagen der Yogis braucht es eine Weile, bis man die Fähigkeit der Energieaufladung entwickelt. Diese Methode ist auch gut zur allgemeinen Entspannung; daher empfiehlt es sich, sie eine Zeitlang einmal täglich anzuwenden, *bevor* Sie überhaupt einen Schmerz spüren.

Die Betäubungsübung

Die folgende Technik der Schmerzkontrolle fand eine der Autorinnen in verschiedenen Situationen sehr nützlich. Wie viele andere auch übte sie diese einfache Technik und erlernte sie rasch. Sie konnte sie später auch Ärzten vorführen und sich überzeugen, daß diese Schmerzkontrolle von Monitoren registriert wird. Sie wandte sie bei vielen Gelegenheiten mit Erfolg an, zum Beispiel bei leichteren Handoperationen oder beim Ziehen von Operationsfäden. Vielen Leuten hilft sie auch nach einem Besuch beim Zahnarzt, wenn die Wirkung der Spritze abklingt. Sie nützt ebenso gegen Schmerzen und Zerrungen infolge sportlicher Überanstrengung, ja, gegen jede Art von Schmerz, der durch Betäubungsmittel gelindert werden kann.

Wenn Sie die Grundübungen des autogenen Trainings ausgeführt haben und Arme und Beine auf Befehl schwer machen können, dann sollte Ihnen diese Übung keine Schwierigkeiten bereiten. Sie müssen Ihren Händen jetzt nur statt Wärme *Kälte* suggerieren.

Versetzen Sie sich mit Hilfe der Methode, die Ihnen am meisten zusagt, in einen angenehmen Zustand der Entspannung, und atmen Sie frei und tief. Sagen Sie sich jetzt, daß Ihre rechte Hand schwer, *kalt* und gefühllos wird. Stellen Sie sich vor, daß Sie Ihre rechte Hand in einen Eimer mit Eiswasser tauchen. Spüren Sie, wie sie blauer und kälter und schließlich gefühllos wird. Stellen Sie sich bildhaft vor, wie Ihre Hand eiskalt wird. Üben Sie die Formel »Meine rechte Hand wird schwer, kalt und gefühllos« mehrere Minuten.

Wenn Sie fühlen, daß Ihre rechte Hand kalt und gefühllos geworden ist, berühren Sie Ihre linke Hand an der Handwurzel mit zwei Fingern Ihrer betäubten rechten Hand. Sprechen Sie dazu: »Die Stelle, die ich mit meiner rechten Hand berühre, wird ebenfalls kalt und gefühllos.« Testen Sie Ihre Gefühllosigkeit, indem Sie Ihre Fingernägel in die betäubte Stelle pressen. Üben Sie, bis Sie auf Wunsch Kälte und Gefühllosigkeit in Ihrer linken Hand erzeugen können.

Sagen Sie sich zum Schluß, daß jede Körperregion, die Sie mit Ihrer gefühllosen rechten Hand berühren, ebenfalls kalt und betäubt wird, als hätten Sie eine Novocainspritze bekommen. Wenn Sie also beim Zahnarzt waren, können Sie Ihre rechte Hand kalt und gefühllos machen und Ihrem schmerzenden Kiefer diese Gefühllosigkeit vermitteln.

Mit einiger Übung werden Sie Kälte und Gefühllosigkeit bei Bedarf schon innerhalb sehr kurzer Zeit erzeugen können. Allerdings sollte man *jede* Technik der Schmerzkontrolle schon *vorbeugend* erlernen und nicht erst warten, bis man sich vor Schmerzen krümmt.

Selbstheilung

Zur Beseitigung von Schmerzen dienen auch folgende Übungen:
1. Wenn Sie Kopfschmerzen haben, muß die Behandlung leicht

abgeändert werden. Nach den Erkenntnissen der Biofeedback-Forschung soll bei Kopfschmerzen die Temperatur der Hände auf *warm* eingestellt werden, nicht auf kalt. Üben Sie nach der oben beschriebenen Methode, stellen Sie sich jedoch vor, daß *beide* Hände und Arme schwer und *warm* werden. Sagen Sie sich die Formel: »Stirn kühl, Hände und Arme warm.« Sie können auch die Vorstellung zu Hilfe nehmen, daß Sie eine Eispackung auf dem Kopf haben und die Hände in einen Eimer mit heißem Wasser tauchen.

Wenn Sie sich Ihr Programm zurechtlegen, denken Sie stets an die Wiederherstellung Ihrer Gesundheit, nicht an die augenblickliche Störung. Sprechen Sie die positive Formel: »Mein Kopf ist klar. Ich fühle mich erfrischt und hellwach.«

2. Eine weitere nützliche Technik zur Lösung von Verkrampfung und Schmerzen besteht in einer anderen Art von Bildvorstellung. Entspannen Sie sich. Führen Sie sich einen großen, farbigen Ball innerlich vor Augen. Der Ball kann jede beliebige Farbe haben, die Ihnen gerade zusagt. Je nach der Ursache Ihrer Schmerzen werden Sie mal diese, mal eine andere Farbe wählen. Ihr Unbewußtes gibt Ihnen die richtige Farbe ein, je nachdem, ob Ihr Streß von geistigem Druck, Ärger oder emotionaler Spannung herrührt. Halten Sie den Ball in Ihren Händen, und stellen Sie sich vor, daß er immer kleiner wird. Schließlich werfen Sie ihn fort.

3. Eine dritte Methode, Schmerzen loszuwerden, besteht darin, daß man sich den Schmerz als Kurzschluß in einem elektrischen Gerät vorstellt. Der Strom muß also wieder in Fluß gebracht werden. Stellen Sie sich bildhaft vor, daß durch Ihre Beine und Füße das Kabel eines elektrischen Geräts geerdet wird. Legen Sie jetzt eine Hand flach auf Ihren Solarplexus und die andere Hand flach auf Ihren Nacken. Ihr kleiner Finger soll den obersten Halswirbel berühren, die übrigen vier Finger liegen auf den unteren Halswirbeln. Lassen Sie Ihre Hand in dieser Stellung etwa drei Minuten ruhen.

Wechseln Sie die Hände jetzt, und verharren Sie wieder ungefähr drei Minuten. Stellen Sie sich Energie vor, die durch Sie hindurch- und zur Stirn herausströmt.

Bei dieser Technik werden Sie vielleicht spüren, daß die Finger an Ihrem Nacken heiß werden, während die Hand auf Ihrem Solarplexus sich weniger warm anfühlt. Vielleicht haben Sie auch das Empfinden, daß in Ihrem Leib etwas rumort.

Während Sie langsam und gleichmäßig atmen, stellen Sie sich vor, wie die Energie durch Sie hindurch- und wieder hinausströmt, immer wieder hindurch und hinaus, bis der Kurzschluß beseitigt ist und der Schmerz hinausfließt. Wenn Sie Schmerzen spüren und kein Kontrolltraining haben, versuchen Sie zunächst, mit dem Schmerz mitzugehen. Kämpfen Sie nicht gegen ihn an, sondern lassen Sie ihm freien Lauf. Entspannen Sie sich, und konzentrieren Sie sich auf Ihren gleichmäßigen Atem. Versuchen Sie dann, den Schmerz wegzuatmen. Damit stellt man sich auf die Störung ein und löst sie schließlich auf.

Dr. Elmer Green sagt über die Selbstheilung in der Tiefenentspannung:»Eine solche Heilung ist ein kreativer physiologischer Prozeß. Analog dazu verstehen wir unter emotionaler Kreativität eine Änderung der inneren Haltung durch die Praxis gesunder Emotionen, das heißt solcher Emotionen, die mit Nervenfasern gekoppelt sind, die im Gehirn Harmonie auslösen.« Selbstheilung ist also ein schöpferischer Akt. Wir waren uns der natürlichen schöpferischen Kraft des Menschen bisher zu wenig bewußt und haben sie zu oft im negativen Sinn verwendet – um Krankheiten zu erzeugen.

Die Faustregel der autogenen Praxis lautet: Bei äußerlichen Schmerzen (Haut, Zähne, Kopf) schicken Sie Kühle an die betreffende Stelle. Wenn es sich um tiefsitzende Schmerzen der inneren Organe handelt, senden Sie Wärme. Zuerst sollten Sie jedoch immer die Ursache Ihrer Schmerzen geklärt haben. Mit konsequenter Übung können Sie auch bei chronischen Schmerzen ein Gefühl von Gesundheit und aktiver Lebensfreude zurückgewinnen.

Im Interesse Ihrer Gesundheit können Sie das autogene Training auch anwenden, um kleine Probleme zu beseitigen, bevor diese größer werden. In seinem Buch *90 Days to Self-Health* nennt Shealy einige formelhafte Vorsätze für bestimmte Leiden. Auch Lindemann führt in seinem Buch *Überleben im Streß* einige solcher Hilfen an. Eine Formel für Rheumatismus und Arthritis könnte

zum Beispiel folgendes enthalten: Vorsätze zur Beseitigung von
Zorn und zur Lösung von Spannungen, Affirmation von Frieden,
Formeln für schmerzfreie Gelenke und das Senden von Wärme in
die betroffenen Gliedmaßen.

Schmerz ist ein Ausdruck von Krankheit und Disharmonie. In
seinem Pain Rehabilitation Center führt Shealy neben dem autogenen Training der Grund- und Oberstufe, wie oben erwähnt, ein
Programm auf der Basis von Biogenik durch, mit dessen Hilfe seine
Patienten zu einer umfassenden körperlichen und geistigen Harmonie gelangen. Er erklärt, er könne Beispiele für fast jede Krankheit nennen, die durch Biogenik geheilt wurde, sowie für beinahe
jede Krankheit, die sich durch negative Emotionen entscheidend
verschlechterte. Viele Ärzte nähern sich heute dieser holistischen
Auffassung und sind sich mehr als in früheren Zeiten der heilenden
und schädigenden Wirkung der Psyche bewußt. So trainiert Carl
Simonton, ein Arzt aus Austin, Texas, Krebskranke mit bestimmten Meditations- und Vorstellungstechniken. Patienten, die sich
laut Diagnose im »Endstadium« befanden, waren dank dieses autogenen Trainings von ihrem Ende auf einmal weit entfernt.

Von Wilhelm von Humboldt stammt der Ausspruch, daß es eines Tages eine Schande sein würde, krank zu sein, denn Krankheit
sei das Resultat krankhafter Vorstellungen. Aber wir brauchen uns
dessen nicht zu schämen. Den meisten von uns wurde nie beigebracht, unsere Gesundheit aus eigener geistiger Kraft zu erhalten,
und in vielen Fällen ist es die Umwelt, die uns krank macht. Daher
wäre es von großem Wert, wie viele Ärzte meinen, wenn in den ersten Schuljahren das autogene Training allgemein gelehrt würde.
Dadurch würden mehr Krankheiten und Verhaltensstörungen
verhindert werden, als die ärztliche Kunst später heilen kann.

Die autogene Therapie ist eine Herausforderung für uns alle,
denn sie legt die Verantwortung für unser Wohlbefinden weitgehend in unsere eigenen Hände. Damit ist uns anheimgestellt, das
Potential an Gesundheit, das jeder besitzt, zu verwirklichen.

Super-Rapport

13 Fähigkeiten der Zukunft

Wir befinden uns in einem Zeitalter der Wandlungen, die nach Ansicht von Dr. Willis Harmon, dem ehemaligen Direktor des U.S. Educational Policy Research Center,»unser Leben entscheidender beeinflussen werden als die von Kopernikus, Darwin und Freud ausgelösten Revolutionen«. Ihre Auswirkung auf unsere Weltanschauung, unser Bild vom Menschen und damit auch auf die Pädagogik und das ganze öffentliche Leben wird sich in der Zukunft erweisen. Ein Vorbote dieser Wandlung ist unsere zunehmende Fähigkeit der Bewußtseinskontrolle, die auch das Superlearning einschließt.

Wie wir gesehen haben, spricht die Superlernmethode die ganze Person an. Insbesondere werden durch sie die Fähigkeiten der rechten Gehirnhälfte – Intuition, Kreativität, Imagination, Spiritualität – angeregt. In diesem Bereich liegen auch die sogenannten parapsychischen Fähigkeiten, die sogar in Akademikerkreisen heute als diskussionswürdig gelten. Dr. Harmon, gegenwärtig Direktor der Study of Social Policy des Stanford Research Institute, sieht in der Parapsychologie sogar einen Faktor, der unsere Zukunft wesentlich mitgestalten wird. Wie Schwarz, Craig und andere äußert er die von der Forschung bestätigte Vermutung, daß wir eines Tages entdecken werden, daß die ganze Skala der im Unbewußten schlummernden übersinnlichen Fähigkeiten potentiell allen Menschen zur Verfügung steht.

Diese »anderen« Fähigkeiten gilt es, in Besitz zu nehmen und gebrauchen zu lernen. Ausgerüstet mit den bewährten Entspannungs- und Imaginationstechniken, die Sie in diesem Buch gelernt haben, können Sie sich diese Fähigkeiten bereits ein Stück weit aneignen. Sie stehen damit nicht allein. Leute mit Psi-Fähigkeiten haben sich im vergangenen Jahrzehnt in noch nie dagewesener Zahl gemeldet. Es sind Ingenieure und Bauern darunter, Lehrer, Physiker und Ärzte, Direktoren großer Industriekonzerne und sogar Kinder.

Im Jahre 1969 wurde die Parapsychologie von der American Association for the Advancement of Science (»Amerikanische Gesellschaft zur Förderung der Wissenschaften«) als ein Sondergebiet wissenschaftlicher Forschung anerkannt. Heute bieten über hundert amerikanische Hochschulen Kurse in Parawissenschaften an. Was einmal in den obskuren Annoncen okkulter Zeitschriften stand, ist heute Gegenstand täglicher Berichterstattung mit Überschriften wie: »Psychokinese im Marinelabor«, »*Think Tank* – Telepathisches Denkinstitut aus öffentlichen Mitteln« usw. Daneben gibt es allerdings Kulte und Pseudogurus, die mit Wissenschaft nichts zu tun haben. Sie sind der Anlaß dafür, daß manchmal die Befürchtung laut wird, wir seien auf dem besten Weg, dem Aberglauben und der Irrationalität zu verfallen.

Wie die meisten, die sich mit diesen Dingen ernsthaft beschäftigt haben, ist Dr. Losanow nicht dieser Meinung. Von einem Reporter befragt, ob Psi nicht eher ein Atavismus sei als ein neues Talent, erwiderte Losanow: »Ganz im Gegenteil. Es sind gerade die kultiviertesten Persönlichkeiten, Künstler, Schriftsteller, Maler, die diese Fähigkeit besitzen. Für den modernen Menschen ist der telepathische Rapport eine Frage der künstlerischen Inspiration.«

Auch der bedeutende amerikanische Psychologe Carl Rogers bezeichnet Psi nicht als Rückschritt, sondern als Fortschritt. Er ist der Ansicht, daß wir uns in einer Übergangsphase der Evolution befinden wie vor Jahrmillionen, als die Tiere des Meeres in ihrem expansiven Lebensdrang an Land krochen. Seine Frage lautet: »Dringen wir tatsächlich in neue Räume, zu neuen Seinsweisen vor? Entdecken wir neue Energien und neue Kräfte?« Mit Hilfe der Fähigkeiten der rechten Gehirnhälfte – der Psi-Fähigkeiten – können wir, meint Rogers, direkte Erkenntnis eines anderen, mehrdimensionalen Universums gewinnen, wie die Physiker unserer Zeit es bereits beschreiben.

Viel gefährlicher als der Hokuspokus, der von manchen medial veranlagten Menschen mit Psi getrieben wird, ist die überholte mechanistische Weltanschauung des 19. Jahrhunderts, die Psi nicht gelten ließ. Darin besteht der eigentliche Aberglaube. Die Physiker haben die »kosmische Maschine« zerlegt und die Materie entmaterialisiert. Damit ist Psi in den Bereich des Möglichen gerückt.

Einst hielt Angst die Menschen ab, durch Galileis Fernrohr zu blicken, und nun herrscht die Angst, durch das andere Ende des Fernrohrs in unser Inneres zu spähen, wo Naturwissenschaften, Religion und Geisteswissenschaften vielleicht wieder in einem Punkt zusammentreffen. Wenn Psi-Fähigkeiten nur einigen Ausnahmemenschen vorbehalten wären, die Salzfässer auf dem Tisch tanzen lassen, indem sie diese nur anstarren, oder uns andere Kunststückchen vorführen, wäre das alles nicht so wichtig. Aber mit Psi hat es viel mehr auf sich. Die Tatsache, daß außersinnliche Wahrnehmung eine weit verbreitete, von vielen Menschen erlernbare Fähigkeit ist, wie die Forscher des Ostblocks, einschließlich Dr. Losanow, als erste festgestellt haben, gehört zu den wichtigsten wissenschaftlichen Entdeckungen der letzten zehn Jahre.

Der erste Teil des Buches handelte vom beschleunigten Faktenlernen. In diesem Teil soll von einigen Techniken die Rede sein, mit deren Hilfe Sie Ihre Kreativität und Intuition anregen können.

14 Der »sechste Sinn« in allen Lebenslagen

Der Hotelbesitzer Conrad Hilton erklärte:»Oft handelte ich aufgrund eines bestimmten Gefühls, einer Intuition.« Manchmal brachte»Connies Riecher«, wie seine Konkurrenten sagten, ihm einen Vorteil, der geradezu unfair schien. Nehmen wir den Fall der Stevens Corporation. Die Treuhänder wollten den Konzern verkaufen und nahmen Angebote entgegen. Hilton überlegte nicht lange und bot 165000 Dollar.»Aber ich hatte irgendwie ein ungutes Gefühl bei der Sache. Eine andere Zahl kam mir in den Sinn: 180000 Dollar. Bei dieser Zahl hatte ich ein gutes Gefühl. Als die Angebote bekanntgegeben wurden, lautete das zweithöchste auf 179800 Dollar.« Durch seinen»Riecher« hatte Hilton mit dem knappen Vorsprung von 200 Dollar den Zuschlag bekommen.»Mit der Zeit«, berichtete er,»brachte mir dieser Kauf zwei Millionen ein.«

Um einen solchen Riecher zu haben, braucht man aber kein Wirtschaftsmagnat zu sein, wie Ihnen der einfache Autohändler Lawrence Tynan aus Middletown, New Jersey, bestätigen kann. Im Sommer 1971 sah es so aus, als sollte er Bankrott machen. Er hatte im Frühjahr auf ein bestimmtes Gefühl hin nämlich fünfmal so viele Autos gekauft wie sonst. Dann verkündete Präsident Nixon seinen Plan, Käufern von fabrikneuen Autos einen Rabatt einzuräumen. Tynan war seine Autos bald los und konnte den fünffachen Gewinn einstreichen.»Nach Nixons Rede hätte ich diese zusätzlichen Autos nicht mehr gekriegt«, sagte er.

Von klein auf wird den meisten von den Eltern, Lehrern und der kulturellen Umwelt suggeriert, daß wir uns nicht aufs Gefühl verlassen und nicht aufgrund gewisser »Ahnungen« handeln sollen wie Hilton und Tynan. Verantwortungsbewußte Menschen tun das nicht, hieß es, und man gab uns direkt oder indirekt zu verstehen, wie unvernünftig eine solche Handlungsweise sei. Mit anderen Worten, wir wurden angehalten, nur die eine Hälfte unseres Verstands zu gebrauchen. Menschen, die ihre ganze Vernunft einsetzen, verbinden zwei Formen der Intelligenz: die rational-analytische und die intuitiv-kreative.

Wir wollen Ihnen zeigen, wie man die Fähigkeit, intuitiv zu denken und zu handeln, entwickeln kann, denn diese Stärkung der Intuition gehört bereits zur Verwirklichung des eigenen Potentials. Wir wissen heute alle, daß das »Zeitalter der Aufklärung« nur die rationale Seite unseres Wesens »aufklärte« oder erhellte und die andere Seite im Dunkel ließ. Gleichzeitig ist deutlich geworden, daß gerade erfolgreiche Leute sich immer ihrer ganzen Vernunft bedienen, obwohl sie oft »rationale« Erklärungen abgeben, um ihr intuitives Denken nachträglich zu begründen. Buckminster Fuller, zweifellos ein Mann, der beide Denkweisen meisterhaft verbindet, sagt: »In jedem Menschen ist Intuition eindeutig angelegt, aber die meisten von uns lassen sich so leicht irremachen, daß wir verlernen, auf unsere Intuition zu hören.«

Man würde erwarten, daß dieser Funke der Intuition sich in der Kunst oder in einer Liebesbeziehung entzündet, aber nicht im Wirtschaftsleben, wo auf höchster Ebene harte Entscheidungen getroffen werden. Doch genau dort fanden wir sie, als wir für das Buch *Vorauswissen mit PSI* Manager und Firmenchefs interviewten. Wir unterhielten uns außerdem mit Lehrern, Anwälten, Presseleuten, Verkaufsleitern und Meteorologen. Diese Menschen in leitenden Positionen äußerten fast immer: »Sicher, ich verlasse mich drauf«, und meinten damit Fingerspitzengefühl, Gespür, ein unbestimmtes »Gefühl in der Magengrube«, Intuition und manchmal auch ausdrücklich ASW.

Intuition kann Ihnen die Arbeit auf jedem Gebiet, von der Archäologie bis zur Xerographie, erleichtern. Chester Carlson, ein Rechtsanwalt und der Erfinder des Xerokopiergeräts, war sehr an Intuition und Psi interessiert, denn er wußte sie zu gebrauchen.

Sein Engagement ging so weit, daß er Anfang der sechziger Jahre eine Stiftung für ASW-Forschung am New Jersey Institute of Technology, der viertgrößten Technischen Hochschule der USA, einrichtete.

An diesem Institut erforschen Dr. Douglas Dean und Dr. John Mihalasky die sogenannte Psi-Kommunikation. Sie untersuchen den unbekannten Faktor X, der den Unterschied zwischen guter und außerordentlicher Leistung ausmacht, wenn man von allen anderen Faktoren wie Ausbildung, Intelligenz und Erfahrung absieht. Sie ahnten, daß die Antwort mit ASW zusammenhing – mit ASW im allgemeinen und mit *Präkognition*, der Fähigkeit des »Voraussehens«, im besonderen.

Sie testeten diese Fähigkeit bei über siebentausend Managern, denen sie folgende Anweisung gaben: »Wählen Sie eine hundertstellige Zahl. *Danach* wird der Computer jedem von Ihnen eine Zahl zuteilen. Versuchen Sie, diese im voraus zu erraten.« Bei dieser Aufgabe konnte ihnen weder Ausbildung noch Verstand oder Erfahrung nützen. Doch viele Männer und Frauen besaßen offensichtlich die Gabe der Präkognition, denn ihre Ergebnisse lagen über den zu erwartenden Zufallstreffern. Am interessantesten war das Ergebnis bei sechsunddreißig Firmenchefs, die folgendermaßen abschnitten:

Von einundzwanzig Chefs, die in den letzten fünf Jahren den Gewinn ihrer Firma mehr als verdoppelt hatten, wiesen neunzehn eine hohe »Präkognitionsquote« auf und zwei eine durchschnittliche.

Von fünfzehn weniger erfolgreichen Firmenchefs schnitten fünf gut ab (wie sich herausstellte, hatten diese den Gewinn ihrer Firma um 51 bis 100 Prozent gesteigert), zwei wiesen die durchschnittlichen Zufallstreffer auf, und acht lagen darunter.

Auch eine Reihe von Werksführern wurden an der Hochschule in New Jersey getestet. »Diejenigen, die von ihren Arbeitskollegen als besonders erfolgreich eingestuft wurden, erwiesen sich ebenfalls als begabt für Präkognition«, berichtet Dr. Mihalasky. Die Intuition ist offenbar ein Teil der Gesamtpersönlichkeit. Sie vereinigt eine Anzahl von Faktoren, von denen nur einer – eben die Präkognition – in den Bereich der ASW fällt. Daß Conrad Hilton sich im richtigen Augenblick dieser Gabe bedienen konnte, lag wohl daran, daß er überhaupt gewohnt war, intuitiv zu handeln. Auch Sie können diese kreative Fähigkeit erwerben und dadurch bessere Entscheidungen treffen. Bevor Sie es mit der reinen Präkognition versuchen, sollten Sie die Intuition üben. Buckminster Fuller berichtet von einer Studie über berühmte Wissenschaftler, die in ihren Tagebüchern ausnahmslos festhielten, daß der wichtigste Faktor, der zu ihrer großen Entdeckung oder Erfindung geführt hatte, die Intuition gewesen sei. Ungefähr dreißig Sekunden nach dem ersten folgte ein zweiter Geistesblitz, der ihnen offenbarte, wie ihre Entdeckung bewiesen und realisiert werden konnte.

Empfangsbereit für Geistesblitze

Werden Sie sich Ihrer Intuition bewußt, denn sie ist eine Fähigkeit, wie wir nochmals betonen wollen, die auch Sie besitzen. Überprüfen Sie Ihre Einstellung zu intuitivem Handeln. Haben Sie wirklich Vertrauen zu Ihrer Intuition? Wenn nur auf einigen Gebieten, warum nicht auf anderen? Welche Art von Vorurteilen über Intuition haben Sie durch Erziehung und Umwelt vermittelt bekommen? Gehen Sie diesen nach, und nehmen Sie jedes einzeln unter die Lupe. Wenn Sie negative Suggestionen finden, versuchen Sie, diese zu analysieren. Verwenden Sie notfalls neutralisierende Vorsätze (vgl. S. 162). Versuchen Sie abschließend, sich an eine Zeit zu erinnern, als die Intuition sich in Ihrem Leben bewährte. Welches Gefühl hatten Sie damals?

Wenn Sie mit Ihren Empfindungen und Gedanken im reinen sind, versuchen Sie, Ihre Intuition an kleinen Dingen auszuprobieren. Veranstalten Sie Spiele mit sich selbst. Erraten Sie zum Beispiel, wie Sie zur Stoßzeit auf einer Ihnen wenig vertrauten Strecke am besten nach Hause fahren oder an welcher Straßenecke Sie am ehesten ein Taxi erwischen. Nehmen Sie Ihre Intuition zu Hilfe, wenn Sie einen Parkplatz suchen. Können Sie die Farbe des Autos voraussagen, neben dem Sie parken werden? Wenn Sie vor einer

Reihe von Aufzügen warten, raten Sie, welcher zuerst ankommen wird. Wie steht es mit der Wettervorhersage? Glauben Sie wirklich, daß Sie Ihre Pläne ändern sollten, weil ein Schneesturm angesagt wurde, oder spüren Sie, daß er nicht eintreffen wird? Wenn Sie sich in verhältnismäßig unwichtigen Dingen auf Ihr Gefühl verlassen, trainieren Sie die intuitive Seite Ihres Geistes.

Wenn Sie merken, daß Ihre Intuition in Fluß kommt, versuchen Sie festzustellen, wie sie funktioniert. Spüren Sie etwas in einem Teil Ihres Körpers? Tauchen in Ihrer Vorstellung Stimmen oder Bilder auf? Wachen Sie nachts auf? Oder funktioniert Ihr Gespür in umgekehrter Weise? Manche Leute biegen nämlich fast immer rechts ab, wenn sie links abbiegen sollten. Sie können auch eine solche »verdrehte« Intuition gebrauchen, wenn Sie einmal ihren Trick kennen.

Machen Sie sich bewußt, welche Dinge Ihr intuitives Denken stören. Dr. Mihalasky und Dr. Dean stellten fest, daß arger Streß – Schmerz, Erschöpfung, emotionale Krisen – es beeinträchtigt. Bauen Sie mit Hilfe von autogenem Training und anderen Entspannungsübungen den Streß ab. Nachdem die Forscher in New Jersey Tausende getestet hatten, machten sie übrigens eine merkwürdige Beobachtung, die sie sich nicht erklären konnten: Menschen, die innerhalb einer Gruppe eine Minderheit bilden, neigen dazu, ihre intuitive Fähigkeit *in dieser Gruppe* zu verlieren.

Die Grundlagenforschung von Dr. Manfred Clynes verschafft uns einen weiteren Einblick in die Möglichkeit, für Intuition offen zu werden. Clynes, der heute als einer der kreativsten interdisziplinären Wissenschaftler gilt, erklärt, daß man sich in einen Zustand versetzen könne, in dem neue Ideen einem »zufliegen«. Wir erleben nicht bewußt, welche ungeheure geistige Arbeit geleistet wird, wenn wir uns in dieser Verfassung befinden. Neue schöpferische Ideen tauchen als Einheit, als Ganzes auf. Wenn sie da sind, können wir sie mit unseren bewußten Fähigkeiten prüfen. Clynes warnt jedoch davor, Ideen abzuweisen, bevor sie geboren sind. Diese Abweisung erfolgt, wenn wir in unserem Innern nicht die Voraussetzungen schaffen, die ihrer Geburt förderlich sind.

Die psychische Voraussetzung ist Offenheit, erwartungsvolle

Bereitschaft und vor allem Vertrauen. Angst muß ausgeschaltet werden, und man muß wirklich fühlen, daß die einströmenden Ideen gut, wertvoll und würdig sind, beachtet zu werden. Clynes fand, daß bei Menschen, die sich in diesem offenen, kreativen Zustand befinden, eine Neigung besteht, »den Kopf etwas nach rechts oben zu drehen, sie haben ein leichtes Körpergefühl, und in den Schläfen empfinden sie den charakteristischen Druck nach außen. Sie atmen langsam und gleichmäßig ein, jedoch schnell aus.« Dieser Zustand ist, wie Clynes entdeckte, genetisch programmiert und kann, einmal bewußt gemacht, erlernt und gepflegt werden. (Im Anhang finden sich weitere Informationen.)

Wie man mit Hilfe von Intuition Entscheidungen treffen und Probleme lösen kann, läßt sich durch Experimente nicht festlegen; dafür gibt es kein Patentrezept. Aber die Menschen, die sich bei ihren Unternehmungen mit Erfolg auf die Intuition verlassen, können uns einige Anhaltspunkte geben. Die folgende Methode hat sich für viele von ihnen bewährt.

Sammeln Sie alle nur möglichen Fakten, die mit Ihrem Problem zusammenhängen. Nehmen Sie wie ein Schwamm zweckdienliche Informationen auf; lassen Sie sich diese durch den Kopf gehen, und vergessen Sie sie dann. Machen Sie die Entspannungsübungen, und versetzen Sie sich im Geist an einen Ort im Freien, den Sie besonders lieben. Stellen Sie sich vor, Sie strecken sich aus und sehen den Wolken zu, die sich gemächlich bilden und wieder auflösen. Manchmal wird die Antwort blitzartig auftauchen, während Sie nur so daliegen, aber seien Sie nicht beunruhigt, wenn das nicht geschieht. Es kommt bei dieser Technik darauf an, daß Sie das gewohnte Kreisen des Verstandes durchbrechen und das Problem auf sich beruhen lassen. Die meisten stellen fest, daß ihnen am leichtesten eine Lösung einfällt, wenn sie sich mit etwas ganz anderem beschäftigen. Der Geistesblitz, die plötzliche Eingebung kommt gern unverhofft, wenn man gerade seine Suppe löffelt oder aus dem Autobus steigt. Für regelmäßig Meditierende hat Jack Schwarz noch einen anderen Vorschlag: Machen Sie sich das Problem bewußt, bevor Sie meditieren, und nehmen Sie sich vor, die Lösung *anzuschauen*, nicht zu suchen.

Die autogene Technik bietet einen altbewährten Zugang zur Intuition und zur kreativen Lösung von Problemen. In der letzten Übung des Oberstufentrainings erklimmen Sie einen Berg und sprechen mit dem »weisen alten Mann«, wie es bei Lindemann heißt. Mit anderen Worten, Sie versuchen, durch Tiefenentspannung und gelenkte Bildvorstellung eine Verbindung zu jenen Bewußtseinsschichten herzustellen, die normalerweise außerhalb unserer Reichweite liegen. Im autogenen Training schließt diese Übung an das Grundprogramm der Unter- und Oberstufe an. Sie können sie aber auch einfach so versuchen, wenn Sie in tiefer Entspannung sind. (Anleitungen dazu finden Sie auf S. 165f.)

Die Vorstellung, daß man »Wissen« personifizieren und mit ihm in Kommunikation treten kann, wird seit langem in Motivierungskursen für Berufstätige angewandt, vor allem von so unverwüstlichen »Erfolgsmentoren« wie Napoleon Hill und W. Clement Stone.

Hill erzählt, wie er einmal den Lehrer, Wissenschaftler und Erfinder Dr. Elmer Gates aufsuchte. Die Sekretärin meldete Hill, daß Gates beschäftigt sei und sie beim besten Willen nicht sagen könne, wie lang es dauern würde – wenige Minuten oder einige Stunden; ihr Chef sei nämlich gerade dabei, sich »eine Lösung zu ersitzen«. Später erklärte Gates, daß er immer dann, wenn er eine schwierige Entscheidung treffen oder die Lösung für ein Problem finden mußte, sich in ein verdunkeltes, schalldichtes Zimmer setzte, seine Gedanken klärte und auf einen einzigen Punkt konzentrierte. Dann wartete er einfach, bis die Antwort kam. Er fragte nicht, dachte und überlegte nicht, sondern wartete nur. Früher oder später fiel ihm die Antwort ein. Dann drehte er das Licht an und schrieb sie nieder.

»Woher kommen diese Antworten?«, wollte Hill von Gates wissen. »Sie kommen aus drei Quellen«, erwiderte dieser: erstens aus den gesammelten persönlichen Erfahrungen und Kenntnissen, zweitens aus dem Wissen anderer, das man sich telepathisch aneignen kann, und schließlich, wie Gates sagte, »aus dem universalen Speicher der ›Grenzenlosen Intelligenz‹ . . ., die man über die unbewußten Schichten des Geistes erreichen kann«.

Dr. Gates hat eine Menge seiner Erfindungen patentieren lassen. Über zweihundert davon sind Erfindungen, die andere begonnen, aber aufgegeben hatten, als sie ein wesentliches Problem dabei nicht lösen konnten. Gates verwirklichte ihre Konzepte, indem er sich durch seine intuitive Technik die Antwort »ersaß«.

Eine ähnliche Methode praktiziert Al Pollard, Wirtschaftsberater aus Arkansas, der durch seine Workshops über Betriebsführung bekannt wurde. Er betont, daß man das zu lösende Problem zunächst einmal wirklich kennen muß. Oft liegt es gar nicht dort, wo wir meinen. Konsultieren Sie Ihr Unterbewußtsein, empfiehlt Pollard, wenn Sie es herausbekommen wollen. Fragen Sie sich in einem entspannten, meditativen Zustand: »Worin besteht das Problem eigentlich?« Diese Frage löst eine Kettenreaktion aus und setzt den intuitiven Prozeß in Gang. Wenn die Intuition kommt, schreiben Sie alles auf, was Ihnen in den Sinn kommt. Pollard schult Topmanager auch darin, ihre Intuition präkognitiv anzuwenden. »Wir versuchen, die Zukunft zu ergründen und ihr eine Antwort zu entlocken, denn wir wissen, daß im Reich des Geistes weder Zeit noch Entfernung existiert.«

Mit Hilfe Ihrer Intuition können Sie ein Projekt richtig planen, Entscheidungen treffen, Probleme lösen und Fehler korrigieren. Erfahrene Leute, die oft Entscheidungen treffen, haben keine Angst davor, Fehler zu machen; sie rechnen mit ihnen. Aber sie setzen ihre ganze geistige Kapazität inklusive Intuition ein, um mehr gute als schlechte Entscheidungen zu fällen. John E. Fetzer, der Inhaber von Detroit Tigers und Chef der Fetzer Broadcasting Company, ist ebenfalls ein Manager, dem ASW und Intuition bei seinen geschäftlichen Unternehmungen geholfen haben. »Ich habe Erfolg immer als etwas Selbstverständliches angesehen«, sagte er, »vermutlich deshalb, weil ich meiner Intuition so sehr vertraue, daß ich gar nicht genügend falsche Entscheidungen treffen kann, um den Erfolgsrhythmus aus dem Gleichgewicht zu bringen.«

Träume als Lebenshilfe

Joseph erhielt den Beinamen »der Ernährer«, weil er auf Träume
achtete und Träume deuten konnte. Als dem Pharao im Traum
sieben fette und sieben magere Kühe erschienen, wußte Joseph
gleich, was er zu tun hatte: Er legte Vorräte an und rettete Ägypten
so vor einer Hungersnot. Schon in den alten Kulturen vor Josephs
Zeit und mit Sicherheit in den Epochen danach galt der Traum als
eine Offenbarung der Zukunft.

Präkognition, das Vorauswissen zukünftiger Ereignisse, ist immer noch die rätselhafteste und zugleich die am häufigsten vor-
kommende außersinnliche Erfahrung. Dr. Montague Ullman und
Dr. Stanley Krippner von der Abteilung für Parapsychologie und
Psychophysik am Maimonides Hospital in Brooklyn, New York,
führten komplizierte Experimente unter Laborbedingungen durch
zum Nachweis präkognitiver Träume. Sie wollten herausbekommen, ob ein Mensch ein künftiges Ereignis träumen kann, das ihm
am folgenden Tag tatsächlich widerfährt. Auch sie stellten fest,
daß es möglich ist, im Schlaf gelegentlich einen Blick in die Zukunft zu tun.

Wie Sigmund Freud, der große Pionier auf dem Gebiet der modernen Traumforschung als erster nachgewiesen hat, können wir
im Traum viel über uns selbst und unsere Beziehung zu anderen
erfahren. Die Geschichte beweist, und die Tiefenpsychologie bestätigt immer wieder, daß schöpferische Ideen und Hinweise auf
die Lösung von Konflikten sich häufig im Traum offenbaren.
»Traumarbeit«, wie der psychologische Fachausdruck heißt, trägt
zweifellos zur größeren Bewußtwerdung bei. Im Buddhismus, dieser eminent psychologischen Religion, gilt es sogar als ausge-
macht, daß ein Mensch, der seine Träume kontrollieren kann und
ein bewußter Träumer wird, fürs nächste Leben einen großen Vorsprung, ein gutes »Karma«, gewinnt.

Wie man Träume behält

Legen Sie Schreibzeug und Papier neben Ihr Bett, oder stellen Sie ein Tonbandgerät auf, damit Sie Ihren Traum immer gleich festhalten können. Wiederholen Sie vor dem Schlafengehen mindestens fünfzehnmal die Formel: »Heute Nacht erinnere ich mich an meine Träume.« Bekräftigen Sie diesen Vorsatz auch untertags, sooft Sie daran denken. Stellen Sie sich darauf ein, daß Sie träumen werden, und freuen Sie sich auf dieses Abenteuer.

Schreiben Sie sofort nach dem Erwachen, entweder noch in der Nacht oder am Morgen, Ihre Träume nieder. Drehen Sie sich nicht auf die andere Seite, schlafen Sie nicht weiter, und glauben Sie nicht, daß Sie sich später erinnern werden. Die meisten Leute haben dann nämlich alles Geträumte vergessen. Machen Sie wenigstens einige Notizen.

Arbeiten Sie Ihre Stichworte aus, sobald Sie können. Halten Sie das Traumgefühl fest, die emotionellen Nuancen ebenso wie die Bilder, die Stimmen und das Traumgeschehen. Achten Sie auch auf scheinbar triviale Einzelheiten.

Wenn Ihre Träume Ihnen zunächst entgleiten, versuchen Sie, jeden Morgen einen Traum zu erfinden. Nehmen Sie den erstbesten Einfall, der Ihnen in den Sinn kommt. Dadurch kann die »Traummaschine« in Gang gebracht werden. In ihrem Buch *Creative Dreaming* empfiehlt die Traumforscherin Patricia Garfield, daß man sozusagen als Gedächtnisstütze dieselbe Stellung einnehmen sollte wie zum Zeitpunkt des Erwachens. Sie können aber auch andere Schlafstellungen einnehmen, die Ihnen zusagen, und sehen, ob andere Träume wiederkehren.

Es liegt etwas in der menschlichen Natur, das stark auf Rituale anspricht. So können Sie auch den alten Trick anwenden, ein Glas Wasser bis zur Hälfte auszutrinken, bevor Sie schlafen gehen, und sich sagen, daß Sie den Traum erinnern werden, wenn Sie beim Erwachen den Rest trinken. Sie können sich aber auch per Autosuggestion so trainieren, daß Sie nach jedem Traum aufwachen.

Legen Sie eine Traumsammlung an

Bewahren Sie Ihre Traumprotokolle auf, und sehen Sie die wachsende Sammlung alle paar Wochen einmal durch. Hat sich in ihnen ein Stückchen Zukunft offenbart? Wie der Schriftsteller J. B. Priestley sagte, ist dieser momentane Blick in die Zukunft entweder trivial oder schrecklich, meistens jedoch ersteres. Vielleicht erblicken Sie einen fremden Namen, den Sie im Lauf des Tages auf einem Lastwagen geschrieben sehen, oder es zeigt sich Ihnen ein Bekannter, den Sie lange aus den Augen verloren hatten und den Sie dann wirklich zufällig treffen.

Wenn Sie im Traum einen Zipfel der Zukunft erhaschen, fragen Sie sich, ob dieser Traum irgendwie »anders« war. Präkognitive Träume sind oft besonders lebhaft. Wer kam alles im Traum vor? Allmählich werden Sie präkognitive Träume vielleicht schon erkennen können, während Sie träumen, und wie Joseph gegebenenfalls entsprechend handeln.

Setzen Sie der Erfüllung eines präkognitiven Traumes keine zeitlichen Grenzen. Prof. Hans Bender vom Institut für Grenzgebiete der Psychologie und Psychohygiene in Freiburg dokumentierte lebhafte Träume, die sich erst fünf, fünfzehn oder sogar fünfundzwanzig Jahre später erfüllten.

Halten Sie auch die Augen offen für andere Arten außersinnlicher Trauminformationen. Auch hier haben wissenschaftlich durchgeführte Experimente und gute Fallstudien gezeigt, daß man die Gedanken anderer Menschen im Traum erfahren oder sich genau auf einen entfernten Ort einstellen kann.

Das Lösen von Problemen im Traum

Wenn Sie im Traum ein Problem lösen wollen, dann machen Sie sich vorher – ebenso wie beim intuitiven Verfahren – alle Fakten bewußt. Suggerieren Sie sich vor dem Einschlafen wiederholt, daß Sie von diesem oder jenem träumen werden. *Fragen* Sie nach einer Lösung. Versuchen Sie es immer wieder, und haben Sie Vertrauen. Ihre Träume kommen ja schließlich nicht von »Morpheus,

dem Gott der Träume«, sondern aus Ihren eigenen tiefen Bewußtseinsschichten.

Viele erfolgreiche Menschen haben die Gewohnheit, die Ideen
aufzuschreiben, die ihnen im Traum kommen. Napoleon Hill erfuhr einmal, wie stark und wie nützlich diese Gewohnheit sein
kann, als er mit R. G. Le Tourneau in dessen Privatflugzeug saß.
Le Tourneau war Maschinenbauingenieur und hatte an großen
Projekten wie dem Hoover-Damm mitgearbeitet. Kurz nach dem
Start schlief Le Tourneau ein. Etwa eine halbe Stunde später bemerkte Hill, wie sein Begleiter plötzlich sein Notizbuch öffnete, etwas niederschrieb und dann offenbar weiterschlief. Nach der Landung fragte Hill, ob Le Tourneau sich erinnerte, Notizen gemacht
zu haben. Dieser verneinte und zog sein Notizbuch aus der Tasche.
»Ich hab's!« rief Le Tourneau. »Seit Monaten suche ich sie.«
Die Lösung eines technischen Problems nämlich, das die Konstruktion einer neuen Baumaschine verzögert hatte.

Achten Sie auf die Einzelheiten, wenn Sie Ihre Träume festhalten. Einem solchen Traumdetail verdanken wir die Erfindung der
Nähmaschine. Elias Howe zerbrach sich den Kopf darüber, wie
Nadel, Faden und Stoff miteinander zu verbinden seien. Erschöpft
von seinen vergeblichen Anstrengungen schlief er eines Abends ein
und träumte, er sei von Kannibalen gefangen worden. Sie steckten
ihn in einen Kessel, legten Feuer, und Howe wußte, daß sie ihn
fressen würden, wenn ihm die Lösung des Problems nicht einfiele.
Während die Kannibalen um ihn herumtanzten, blickte er zu ihren Speeren auf und sah, daß sie an der Spitze ein Loch hatten. Das
war's! Howe wachte auf und wußte, daß die Nähmaschine funktionieren würde, wenn er die Nadel an der Spitze einfädelte anstatt
am Ende. Das tat er, und die Maschine ging.

Träumen mit Partnern

Heute gibt es auch Traumarbeit in Gruppen. Wenn Sie mit einigen
Freunden Träume untersuchen wollen, stellen Sie sich zunächst
ein gemeinsames Thema. Vergleichen Sie dann die Träume, und
achten Sie immer auf eine genaue Datierung. Aus den Berichten

von Traumgruppen geht hervor, daß die Teilnehmer sich manch-
mal an demselben »Traumort« befinden und im Schlaf sogar mit-
einander kommunizieren. Es können Dinge auftauchen, die im
Wachleben nicht direkt zur Sprache gebracht werden. Manche
Gruppen versuchen, während einer Nacht von einem bestimmten
Gegenstand, manchmal auch von der Gruppe selbst zu träumen.

Präkognition – die Zukunft auf dem inneren Bildschirm

Präkognition klingt wie etwas Ungeheuerliches, und doch nehmen
auch Sie die Fähigkeit der Vorhersage jedes Mal ganz unbefangen
in Anspruch, wenn Sie sagen: »Sicher wird ...« Präkognition läßt
sich trainieren, und einer der besten Wege dazu ist das Spiel. Denken Sie sich allein oder zusammen mit einem Partner Präkogni-
tionsspiele aus. Gehen Sie Leuten aus dem Weg, die Ihnen sagen:
»Das kannst du bestimmt nicht.« Negative Suggestionen wirken
sich im allgemeinen lähmend auf die Lernfähigkeit aus, ganz besonders, wenn Sie versuchen, einen neuen oder »sechsten« Sinn zu
entwickeln. Zuversicht und Überzeugung spielen hier eine noch
wichtigere Rolle als bei jedem anderen Lernprozeß. Denken Sie
daran, daß Präkognition die häufigste Psi-Erfahrung ist, so seltsam
das klingen mag. Lassen Sie sich auch dadurch bestärken, daß wir
nach den neuesten Theorien der Kernphysik in einem Universum
leben, in dem Präkognition nicht nur möglich, sondern sogar
wahrscheinlich ist.* Raum und Zeit sind nicht die unumstößlichen
Kategorien, die wir mit unserem Wachbewußtsein erleben, und
die Zukunft kann, von einer anderen Dimension der Wirklichkeit
her betrachtet, sehr wohl ihre Schatten in die Gegenwart werfen.
Manche Menschen spüren diese Schatten mehr als andere.

---

* Diese Auffassung vertritt neben anderen Burkhard Heim, der Direktor des Deutschen Forschungsinstituts für Kraftfeldphysik und Kosmologie in Northeim. Das
von ihm entwickelte Logik-Modell einer sechsdimensionalen Wirklichkeit schließt
auch die sogenannten paranormalen Phänomene mit ein. Sein Buch über dieses
Thema, *Elementarstrukturen der Materie*, ist in Vorbereitung (Resch Verlag, Inns-
bruck).

Es ist in diesem Buch nicht unsere Absicht, auf Einzelheiten der Psi-Forschung einzugehen. Sie können sich, wenn das Gebiet Sie interessiert, anhand der Bibliographie näher informieren. Mit den Techniken, die wir beschreiben, wollen wir keine wissenschaftlichen Experimente vorführen, sondern Ihnen lediglich helfen, ein Gefühl für außersinnliche Wege der Erkenntnis zu entwickeln. Was immer Sie lernen wollen – rechnen, klavierspielen, schwimmen –, immer wird zuerst gelernt und dann geprüft. Machen Sie es genauso mit Psi.

Nicht nur im Spiel, sondern auch in vielen Alltagssituationen möchte man gern einen Blick in die Zukunft tun. Da ist es ganz nützlich, die »Zukunft auf dem inneren Bildschirm« zu haben mittels einer Hilfsvorstellung, die Ihren Ahnungen und Vermutungen eine deutlichere Gestalt gibt. Manche Leute stellen sich gern eine Mattscheibe vor, die ihnen die Bilder zeigt, die sie sehen wollen. Andere imaginieren einen antiken Spiegel, einen Teich oder eine Nebelbank, die wie ein Bildschirm wirkt. Stellen Sie in entspanntem, ruhigen Zustand die Frage an sich: »Auf welchem Bildschirm kann ich am besten in die Zukunft blicken?« Warten Sie, bis Ihr »Zukunftsbildschirm« in Ihrer Vorstellung auftaucht. Wenn er Ihnen zusagt, benützen Sie ihn von jetzt an.

In einem klassischen Präkognitionsexperiment läßt man die Versuchsperson raten, welches von fünf bestimmten Objekten oder Symbolen später zufällig herausgegriffen werden wird. Sie können diesen Versuch auch zu Hause machen. Stellen Sie etwa fünf ganz verschiedene einprägsame Bilder zusammen. Numerieren Sie diese von eins bis fünf. Entspannen Sie Körper und Geist, und stellen Sie Ihren »Zukunftsbildschirm« an; dann versuchen Sie zu raten, welches Bild später durch Würfel oder Kreisel ermittelt wird. Lassen Sie sich Zeit, bis wirklich etwas auf dem inneren Bildschirm auftaucht. Würfeln Sie jedes Mal sofort, damit Sie ein schnelles Feedback haben. Überlegen Sie bei einem Treffer – wenn das ganze oder ein Teil des richtigen Bildes erschien –, was für ein psychophysisches Gefühl Sie hatten, als dieses Bild vor Ihnen auftauchte. Versuchen Sie, sich in diesen Zustand zurückzuversetzen, wenn Sie den nächsten Versuch machen. Prüfen Sie, ob es qualitative »Gefühlsunterschiede« gibt vor einer falschen bzw. richtigen Entscheidung. Manche Menschen haben mehr Erfolg mit Zahlen, Namen oder Farben als mit Bildern. Manche »sehen« nicht, sondern erhalten die Antwort von einer Stimme. Andere sehen in Symbolen. Diese Unterschiede geben zwar interessante Aufschlüsse über die psychische Veranlagung des einzelnen, aber Sie sollten versuchen, sich zum klaren »Sehen« zu erziehen.

Das größte Hindernis bei der Untersuchung von Präkognition im Labor ist die Langeweile. Je größer die Monotonie, desto weniger ASW findet statt. Üben Sie daher Präkognition mit Dingen, die Ihnen Freude machen. Sie können zum Teil richtige Spiele adaptieren, wie Kartenspiele oder Bingo. Oder beteiligen Sie sich an einer Wette. Entnehmen Sie der Zeitung Ankündigungen von Pferderennen, und raten Sie, welches Pferd in einem bestimmten Rennen siegen wird. Wenn Sie Ihre eigenen Spiele erfinden, werden Sie mehr über das geheimnisvolle Wirken der Präkognition lernen als »Buchweisheit« Ihnen vermitteln kann.

Lesen Sie die Schlagzeilen von morgen

Juliet Lady Rhys-Williams, eine bekannte englische Wirtschaftsexpertin, »las« zu ihrem eigenen Unbehagen zweimal Zeitungsberichte, bevor diese gedruckt waren. Die älteste wissenschaftliche Gesellschaft zur Erforschung von Psi, die hundertjährige Society for Psychical Research in London, dokumentierte diesen Fall. Einmal »hörte« sie eine ausführliche Meldung der »Stimme Amerikas«, bevor die Sendung stattfand. Lady Rhys-Williams hatte sich nicht im geringsten um diese Gabe bemüht. Andere haben sich Mühe gegeben und zu ihrer Befriedigung festgestellt, daß sie sich auf diese Weise in ASW trainieren konnten.

Wenn Sie die Nachrichten im voraus erfahren wollen, machen Sie zuerst Ihre gewöhnlichen Entspannungsübungen, um sich in den richtigen Zustand zu versetzen. Rufen Sie sich vor dem Experiment möglichst eine Zeit in Erinnerung, als es Ihnen einmal gelungen war, in die Zukunft zu blicken. Gehen Sie dann auf eine psychische Exkursion. Verfolgen Sie mit Ihrem inneren Auge, wie Sie sich an den Ort begeben, wo die Morgenzeitung normalerweise liegt. Setzen Sie sich an Ihren gewöhnlichen Platz, entfalten Sie die Zeitung, und stellen Sie sich diese als Ganze vor.

Lassen Sie sich Zeit. Visualisieren Sie den Namen der Zeitung und das Datum, und nehmen Sie dann langsam die volle Seite in den Blick. Schreiben Sie nachher auf, was Sie in Ihrer Vorstellung gesehen haben – die Bilder, Schlagzeilen und Themen. Sie können mit einem Tag im voraus beginnen. Damit Ihnen aber nicht zu viel von anderen Medien suggeriert wird, sollten Sie versuchen, sich auf mindestens eine Woche im voraus einzustellen.

Natürlich können Sie sich selbst Sand in die Augen streuen und in einer Zeit ständiger Meldungen über den Nahen Osten sagen: »Siehst du, ich habe einen Bericht über den Nahen Osten vorhergesagt«, aber die Voraussage, die wir meinen, betrifft unerwartete, einmalige Ereignisse.

Lotterie mit Präkognition

Soweit uns bekannt ist, war der tschechische Biochemiker und Parapsychologe Milan Rýzl der erste Wissenschaftler, der Spiel mit experimenteller Forschung verband. Er war in so manchen Dingen der erste. Rýzl schlug als erster die Brücke zwischen östlicher und westlicher Parapsychologie; er war der erste, der ein größeres Psi-Trainingsprogramm auf die Beine stellte; und er erkannte als einer der ersten, daß die nüchterne Arbeit im Labor einen Ausgleich durch spannende Versuche braucht. Deshalb fragte er, als wir ihn kurz nach seiner Ankunft in den Vereinigten Staaten trafen: »Was für eine Lotterie gibt es im Staat New York? In Prag hatten wir eine, deren Zahlen man erraten konnte. Die Lotterie eignet sich glänzend für Präkognitionsversuche. Mit solchen Sachen kriegt man die Leute ins Labor!«

Leider besaßen wir damals nicht diese Art von Lotterie. Jetzt hat New York wie einige andere Staaten auch eine legale Zahlenlotterie, deren Gewinnziffern täglich und wöchentlich bekanntgegeben werden. Und in Westdeutschland ist Lottospielen ja eine liebe Gewohnheit von Millionen. Zum Zweck des ASW-Trainings brauchen Sie natürlich nicht »richtig« mitzuspielen, sondern nur im Geiste zu tippen.

In Prag arbeitete Rýzl mit einer Gruppe von Leuten, die er in ASW geschult hatte. Er übersetzte Zahlen in Symbole, die ihnen vom Training her geläufig waren. Damit sollten sie die sechsstellige Gewinnzahl der Lotterie voraussagen. Rýzl kombinierte die Ziffern, die geraten worden waren. Wenn die Mehrheit auf eine bestimmte Ziffer tippte, dann war es vermutlich die richtige.

Versuchen Sie nun allein oder in einer Gruppe wie die Tschechen, die Lotteriezahlen zu erraten. Wenn Sie zu Zahlen kein Verhältnis haben, ordnen Sie jede einem Symbol zu, das Ihnen gefällt. Rýzls Gruppe verbesserte sich durch Übung und gewann schließlich »eine ansehnliche Geldsumme«. Wie beim zufälligen Raten ist es auch mit ASW oft so, daß man zwar die richtigen Ziffern hat, aber in verkehrter Reihenfolge. Denen, die durch Präkognition gern reich werden wollen, sei gesagt, daß es nicht darauf ankommt, durch außersinnliche Fähigkeiten Reichtümer zu erwerben, sondern lediglich darauf, diese Fähigkeiten zu entwickeln.

Als Dr. Rýzl Unterricht in ASW erteilte, wollte er bei seinen Schülern einen sechsten Sinn ausbilden, der aber im Unterschied zu den anderen fünf Sinnen nicht physiologisch ist. Er wollte sie lehren, in bewußtere Wechselbeziehung zum Universum jenseits der fünf Sinne zu treten. Die Präkognitionsübungen sollen den Zukunftssinn ins Bewußtsein bringen und stimulieren; sie sollen ein Sensorium für die unterschiedliche Beschaffenheit der Zeit vermitteln. Sie können dieses Sensorium entwickeln und Ihr intuitives Denken damit stärken.

Aber was geschieht, wenn Sie bei Ihrer Zukunftsschau eine Katastrophe sehen? Es gibt Leute, die vorausgesehen haben, daß ein Flugzeug explodieren oder daß der Kronleuchter auf das Kinderbett fallen würde. Als Faustregel gilt: Behandeln Sie eine offensichtliche Vorwarnung wie jede andere Information, und wägen Sie sie gegen andere Faktoren ab. *Außersinnliche Fähigkeiten bedeuten außergewöhnliche Informationskanäle.* Wenn Sie daher eine überwältigende, massive Vorwarnung erhalten, dann ist es ratsam, sie ernst zu nehmen.

Je mehr Sie sich im allgemeinen auf das intuitive Denken verlassen, desto eher werden Sie ein Vorurteil abbauen, das viele mit sich herumtragen. Es ist durchaus nicht so, daß die intuitive und die rationale Vernunft im Widerspruch zueinander stehen; sie ergänzen einander vielmehr. Indem wir jahrhundertelang die rationale Vernunft betonten, ist unsere Kultur kopflastig geworden. Aber wir wollen auch nicht im entgegengesetzten Sinn übertreiben, sondern eine Harmonie, einen Ausgleich zwischen beiden suchen, damit wir mit dem Einsatz unserer ganzen Persönlichkeit handeln und uns besser entfalten können.

15 Das »zweite Gesicht«

Als wir in der Öffentlichkeit über die erfolgreichen sowjetischen Experimente mit Dermooptik berichteten, mahnten uns Freunde und Reporter zur Vorsicht, um blinden Menschen keine falschen Hoffnungen zu machen. Doch hin und wieder ergab sich die Gelegenheit, auf diese Fähigkeit, Farben und geometrische Figuren ohne Augen wahrzunehmen, aufmerksam zu machen. Training im sogenannten »Hautsehen« hat sich zumindest für die Sehenden manchmal als hervorragender Zugang zu einem breiten Spektrum von Psi-Fähigkeiten erwiesen. Wir bedauerten, daß wir Blinde an keinen Ort verweisen konnten, wo sie eine Ausbildung in Dermooptik hätten erhalten können.

Dann geschah in aller Stille etwas Außergewöhnliches in Buffalo, New York, und dieses Ereignis »erhellte« buchstäblich die Welt der Blinden. Blinde Männer und Frauen lernen nun, das Hautsehen als ihr »zweites Gesicht« im täglichen Leben zu gebrauchen. Diese blinden »Sehenden« zeigen den Blinden und auch uns anderen den Weg. Vor fünf oder sechs Jahren wäre das noch unvorstellbar gewesen.

Auch Bill Focazio hegte wahrscheinlich wenig Hoffnungen, als er eines Abends im Jahre 1973 mit neunzehn anderen Blinden zusammenkam, um an einem neuen Programm, einem Projekt zur Schulung der Wahrnehmungsfähigkeit von Blinden, teilzunehmen. Focazio ist ein untersetzter dunkelhaariger Mann Anfang fünfzig, Besitzer eines Herrenmodengeschäfts in Niagara Falls und ein solider Bürger. Er bekleidete ein Amt im Blindenverein des Ortes, und deshalb war er gekommen, aber er wußte nicht genau, was man ihm beibringen würde. Er mußte Fragebogen beantworten und dann durch ein Labyrinth von Stühlen gehen – als Geschicklichkeitstest. Es waren auch einige Wissenschaftler anwesend: Dr. Sean Ziegler, Psychologe am Buffalo Veterans Hospital, Samuel Lentine, ein Physiker, der selbst blind war, und der uns bereits bekannte Dr. Douglas Dean, Elektrochemiker und Parapsychologe des Institute of Technology von New Jersey.

Schließlich saß Focazio mit einer sehenden Assistentin an einem Tisch. Sie sagte ihm, daß sie jeweils zwei farbige Karten vor ihn hinlegen würde: eine schwarze und eine weiße, eine rote und eine grüne. Dann hielt sie seine Hände einige Zentimeter über die Karten und fragte ihn, ob er irgendeinen Unterschied spürte. War die Karte schwarz oder weiß? Focazio wußte, daß er ungefähr die Hälfte richtig erraten würde, und so war es auch: Er riet einfach. Aber die Versuchsleiterin Carol Ann Liaros versicherte den Blinden, daß sie alle einen neuen Sinn aktivieren könnten.

Sie würden in Zukunft die Farben meistens oder sogar immer richtig nennen können. Sie würden lernen, viele andere Dinge in der Nähe und in der Ferne wahrzunehmen und sich in der Welt besser zurechtzufinden.

Bill Focazio war nicht der einzige, der diesem »Projekt Blindenwahrnehmung« gegenüber große Vorbehalte hatte. Lola Reppenhagen, eine andere Teilnehmerin, bekannte: »Der Verlust meines Sehvermögens hatte mich im Innersten meiner Existenz getroffen.« Würde sie jemals wieder das Spektrum der Farben erleben können? Würde sie trotz ihrer blinden Augen wirklich Gegenstände – einen Würfel, eine Kugel – wahrnehmen können?

Sie konnte es sich einfach nicht vorstellen. Lola, eine kleine, dynamische Person, ist Hausfrau und Mutter, liebt Geselligkeit und arbeitete einmal in einer Blindenvereinigung in Buffalo. Es war typisch für sie, daß sie sich, allen Zweifeln zum Trotz, der Gruppe anschloß, denn: »Ich mache gern bei etwas Neuem mit.«

Können wir uns eigentlich vorstellen, was es bedeutet, blind zu sein? Jeder Gang durchs Wohnzimmer wird zum Hindernislauf, Randsteine und Stufen lauern als Gefahren im Unbekannten. Ist Ihr Haar gekämmt, haben Sie Speisereste am Kinn? Es ist Ihnen nicht möglich, dies mit einem Blick in den Spiegel festzustellen.

Pater Schommer, Jesuitenpriester am Canesius College, spricht
von noch subtileren Veränderungen:»Das Problem, blind zu sein,
rührt an die tiefsten Schichten des Gefühlslebens, an die Identität
der Person schlechthin.« Das gilt besonders dann, wenn man wie
Pater Schommer erst als Erwachsener erblindete.»Ich hatte das
Gefühl, in eine Kammer eingesperrt zu sein und nicht mehr her-
auszukönnen. Man spürt sofort, daß man nicht mehr dazugehört.
Früher gehörte man dazu, aber jetzt nicht mehr. Ich war ein Au-
genmensch ... Die anderen mögen Ihnen sagen:›Wir lieben dich,
wir wollen dich‹, und Sie antworten:›Ich danke euch aufrichtig dafür‹, aber innerlich sind Sie nicht überzeugt ... Solange Sie nichts
in der Hand haben, mit dessen Hilfe Sie wieder einen Bezug zur
Welt – auch zur Welt der Dinge – herstellen können, haben die
Worte der Zuneigung und des guten Willens der anderen einen
hohlen Klang. Es ist wie bei einem Klavier mit schlechten Baßtö-
nen – es fehlt die Resonanz.«

Carol Ann Liaros wagte ein Experiment, vor dem die meisten
Parapsychologen zurückgeschreckt wären. Wenn sie selbst Zweifel
hatte, merkte man sie ihr jedenfalls nicht an – so ruhig und sicher
wirkte sie. Mrs. Liaros ist eine gutaussehende Frau Anfang vierzig
mit einer kurzen blonden»Mähne«, und etwas»Löwenhaftes« ist
auch in ihrem Wesen – ein Typ, der zupacken kann.

Das erste, was sie anpackte, war sie selbst. Als der Schriftsteller
Hugh Lynn Cayce, der Sohn des berühmten Mediums Edgar Cayce, ihr sagte, daß sie eine echte parapsychische Begabung und als
Medium ein»Naturtalent« sei, schloß Mrs. Liaros ihren Friseur-
laden und begann mit einem ernsthaften Training. Im Jahre 1973
war Carol Ann Liaros als Medium und Psi-Lehrerin in Buffalo bereits bekannt. Sie hatte mit einigen der besten Parapsychologen
gearbeitet, eine Fernsehsendung über Psi moderiert und an Institutionen wie dem Human Dimensions Institute des Rosary Hill
College in Buffalo Kurse abgehalten.

In ihren ASW-Kursen vermied Mrs. Liaros, von Psi zu sprechen, um nicht unnötig Vorurteile zu provozieren. Sie heuerte
zwanzig freiwillige Assistenten mit normalem Sehvermögen an
und instruierte sie einmal wöchentlich im Unterrichten von Ent-

spannungstechniken, die Psi offenbar fördern. An einem zweiten
Abend in der Woche arbeitete sie mit den Blinden.

Bill Focazio, Lola Reppenhagen, Pater Schommer und viele andere fühlten sich zwar etwas unsicher, unterdrückten ihre Skepsis
jedoch so weit, daß sie bei Mrs. Liaros und ihren Assistenten
durchhielten. Sie übten Entspannung, bildhafte Vorstellung der
bioenergetischen Strahlen des Körpers, Wahrnehmung von Farben – und allmählich kam die Revolution ins Rollen, die man vielleicht besser als eine *Evolution* bezeichnen sollte. Diese Leute ge-
wöhnten sich an das sogenannte »Paranormale«, und als sie merk-
ten, daß ihre Behinderung nicht so »absolut« war, wie sie gedacht
hatten, brachten diese Blinden Dinge zuwege, die ihnen selbst unglaublich schienen.

Manche vermochten jetzt am anderen Ende des Zimmers Farben zu erkennen. Die Welt kam wieder »in Sicht« auf eine Weise,
die sie schwer beschreiben konnten. Sie standen wieder in Beziehung zu ihrer Umwelt, doch auf eine neue Art. Manche meinten,
ein Licht leuchte in ihrem Kopf, wo früher nur Dunkelheit war. Ein
Mann konnte jetzt seinen weißen Blindenstock zu Hause lassen,
weil er spürte, ob Straßenlaternen, Mauervorsprünge, Randsteine
oder Stufen im Weg waren. Eine völlig blinde Frau »sah« eine Fo-
tografie: »Es ist eine Frau, aber was ist das runde Ding auf ihrem
Kopf?« Auf dem Foto war eine Frau zu sehen, die ihr Haar in einem großen, runden Knoten hoch aufgesteckt trug. Im weiteren
Verlauf der Entspannungsübungen und des Trainings lernten die
Blinden, mit ihren geistigen Augen auf Reisen zu gehen. Sie unternahmen »Seelenexkursionen« in entfernte Zimmer, Häuser und
Büros, wo sie nie gewesen waren, und trotzdem konnten sie diese
Räume beschreiben. Die ASW-Terminologie bezeichnet dieses
Phänomen als Hellsehen. Doch das landläufige Bild des »Me-
diums« paßte nicht auf diese Menschen, und sie hielten sich auch
selbst nicht für Medien.

Lola Reppenhagen schrieb nach achtmonatigem Training:
»Was mir geschieht, ist kaum zu fassen. Noch kann ich nicht immer jede Farbe erkennen, bei manchen geht es weniger gut als bei
anderen, aber ich lerne weiter. Mit geistigen Exkursionen war ich

schon recht erfolgreich, und ich nehme mein Energiefeld immer besser wahr. Ich habe das Gefühl, als könnte ich meine Hände sehen, wenn ich arbeite, meinen ganzen Körper; ich sehe Bilder und Schatten, und ich erkenne fast die Gegenstände in einem Raum. Ich habe tatsächlich das Empfinden, daß ich sie sehe, obwohl ich völlig blind bin.«

Die Sitzungen des »Projekts Blindenwahrnehmung« wurden in Berichten, auf Tonbändern und mit der Kamera festgehalten, so daß man die einzelnen Stufen des Trainings in Farbwahrnehmung deutlich verfolgen kann. Es überrascht nicht, daß die Blinden die Farben zunächst nur zufällig richtig bestimmten wie Bill Focazio am ersten Abend. Dann begannen die Übungen zur Tiefenentspannung und Bildvorstellung und das Sensibilitätstraining. Immer wieder hielten die Blinden ihre Hände über Schwarz und Weiß, Rot und Grün. Nach sieben Sitzungen wurde ein Test gemacht. Dr. Ziegler berichtet:»Je mehr sie übten, desto besser wurden sie. Die Erfolgsquote lag bei 65 bis 70 Prozent, bei manchen noch wesentlich höher.«

Dr. Dean, der frühere Präsident des amerikanischen Berufsverbands der Parapsychologen, prüfte zweitausend Tests zur Unterscheidung zwischen Schwarz und Weiß und weitere zweitausend zwischen Rot und Grün. Die Chancen, daß die Blinden rein zufällig so gut abschneiden würden, standen 1 : 10000 gegen sie. Auch bei der Unterscheidung zwischen Gegenständen und Fotos waren die Ergebnisse gut. Dean faßte sein Urteil zusammen:»Als Versuch, den Blinden durch ASW zu helfen, hatte dieses Experiment durchschlagenden Erfolg.«

Was dann geschah, brachte die Lernenden noch weit mehr aus der Fassung als die Wissenschaftler. Während der Zeit seines Trainings saß Bill Focazio einmal am Nachmittag in seinem Herrenmodengeschäft.»Plötzlich merkte ich, daß ich Gegenstände ›sehen‹ konnte. Natürlich nicht deutlich, nur die verschwommenen Umrisse des Türrahmens oder meines Schreibtischs.« War es möglich, daß er sein Augenlicht zurückgewann? Er hielt sich die Hände vor die Augen, doch die Bilder blieben.»Es war, als ob die Bilder durch meine Schläfen dringen.«

Lola Reppenhagen blickte auf, als ihre Tochter Robin ins Zimmer trat. Sie machte eine Bemerkung über die lange rote Hose und das weiße Oberteil, das Robin trug. Da fiel ihr ein, daß sie seit Jahren weder ihre Tochter noch irgendein Kleidungsstück »gesehen« hatte und es mit den Augen auch nach wie vor nicht konnte. Barbara Engels schloß sich dem »Projekt Blindenwahrnehmung« mit einem Gefühl der Verbitterung an. Sie war Lehrerin gewesen und hatte eben begonnen, sich ein eigenes Leben aufzubauen, als sie mit Anfang zwanzig erblindete. Sie übte fleißig die neuen Techniken, und eines Abends geschah etwas Überwältigendes, etwas Unmögliches. Sie sah plötzlich ihr ganzes Schlafzimmer in hellgrünes Licht getaucht. »Ich konnte die Umrisse des Bettes, der Kommoden und der übrigen Möbelstücke erkennen«, sagte sie. Auch bei ihr schienen die Augen nichts mit diesem neuen Wahrnehmungsvermögen zu tun zu haben. »Ich sah durch meinen Kopf«, erklärte Barbara Engels. Sie setzte sich hin und versenkte sich eine halbe Stunde, solange der Schimmer anhielt, in diesen wunderbaren Anblick. Diese Lichtwahrnehmung wiederholte sich ein zweites und drittes Mal. Sie erfüllte Mrs. Engels mit Zuversicht: »Das Projekt kann uns Blinden ein neues Tor zur Welt öffnen.«

Carol Ann Liaros und ihre Schüler haben die Dermooptik nicht erfunden. Man wußte schon lange, daß es so etwas gibt, aber das macht ihre Leistung höchstens noch bemerkenswerter. Warum war nicht schon früher versucht worden, dieses Phänomen für die Schulung von Blinden einzusetzen? In den zwanziger Jahren interessierte sich der französische Romancier Jules Romains sehr für das Hautsehen und verfaßte eine bahnbrechende Studie darüber. Sie wurde aber so heftig angegriffen, daß Romains bis in die sechziger Jahre nichts mehr über dieses Thema verlauten ließ. Zu dieser Zeit gaben die Sowjets bekannt, daß an zwei ihrer Pädagogischen Hochschulen sowohl sehende als auch blinde Schüler in Dermooptik ausgebildet worden waren.

Alles hatte mit einer einfachen jungen Frau namens Rosa Kuleschowa begonnen. Sie wohnte in einer Industriestadt im Ural, und ihr Leben war so schlicht und farblos wie das Kleid, das sie trug. Ihre einzige Abwechslung bestand in der Betreuung von Blinden in einem Zentrum ihres Heimatortes. Sie erlernte die Blindenschrift, obwohl sie selbst nicht sehbehindert war, und eines Tages hatte sie eine merkwürdige Idee. Sie hatte bemerkt, daß sie auch *ohne* Brailleschrift mit ihren Fingern Farben und Formen »lesen« konnte – ja, sogar mit ihrer Stirn. So kam sie auf die Idee, daß diese Fähigkeit auch ihren blinden Freunden eine Hilfe sein könnte.

Doch es kam anders. Rosa wurde »entdeckt«, auf wissenschaftlichen Tagungen von Tagil bis Swerdlowsk herumgereicht, bis sie sogar an der Akademie der Wissenschaften in Moskau landete und schließlich, den ständigen Tests und dem ganzen Rummel nicht gewachsen, einen totalen Nervenzusammenbruch erlitt.

Doch die Möglichkeit, blinden Menschen durch Rosas Fähigkeit zu helfen, veranlaßte die sowjetischen Wissenschaftler, weiterzuexperimentieren. Dr. Losanow, der in Psi immer einen Weg zur Erschließung geistiger Reserven gesehen hatte, begann 1964 mit der Erforschung des Hautsehens. Er arbeitete mit sechzig Kindern, die von Geburt an blind waren oder in frühester Kindheit ihr Augenlicht verloren hatten. Trotzdem ließ er ihnen, um ganz exakt vorzugehen, die Augen verbinden und zwischen ihrem Gesicht und ihren Händen während der Experimente außerdem eine undurchsichtige Platte anbringen.

Zu Dr. Losanows Überraschung waren drei Kinder sofort imstande, Farben und geometrische Figuren zu unterscheiden. In einem wissenschaftlichen Bericht schrieb er: »Am wichtigsten jedoch war, daß die übrigen siebenundfünfzig Kinder das Hautsehen *erlernen* konnten. Schritt für Schritt lernten diese blinden Kinder, Farben und geometrische Figuren wahrzunehmen und sogar zu lesen.« Auch diese Kinder stellten ihre neuerworbenen Fähigkeiten vor Ärzten und Psychiatern unter Beweis.

In diesen Experimenten mit Dermooptik sieht Losanow eine Bestätigung seiner These, daß die Parapsychologie sowohl in der Pädagogik als auch in der Psychologie und in der Medizin anwendbar ist. »Sie kann zur Heilung von Sprech-, Hör- und Sehstörungen beitragen und uns eine Fülle von Material an die Hand geben, das einen Einblick in das geheime, noch unbekannte Potential des Menschen gewährt.«

Seither haben Wissenschaftler in Frankreich, in den Vereinigten
Staaten und zahlreichen anderen Ländern das augenlose Sehen
untersucht und verschiedene Experimente durchgeführt, doch ihre
Forschungen verliefen irgendwie im Sande. Schließlich griffen Carol Ann Liaros und ihre Assistenten diese zukunftsträchtige Arbeit
auf und widmeten sich ihr auf immer breiterer Basis. Das »Projekt
Blindenwahrnehmung« weitet sich zusehends aus und ist im In-
und Ausland bereits zu einem Begriff geworden. Auch Ärzte und
andere Fachwissenschaftler schenken ihm immer mehr Beach-
tung. Im Sommer 1977 fand das erste Schulungsprogramm für
Lehrer statt, die in anderen Städten im ganzen Land Projekte leiten sollten. (Bill Focazio war einer der ersten, die sich ausbilden
ließen.) Im selben Jahr wurde ein ähnliches Projekt für Kinder ins
Leben gerufen, das ebenfalls großen Erfolg hatte. Übrigens blieb das
»Projekt Blindenwahrnehmung« in all den Jahren seinem ursprüng-
lichen Konzept treu und bot die Schulung für Blinde unentgeltlich
an. Beiträge von Mrs. Liaros und ihren Mitarbeitern und neuerdings auch aus öffentlichen Kreisen decken die Kosten.

Weiterhin werden Daten gesammelt, um das Projekt wissenschaftlich abzusichern, doch die Aussagen der Absolventen dieses
Trainings sprechen für sich selbst. »Ich hatte wieder einen Zugang
zur Welt«, erklärte Pater Schommer, »und fühlte mich wie aus einer finsteren Zelle befreit. Ich spürte, daß ich der menschlichen
Gemeinschaft wieder angehörte wie früher, wenn auch auf anderer
Ebene.« Ein zweiter Bericht lautet: »Ich erlebte die Welt jetzt ganz
anders... Ich entdeckte Dinge, die mit dem gewöhnlichen Verstand nicht zu begreifen sind. Ich wurde auf eine neue Weise bewußt.« Einer beschrieb die Wandlung in seiner Beziehung zur
Umwelt: »Man lebt nicht mehr wie hinter einer Wand oder einem
Vorhang. Man spürt einen unmittelbaren Kontakt mit den Menschen. Man lernt, sich zu den Dingen in Beziehung zu setzen, auf
sie zu reagieren, und entdeckt dabei ein Element des Lebens, das
man nie für möglich gehalten hätte.«

Wer Lola Reppenhagen begegnet, spürt diesen unmittelbaren
Kontakt so stark, als würde sie einem gerade ins Auge blicken. Sie
scheint eine besondere Feinfühligkeit entwickelt zu haben. »Der

Kurs in Blindenwahrnehmung erschloß mir das Universum, wie ich es mir nicht hätte träumen lassen. Ich wurde herrlich entspannt und meinen eigenen Gefühlen gegenüber viel sensibler. Es hat sich eine ganz neue Welt für mich aufgetan. Ich spüre eine starke Affinität zu allen Dingen. Meine Blindheit belastet mich nicht mehr.«

Abgesehen von ihrer Behinderung sind diese Blinden Menschen wie du und ich. Sie hatten nicht vor, sonderbare esoterische Kräfte zu entwickeln, noch wollten sie einen Beweis liefern für die wahre Beschaffenheit der Wirklichkeit. Auffallend an ihnen ist weniger die Fähigkeit, mit blinden Augen eine Farbe zu erkennen, eine Aura wahrzunehmen oder gelegentlich einen hellsichtigen Blick in eine ferne Zukunft tun zu können, sondern etwas anderes. Im Zuge ihres Trainings in »außersinnlicher« Wirklichkeitserfahrung veränderte sich ihre Beziehung zur Umwelt und zueinander grundlegend. Sie erweiterte und vertiefte sich, und die Menschen lernten, mit sich und der Welt besser umzugehen. Darin liegt das Potential von Psi, auf das viele Parapsychologen schon so lange hinweisen. Allerdings ist es schwierig, für diese Veränderung Beweise anzuführen. Die Teilnehmer des »Projekts Blindenwahrnehmung« sind wenigstens in kleinem Maßstab ein Beispiel, da sie Psi wirklich in ihre Persönlichkeit und ihr tägliches Leben integriert haben.

Bioenergie kann schön sein

Wie die Erfahrung zeigt, erschließt das Vermögen, ohne Augen zu sehen, eine ganze Reihe anderer Fähigkeiten. Man beginnt mit in der Nähe gelegenen Gegenständen und geht dann dazu über, auch Entfernteres wahrzunehmen, zum Beispiel die Bioenergie um den Körper eines Menschen, oder man begibt sich psychisch an einen anderen Ort und blickt in ein Zimmer am anderen Ende der Stadt.

Es gibt, grob gesprochen, zwei Arten von Psi: 1. die energetischen Fähigkeiten, die einen Sieg des Geistes über die Materie darstellen, wie das Sehen einer Aura, die Radiästhesie, die Geistheilung und die Psychokinese; 2. die klassische ASW, die Präkogni-

tion, Telepathie und Hellsehen einschließt. Wer sich mit der einen
oder anderen Art näher beschäftigen will, findet im Hautsehen einen guten Ausgangspunkt.

Wie wir gesehen haben, beruhte der Erfolg des »Projekts Blindenwahrnehmung« auf einem guten psychophysischen Entspannungstraining. Ein zweiter wichtiger Punkt ist die Suggestion. Es
bedarf keiner Erwähnung, daß die Teilnehmer des »Projekts Blindenwahrnehmung« von einer positiven, zuversichtlichen Atmosphäre umgeben waren.

Eines der ersten Dinge, die Mrs. Liaros ihren Schülern beibringt, ist das Wahrnehmen von Bioenergie, jenes Kraftfelds also,
das alle Körper umgibt. Ein Bestandteil dieser Energie ist Wärme.
Schließen Sie die Augen, damit Sie nicht abgelenkt werden, und
stellen Sie sich vor eine andere Person. Führen Sie nun Ihre Hände
in einem Abstand von etwa sieben Zentimetern am Körper ihres
Gegenübers entlang. Spüren Sie irgendwelche Veränderungen,
vor allem in der Temperatur? Streichen Sie nun langsam noch einige Male über den anderen Körper, und versuchen Sie, sich diesen vorzustellen – Hals, Brust, Bauch–, während Sie Ihre Hände
bewegen. Wie viele Menschen zu ihrem Erstaunen festgestellt haben, kann man mit einiger Übung »etwas« erspüren. Mittlerweile
haben auch Wissenschaftler im Rahmen von Astronautentests dieses Kraftfeld untersucht und seine Existenz bestätigt.

Stellen Sie sich in einem entspannten, kontemplativen Zustand
Ihren eigenen Körper bildhaft vor. Vergrößern Sie das Bild, und
imaginieren Sie eine Art Aura oder Energie um Ihren Leib. Visualisieren Sie diese Energie als Licht, das Sie beobachten und genießen. Machen Sie einen Versuch, es zu fühlen.

Stellen Sie sich dann vor, daß Sie mit einem geliebten Menschen
zusammen sind. Stellen Sie sich sein oder ihr Energiefeld vor. Sie
bewegen sich im Geiste auf diese Person zu. Was geschieht mit dem
Energiefeld Ihrer beider Körper?

Stellen Sie sich nun eine Farbe in einer beliebigen Form vor – als
Quadrat oder Kreis, als glühendrote Tulpe, als ein Meer von Nar-
zissen oder als ein leuchtend blaues Samtkleid. Sie wissen, daß
Farben, physikalisch gesehen, Lichtwellen verschieden hoher Fre-

quenzen sind. Stellen Sie sich vor, daß Sie diese unterschiedlichen
Farbwellen sehen können, so wie man im Sommer manchmal Hit-
zewellen vom Asphalt aufsteigen sieht.

Stellen Sie sich nochmals Ihre Hand und das sie umgebende
Energiefeld vor. Beobachten Sie, wie Ihre Hand sich auf eine der
vibrierenden, pulsierenden Farben zubewegt. Sehen Sie sodann
Ihre Bioenergie in Wechselbeziehung mit den Farbwellen. Erspüren Sie sie (vgl. auch die Farb- und Energieübungen auf S. 252f.
und S. 254ff.).
Anfangs ist es am leichtesten, diese Bioenergie mit offenen Augen gegen einen dunklen Hintergrund wahrzunehmen. Halten Sie
Ihre Hände vor die Augen, wenn Sie abends im Bett liegen. Entspannen Sie Ihre Augen. Können Sie einen schwachen Licht-
schimmer um Ihre Hände erkennen? Kehren Sie jetzt Ihre Finger
zueinander. Nehmen Sie etwas wie eine Strömung zwischen ihnen
wahr? Wenn Sie die Finger voneinander entfernen, können Sie
vielleicht eine Art hellen Kondensstreifen in der Dunkelheit sehen.

Sehen mit den Fingerspitzen

Gehen Sie an das Hautsehen wie an das Superlearning heran: Entspannen Sie sich, und sprechen Sie vor dem Experiment einige Er-
folgsformeln. Erleben Sie einen Augenblick lang die Freude des
Lernens, und erinnern Sie sich an ein Beispiel erfolgreichen Lernens in Ihrem Leben. Wenn Ihnen das Hautsehen schon einmal
geglückt ist, dann erleben Sie dieses Gefühl noch einmal. Sie sollten immer möglichst frei von jeder Anspannung sein. Gehen Sie
spielerisch an die Aufgabe heran.

Wenn Sie mit Farben arbeiten, ist es am besten, Sie üben mit einem Partner. Beginnen Sie mit je zwei farbigen Karten: schwarz
und weiß, rot und grün. Verbinden Sie sich die Augen möglichst
so, daß gar kein Licht durchkommt. Da Sie eine andere »Sehweise«
aktivieren wollen, ist es unzweckmäßig, wenn Sie während Ihrer
Versuche immer wieder zum normalen Sehen zurückkehren.
Entspannen Sie sich vorher, und achten Sie besonders auf die

Entspannung der Augen. Dann legt Ihr Partner die schwarze und die weiße Karte auf und führt Ihre Hand einige Zentimeter über die Karten. Versuchen Sie, einen Unterschied wahrzunehmen. Raten Sie die Farbe; Ihr Partner soll sofort sagen, ob Sie richtig geraten haben. Er notiert außerdem alle Treffer und Fehler. Mischen Sie die Karten, und fangen Sie noch einmal von vorn an. Hören Sie auf, bevor das Spiel Sie langweilt oder ermüdet. Denken Sie daran, daß auch die Leute in Buffalo anfangs nur Zufallstreffer erzielten. Dieses Training erfordert eben Übung. Sie können Ihre Hand auch verschieden hoch heben. Sowjetische Forscher haben festgestellt, daß die Farben jeweils in verschiedener Höhe »strahlten«. Blaue Lichtwellen stiegen zum Beispiel höher als rote.

Die sowjetische Trainingsmethode für Sehende ebenso wie für Blinde sieht vor, daß die Hand der betreffenden Person direkt auf der farbigen Fläche liegt und leicht über die Blätter streicht. Natürlich werden nur Blätter vom gleichen Material verwendet, damit die Oberfläche stets die gleiche Beschaffenheit hat. Mit etwas Übung konnten die sowjetischen Schüler ein bestimmtes, differenziertes Farbgefühl entwickeln. Diese »taktilen« Empfindungen waren sogar dann vorhanden, wenn man über die Blätter eine Glasplatte legte.

Übereinstimmend wurde festgestellt, daß Farben sich glatt, klebrig oder rauh anfühlen. Hellblau ist am glattesten. Gelb ist sehr schlüpfrig und nicht ganz so glatt. Rot, Grün und Dunkelblau sind klebrig. Grün ist klebriger als Rot, aber nicht ganz so grob. Marineblau ist noch klebriger, aber härter als Rot und Grün. Orange ist sehr rauh und grob und vermittelt ein bremsendes Gefühl. Bei Violett ist die Bremswirkung auf die Hand noch stärker; die Farbe fühlt sich noch gröber an. Schwarz ist am klebrigsten von allen, und die Bremswirkung ist am stärksten. Weiß ist glatt, jedoch gröber als Gelb.

Wenn Sie einen Versuch machen wollen, beginnen Sie am besten mit Gelb und Marineblau.

Die »Foos-Technik«

Der verstorbene Pfarrer William A. Foos entwickelte eine einfache, aber wirksame Methode zum Erlernen des Hautsehens. Foos hatte bemerkt, daß manche Kinder bei Spielen mit verbundenen Augen immer besser abschnitten als andere. Er wollte den Grund herausfinden und dachte sich Spiele aus, um dieses Talent zu testen und zu trainieren. Auf diese Weise konnte er seiner Tochter und seiner Nichte die bemerkenswerte Fähigkeit, mit der Haut zu sehen, beibringen. Pfarrer Foos ließ seine Schülerinnen auch von Wissenschaftlern testen und versuchte, sein System für Blinde nutzbar zu machen.

Führen Sie diese Übungen täglich zehn bis fünfzehn Minuten durch. Wie beim autogenen Training wiederholen Sie in gekürzter Form die vorhergehenden Schritte, bevor Sie weitermachen. Üben Sie möglichst mit einem Partner, der Ihnen die Anweisungen vorspricht. Entspannen Sie sich vor Beginn, um innerlich aufnahmebereit zu werden. Ihre Augen sind bei allen diesen Spielen fest verbunden.

1. Setzen Sie sich an einen Tisch. Halten Sie eine Handfläche in wenigen Zentimetern Abstand vor Ihr Gesicht. Stellen Sie sich Ihre Hand vor; fühlen Sie sie, sehen Sie sie. Bewegen Sie Ihre Hand von links nach rechts. Spüren Sie diese Hand, und visualisieren Sie sie in der Bewegung. Wiederholen Sie die Übung mit der anderen Hand.

2. Halten Sie etwa eine Minute lang die Hand Ihres Partners so, daß Ihre Handflächen sich berühren. Dann faßt Ihr Partner Ihr Handgelenk und führt Ihre Hand vor Ihrem Gesicht von links nach rechts. Ihr Partner suggeriert Ihnen, Ihre Hand zu spüren, sie vorzustellen und zu sehen.

3. Halten Sie die Hand Ihres Partners. Dann hält Ihr Partner seine Handfläche vor Ihr Gesicht. Versuchen Sie, diese zu spüren und zu sehen. Er bewegt seine Hand von links nach rechts, hin und her, und gelegentlich hält er seine Hand still. Versuchen Sie dann, in die Richtung seiner Hand zu blicken. Stellen Sie sich die Hand vor, wenn Ihr Partner sie wieder hin und her bewegt.

4. Stellen Sie sich aufrecht hin; lassen Sie Ihre Arme an Ihren Seiten herabhängen. Sie machen jetzt mit Ihrem Partner folgendes Spiel. Er oder sie führt Ihre Hände bis auf die Höhe Ihrer Taille und legt sie vor Ihrer Leibmitte zusammen. Das Spiel findet auf der Linie Ihrer Taille, von der linken bis zur rechten Seite, statt. Der Partner hält nun seine Hände vor Ihre Stirn. Visualisieren Sie seine Hände. Dann senkt er sie langsam, und während er das tut, gibt er Ihnen wie ein Fluglotse Anweisungen, damit Sie die Hand verfolgen können –»tiefer, tiefer, Brusthöhe etc.«. Schließlich hält Ihr Partner seine Hand, Handfläche nach oben gekehrt, an irgendeinem Punkt auf der Linie Ihrer Taille an und sagt:»Jetzt!« Versuchen Sie, ohne nachzudenken, die Hand des anderen zu berühren. Wenn Sie nicht treffen, macht es nichts. Üben Sie nur weiter.

5. Spielen Sie an einem Tisch folgendes Spiel. Ihr Partner legt Ihre Hände an den Tischrand vor Ihnen und führt sie dann in der Mitte zusammen. Danach führt er Ihre Hände wieder an die beiden Enden der Tischkante, damit Sie sich den Spielraum einprägen. Wiederholen Sie diese Bewegung allein. Während Ihr Partner Anweisungen gibt wie bei Nr. 4, läßt er seine Hand langsam von der Höhe Ihrer Stirn auf einen Punkt zwischen Ihren beiden Händen sinken. Wenn er»Jetzt!« sagt, versuchen Sie, seine Hände zu berühren.

6. Wenn Sie diese neue Art der Wahrnehmung einigermaßen beherrschen, gehen Sie zu Gegenständen über. Das System von Foos sieht weiche, farbige Gegenstände vor, zum Beispiel einen Küchenschwamm. Ihr Partner legt einen solchen Schwamm auf den Tisch. Er hebt Ihre Hand hoch; Ihre Handfläche ist dem Tisch zugekehrt. Er faßt Ihre Hand beim Daumen und führt sie langsam über den Tischrand, über den Tisch, über den Schwamm und über die andere Seite des Tisches. Dabei informiert er Sie ständig, wo Ihre Hand sich befindet, und fordert Sie auf, Unterschiede wahrzunehmen. Versuchen Sie während der ganzen Zeit zu spüren, über was für Dinge Ihre Hand gleitet. Versuchen Sie, diese zu visualisieren.

7. Ihr Partner sagt Ihnen genau, was er mit dem Schwamm macht: Er bewegt ihn vor Ihrem Gesicht hin und her, er senkt ihn

und legt ihn irgendwo auf den Tisch. Dann sagt er:»Heb den
Schwamm auf!«, und Sie versuchen, mit Ihrem inneren Auge zu
sehen, wo er sich befindet.

Sie können das Spiel mit mehreren Schwämmen fortsetzen und
dann zu anderen Gegenständen und Spielordnungen übergehen.*

Geschlechtsbestimmung eines Fotos

In früheren Zeiten behaupteten kluge Leute vom Lande, das Ge-
schlecht eines ungeborenen Vogels bestimmen zu können, indem
sie ein Pendel oder auch nur ihre Hand über das Ei hielten. So etwas Ähnliches machen wir nun auch. Nehmen Sie für diese Übung
das Foto eines Mannes und das Foto einer Frau. Sie verbinden sich
die Augen, die Bilder werden umgedreht auf den Tisch gelegt, und
Sie versuchen, einen Unterschied zwischen ihnen auszumachen,
indem Sie die Hand darüber halten. Üben Sie wie mit den farbigen
Karten. Nehmen Sie von Zeit zu Zeit neue Bilder hinzu.

Bestimmung von Gegenständen

Viele Teilnehmer des Wahrnehmungstrainings für Blinde berichteten, daß sie ein Licht in ihrem Kopf spürten, wo früher nur Fin-
sternis war. Erinnern wir uns, daß dieses Licht allmählich erschien
und daß später sogar Bilder durch ihre Stirn drangen. Auch in dieser Übung dient die Stirn zur Wahrnehmung von Gegenständen.

Nehmen Sie für diese Übung einen Würfel, eine kleine Spielku-
gel und eine Glühbirne. Verbinden Sie Ihre Augen, und streichen
Sie sich mit jedem dieser Gegenstände einige Male leicht über die
Stirn. Dann hält Ihr Partner einen der Gegenstände in etwa einem
halben Meter Entfernung vor Ihr Gesicht. Welcher ist es? Denken
Sie daran, sich vor all diesen Übungen nach der Methode zu entspannen, die Ihnen am liebsten ist.

---

* Dieser Bericht über das Foos-System basiert auf dem Buch *Eyeless Sight: A How To
Manual* (»Hautsehen: Anleitung zum Selbstunterricht«), Simone Publications,
Stanton, Kalifornien.

»Seelenexkursionen«

Sind außersinnliche Wahrnehmung, Hellsehen, die Fähigkeit, Zeit
und Raum zu überschreiten, wirklich Dinge, die sich auf die
Menschheit nachhaltig auswirken werden? Eine Antwort auf diese
Frage erteilte der berühmte amerikanische Flieger Charles Lindbergh. Als die Vorbereitungen zur Landung einer bemannten Rakete auf dem Mond getroffen wurden, forderte das *Life Magazine*
Lindbergh auf, sich über die Zukunft der Raketen und der Raumfahrt zu äußern. Lindbergh lehnte ab, und die Gründe dafür waren
so bemerkenswert, daß *Life* sie druckte. Sie mögen überraschen,
wenn man bedenkt, daß Lindbergh mehr als irgendein anderer
Mensch in diesem Jahrhundert für Millionen den Pioniergeist des
Fliegens verkörperte, mit dem ein neues Zeitalter begonnen hatte.

Lindbergh wies darauf hin, daß die zur Raumfahrt benötigte
Zeit uns auf die Erforschung jener Planeten beschränkt, die der
Erde am nächsten liegen. Damit sind der Raumfahrt von vornherein Grenzen gesetzt. Es stellt sich nun die Frage, ob diese Be-
schränkung uns zum Durchbruch in eine neue Ära zwingen wird,
die so hoch über dem Zeitalter der Wissenschaft steht wie dieses
über dem des Aberglaubens. Lindbergh sieht Abenteuer auf uns
zukommen, »denen unser rationales Denken des 20. Jahrhunderts
nicht mehr folgen kann – Abenteuer, die uns über das Sonnensy-
stem, über ferne Galaxien und möglicherweise über Horizonte jenseits von Raum und Zeit hinausführen«.

Wir könnten schneller dahin gelangen, meint Lindbergh, wenn
wir unsere Wissenschaft nicht in den Dienst der Raumfahrt, sondern in den Dienst des Lebens und der »grenzenlosen und grenzen-
los evolvierenden Eigenschaften« des Menschen stellen würden.
Eine solche Forschung käme nicht nur unseren zukünftigen Aben-
teuern zugute, sondern sei unerläßlich für unser Überleben in dieser Zukunft. Mit ihrem möglicherweise unbegrenzten Potential
kann die Menschheit bei fortschreitendem Bewußtsein »in den Bereich des Wunderbaren eindringen ... Sie kann, wie wir längst ahnen, mit dem Verstand aber erst dunkel begreifen, eine Reise antreten, die auf körperliche Erfahrung verzichtet.

Vielleicht entdecken wir, daß wir nur *ohne* Raumschiffe die Galaxien erreichen, nur *ohne* Zyklotrone in das Innere der Atome blicken können. Wenn wir über die fabelhaften Errungenschaften dieses Zeitalters auf physikalischem Gebiet hinausgelangen wollen, muß die sinnliche Wahrnehmung sich mit der außersinnlichen verbünden.«

Dieses Abenteuer der Zukunft hat bereits begonnen. Im März 1974 war die Raumsonde »Mariner II« unterwegs zum Merkur, und zwei amerikanische Medien, Ingo Swann und Harold Sherman, unternahmen den Versuch einer außersinnlichen Sondierung des Planeten. In einem Experiment, das von der Psychologin Janet Mitchell, einer Mitarbeiterin der American Society for Psychical Research, geleitet wurde, wollten sie sich mit der Psi-Kraft des Hellsehens auf den Merkur versetzen und über die Ergebnisse ihrer »Reise« berichten. Zu ihrem Erstaunen stellten Mrs. Mitchell und ihre Mitarbeiter fest, daß die Statements von Swann, der sich in New York befand, und von Sherman, der in Arkansas war, in wichtigen Punkten übereinstimmten, jedoch in vielem nicht den Erwartungen der Astrophysiker entsprachen.

Zweieinhalb Wochen, nachdem die Berichte der Medien aufgeschrieben und versiegelt worden waren, gab »Mariner II« seine ersten Funksignale vom Merkur. Die Ergebnisse waren verblüffend: Sie bestätigten die Berichte der Hellseher, nicht die Berechnungen der Wissenschaftler.

Solche Beispiele außersinnlicher Flüge auf den Merkur oder über unsere Galaxie hinaus mögen abgelegen erscheinen. Was die Blinden in Buffalo lernten, ist da wesentlich praktischer, und diese Art von Hellseherei können auch Sie lernen, wenn Sie für Psi eine Antenne haben und bereit sind zu üben. Untersuchen Sie im Geist, ob an Ihrem Auto etwas nicht in Ordnung ist, oder erforschen Sie den Grund eines Sees. Haben Sie zu Hause den Ofen abgestellt oder nicht? Was sind das für Geräusche im Stockwerk über Ihnen? Wachträume und ein bestimmtes Erzähltalent leben von der Fähigkeit, sich zum Beispiel in eine Fliege hineinversetzen zu können, die eine Wand hinaufkriecht. Vielleicht ist das der Grund, warum auch manche Anfänger sich so erstaunlich gut an einen anderen

Ort versetzen können. Lola Reppenhagens Wachträume dieser
Art erwiesen sich manchmal als überraschend wirklich, wie von
Augenzeugen unterschriebene Protokolle bestätigen.

Steve Wilson, ein Reporter, forderte Mrs. Reppenhagen auf,
sich geistig in ein bestimmtes Haus zu versetzen. Er berichtete:
»Sie war vorher noch nie in diesem Haus gewesen, und ich brachte
sie unmittelbar nach unserem Interview dorthin. Wir filmten, wie
sie das Haus betrat, und alles, was sie vorher beschrieben hatte,
entsprach genau der Wirklichkeit. Ich weiß, daß sie diesen ›sechsten Sinn‹ auch anderen Mitarbeitern öffentlicher Medien in Buffalo demonstrierte, und ich kenne keinen, der skeptisch blieb,
nachdem er selbst Augenzeuge dieser Ereignisse geworden war.«

Jeff Kaye, ein Fernsehredakteur, bat Mrs. Reppenhagen vor einem Interview, sich im Geist in sein eigenes Haus zu versetzen.
»Die Genauigkeit, mit der sie Gegenstände an bestimmten Orten
in verschiedenen Zimmern wahrnahm, war einfach unglaublich.
Sie erwähnte auch ein Bild mit einer Distel und sagte, dieses Bild
habe eine besondere Bedeutung. So war es auch, denn dieses Bild
ist eine Federzeichnung, die eines meiner Kinder angefertigt und
mir vor einigen Jahren zum Geburtstag geschenkt hatte. Ich nahm
meine Frau ins Verhör, ob Fremde oder irgendwelche Bekannte im
Haus gewesen seien und das Bild erwähnt hätten, doch sie verneinte.
Ich bin überzeugt, daß Mrs. Reppenhagen diese Dinge innerlich sah und keine heimlichen Informationen besaß.«

Nicht jeder besitzt von Natur aus ein solches Talent wie Lola
Reppenhagen, doch auch die anderen Blinden konnten mit einiger
Übung ein Gefühl für unbekannte Orte entwickeln und sich da-
durch mit größerer Sicherheit im Alltag bewegen.

Am Stanford Research Institute, dem berühmten »Think Tank«
von Kalifornien, werden die Experimente mit »geistigem Fernsehen« fortgesetzt. Die Physiker Hal Puthoff und Russell Targ dach-
ten zuerst, daß nur Menschen mit anerkannten Psi-Fähigkeiten
etwas sehen könnten, was sich an einem anderen Ort ereignete. Sie
stellten jedoch fest, daß auch durchschnittliche Menschen, sogar
Skeptiker, in der richtigen Atmosphäre wenigstens bis zu einem
gewissen Grad entfernte Dinge wahrnehmen konnten.

Wie man mit Psi auf Reisen geht

Machen Sie diese Übung am besten mit einem Partner, damit Sie
sofort Feedback bekommen. Können Sie seine Wohnung beschreiben, vorausgesetzt, sie ist Ihnen unbekannt? Ansonsten soll er Ihnen eine andere Adresse nennen, die er kennt, Sie jedoch nicht.
Entspannen Sie Körper und Geist tief. Stellen Sie sich dann vor,
daß Sie ruhig aus Ihrem Körper heraustreten und neben ihm stehen. Sehen Sie sich selbst an; kontrollieren Sie Ihre Kleider, Ihre
Haare und Ihre Lage. Stellen Sie sich jetzt vor, daß Sie aufwärts-
steigen, durch die Decke und durch das Dach. Blicken Sie auf das
Gebäude herab, das Sie eben verlassen haben. Imaginieren Sie
dann, daß Sie sich zur Zieladresse hinwünschen, sich hinprojizie-
ren. Betrachten Sie die Gegend aus der Vogelperspektive. Gibt es
dort Gärten, Parkplätze, Geschäfte, oder befinden Sie sich auf dem
Land? Wie steht es mit dem Verkehr? Nehmen Sie wahr, so viel Sie
können. Schauen Sie nicht nur, sondern nehmen Sie alle Ihre Sinne
zu Hilfe. Hören Sie Lärm auf einem Spielplatz oder Hundegebell?
Lassen Sie sich Zeit, und nehmen Sie die Atmosphäre der Gegend
in sich auf.

Stellen Sie sich jetzt vor, daß Sie vor dem Eingang stehen. Sehen
Sie die Tür an. Welche Farbe hat sie? Ist sie irgendwie verziert?
Wie sieht die Klinke aus? Stehen Sie auf einer Treppe, sind dort
Sträucher? Nehmen Sie sich genügend Zeit, alles sorgfältig zu be-
obachten.

Gehen Sie nun hinein. Befinden Sie sich in einem Vorraum oder
einer Vorhalle? Oder traten Sie direkt in ein Zimmer? Blicken Sie
langsam und sorgfältig um sich, und gehen Sie dann ins Wohnzimmer. Welche Farben herrschen vor, was für einen Stil haben die
Möbel, wie sind sie angeordnet? Sehen Sie nach, ob es Wandschmuck gibt. Wie sehen die Fenster aus? Ist ein Klavier oder ein
Kamin vorhanden? Gibt es Bücherborde oder Blumen im Zimmer,
und welche Atmosphäre hat es? Ist die Wohnung still oder laut?
Gibt es besondere Gerüche in dem Haus? Wie viele Zimmer sind es
Ihrem Gefühl nach, und wo liegen sie, vom Wohnzimmer aus gesehen? Haben Sie das Gefühl, daß es hier Menschen oder Haus-

tiere gibt? Beeilen Sie sich nicht. Sehen Sie nach, ob es in dem
Wohnzimmer etwas Besonderes gibt. Wenn ja, sehen Sie näher
hin. Prägen Sie sich ein, wo es sich befindet. Wenn Sie so viel wie nur möglich aufgenommen haben, gehen
Sie wieder zur Tür hinaus und werfen noch einmal einen Blick auf
das Haus. Kehren Sie dann an den Ort zurück, wo Ihr Körper in
bequemer Ruhelage verharrte. Spüren Sie Ihre Füße, Beine, Ihren
Leib, die Arme und den Kopf. Atmen Sie einige Male tief durch,
und öffnen Sie dann langsam Ihre Augen. Beschreiben Sie möglichst genau, wo Sie gewesen sind, oder halten Sie es schriftlich fest.
Manchmal ist es zweckmäßig, eine Zeichnung anzufertigen. Lassen Sie nichts aus, was Ihnen unsinnig oder unwahrscheinlich vor-
kommt, zum Beispiel eine Badewanne in der Küche. In manchen
alten Häusern ist eine solche Einrichtung nichts Ungewöhnliches.
Manche Leute schildern gern »unterwegs«, was sie sehen, andere werden dadurch abgelenkt. Manche lassen sich auf dieser
Reise gern führen. Es steht Ihnen frei, einen Partner »mitzuneh-
men«, der sich in etwa an die obigen Anleitungen hält, oder Sie
können diese Anleitungen selbst auf Tonband sprechen und sich
dieses dann vorspielen. Machen Sie auf jeden Fall viele Pausen,
damit Sie genügend Zeit haben, alles wahrzunehmen, bevor Sie einen Schritt weitergehen.
Carol Ann Liaros schlägt vor, daß Sie »Ihren Geist loslassen«,
wenn Sie das Wohnzimmer untersucht haben. Lassen Sie sich ma-
gnetisch vom Lieblingszimmer Ihres Partners anziehen (wenn es
sein Haus ist). Wie sieht der Ort aus? Spüren Sie, warum dieses
Zimmer etwas Besonderes für ihn ist?
Dr. Rýzl führte manchmal Schüler in psychischen Exkursionen
an Orte, die sie kannten, manchmal sogar in ihre eigenen Häuser.
Er ließ sie im Geist von seinem Büro aus durch die Straßen wandern, bis sie nach Hause gelangten. Wenn sie eingetreten waren,
sahen sie sich um und beobachteten das Geschehen. Wer war zu
Hause, was für Kleider trugen die Leute, was taten sie? Wurde in
der Küche gekocht, sprach jemand am Telefon? Konnten sie sehen, was auf dem Bildschirm war, wenn das Fernsehen lief?
Diese Art von psychischer Exkursion läßt sich natürlich weniger

leicht nachprüfen; aber es ist möglich, wenn Sie folgende Übung machen, die Sie allein ausführen können. Nehmen wir an, Sie haben eine Einladung in eine unbekannte Wohnung. Versetzen Sie sich vorher an diesen Ort, und erkunden Sie über ihn so viel, wie Sie nur können. Überprüfen Sie dann alles, wenn Sie wirklich dort sind. Oder versuchen Sie es mit einem öffentlichen Ort, einem Museumssaal etwa, und vergleichen Sie Ihre Eindrücke später mit der Realität.

Wenn wir auf diese Weise unsere Sinne erweitern, könnten Raum und Zeit eines Tages ebenfalls zu der wachsenden Zahl von Beschränkungen gehören, die mehr auf Suggestion und Konvention als auf Wirklichkeit beruhen.

16 Der Biorapport

Die Vorstellung, daß Musik uns mit einem höheren Sein in Verbindung setzt, war schon in der Antike bekannt und ist in unseren Tagen zu neuem Ansehen gelangt. So erklärt der Mathematiker Charles Muses:»Alle Dinge des Universums wurden letztlich durch Schwingungen geschaffen.«Jeder dieser Schwingungen entsprechen bestimmte Tonschwingungen, und daher ist die Behauptung gerechtfertigt,»daß alle Formen der Natur im wahrsten Sinne des Wortes durch Musik oder Gesang geschaffen und erhalten werden«.

Analog dazu ist heute in manchen Forscherkreisen die Ansicht verbreitet, daß unser Universum ein»Musikosmos« ist und musikalische Gesetze das Wirken dieses Kosmos und unseren Platz in ihm viel besser beschreiben als die Gesetze der Mechanik oder die Theorie des Zufalls. Seit der schweizerische Privatgelehrte Hans Kayser in unserem Jahrhundert diese alten Ideen wieder aufgriff, hat sich eine neue Wissenschaft etabliert, die»Harmonikale Grundlagenforschung«. Sie beschäftigt sich mit der Theorie der »Sphärenmusik«, die davon ausgeht, daß alle Erscheinungen der sichtbaren und unsichtbaren Welt im tiefsten miteinander verbunden sind, daß es eine wechselseitige Kommunikation und Resonanz aller Dinge gibt. Auch andere Fachgebiete wie die Transpersonale Psychologie und die Parapsychologie rücken auf ihre Weise diesen universalen Zusammenhang ins Blickfeld.

Dieses musikalische Weltprinzip – Rhythmus, Harmonie, Resonanz – liegt auch dem Phänomen des»Biorapports« zugrunde. Dieser Terminus wurde von den Russen als eine neue Bezeichnung für Telepathie geprägt. Unter Telepathie, im allgemeinen Sprachgebrauch »Gedankenübertragung«, versteht man eine Kommunikation ohne Vermittlung der bekannten Sinnesorgane. Heute wird immer deutlicher, daß sich hinter diesem Phänomen sehr viel mehr verbirgt als der bloße Transfer von Gedanken und Gefühlen. Auch die Telepathie ist eine Manifestation der tönenden, schwingenden Verbindung mit dem Weltall und drückt sich auf subtile Weise in unseren Körperrhythmen aus.

Das zeigte zum Beispiel ein Experiment mit einer Gruppe von Ehepaaren im Labor der Universität von Montana. Der Versuchsleiter George Rice schloß die Ehefrauen ohne vorherige Erläuterung des Experiments an Apparate zur Messung von Hautreaktionen an, die auch als Lügendetektoren verwendet werden. Die Ehemänner wurden einstweilen in ein anderes Zimmer verfrachtet. Dort teilte Rice sie in zwei Gruppen, von denen die eine nur beobachten und die andere im Dienst der Wissenschaft ihre Füße in eiskaltes Wasser stecken sollte. Bei einer Ehefrau, deren Mann auf diese Weise traktiert wurde, zeigten in dem anderen Raum die Meßgeräte Hautveränderungen an. Bei allen Frauen, deren Männer den »Kälteschock« erlitten, schlugen die Instrumente viel stärker aus als bei den übrigen. Es hatte den Anschein, als stünden die Ehepaare in einer Art »telepathischer« Verbindung.

Etwas Ähnliches spielte sich im Rockland State Hospital in New York ab, doch anstelle der Ehepartner brachten die Versuchspersonen diesmal ihre Hunde mit. Wenn ein Herrchen oder Frauchen unter einem überraschend auf den Hals applizierten Eiswürfel erschauerte, registrierten die Meßgeräte bei den Hunden ebenfalls Veränderungen der Körperabläufe. Diese geheime Verbindung existiert also nicht nur zwischen Menschen, sondern auch zwischen Mensch und Tier.

Am New Jersey Institute of Technology entdeckte Dr. John Mihalasky, daß er wie viele andere auch telepathische Anlagen hatte. Er ließ sich an einen Apparat anschließen, der Veränderungen in den Blutgefäßen der Hände anzeigt. Mihalasky wußte, daß in einem anderen Zimmer eine zweite Person versuchte, ihm die Namen von Bekannten und Fremden per Gedankenübertragung mitzuteilen. Er empfing diese Botschaften nicht bewußt, doch sein

Körper registrierte sie. Die Kurve zeigte an, daß jedesmal, wenn
der Versuchsleiter den Namen eines Menschen nannte, für den
Mihalasky Zuneigung oder Abneigung empfand, das Blutvolumen
seiner Hände sich veränderte. Wenn unbekannte Namen genannt
wurden, ergab sich keine Veränderung. Es war, als ob relevante
Informationen von einer Art unbewußtem Radarschirm aufgefangen würden. Dr. Douglas Dean, der diese Experimentanordnung
entworfen hatte, konnte eine solche Körpertelepathie nicht nur
von einem Zimmer zum anderen, sondern auch über Kontinente
hinweg feststellen, und sie trat selbst dann auf, wenn der »Sender«
sich zehn Meter unter Wasser befand.

Diese Beispiele und viele andere Untersuchungen zeigen, daß
wir ganz unbewußt telepathische Botschaften vermitteln und empfangen können. Dr. Rex Stanford von der University of Virginia
Medical School dachte sich mit viel Phantasie Experimente aus,
um Fehlleistungen zu erforschen, die sich später zum Vorteil des
Betreffenden auswirkten – wenn zum Beispiel jemand vergessen
hatte, einen Brief aufzugeben oder aus unerklärlichen Gründen einen bestimmten Anruf machte. Er gelangte zu dem Schluß, daß
unsere Handlungen manchmal durch unbewußte telepathische
Informationen gesteuert werden.

Die Forscher in der Sowjetunion haben die Telepathie nicht
ohne Grund »Biorapport« getauft, denn sie ist offensichtlich nicht
nur ein »Radio des Gehirns«, sondern erfaßt als eine Wechselbeziehung allen Lebens die ganze Persönlichkeit. Sie ist anscheinend
eine Fähigkeit, die jeder Mensch unbewußt besitzt, und kann als
solche auch bewußt gemacht und bis zu einem gewissen Grad trainiert werden. Als ein außersinnlicher Kanal der Wissensvermittlung könnte die Telepathie in Zukunft besondere Bedeutung gewinnen. Wie K. Tsiolkowskij, der Vater des sowjetischen Raum-
fahrtprogramms, schon vor längerer Zeit erklärte, brauchen wir
die telepathischen Kräfte nicht nur zur Erforschung des Weltraums, sondern auch, um mit der gigantischen Wissenschaftsex-
plosion unserer Zeit Schritt zu halten. Durch Telepathie können
wir uns außerdem bewußt machen, wie unsere eigenen Gedanken
in diesem Netz universaler Kommunikation funktionieren und

hellhöriger werden für subtile Einflüsse unserer Umgebung.
Allerdings gibt es auch andere Gründe, sich mit Telepathie zu
befassen. So haben manche Regierungen ein Interesse an Psi-
Kommunikation, um sie im Weltraum oder für U-Boote im Ernst-
fall strategisch einzusetzen. Natürlich besteht auch die Möglichkeit, Telepathie für Spionage oder Psychokontrolle zu mißbrau-
chen. Wir wollen diesen Dingen hier nicht weiter nachgehen, sondern uns auf die positive Nutzung der Telepathie im täglichen Leben beschränken. So können Sie, um ein ganz praktisches Beispiel
zu nennen, Ihre Schwester durch eine telepathische Botschaft veranlassen, bei Ihnen anzurufen. In der Vergangenheit wurde auch
eine Fülle von telepathischen SOS-Rufen »gehört«, die in Augenblicken größter Not gesendet worden waren. Ob Sie nun selbst
Botschaften vermitteln können oder nicht – wenn Sie ein Gefühl für
Telepathie entwickelt haben, werden Sie das Wesen dieses funda-
mentalen Rapports besser begreifen.

Der telepathische Rhythmus

Wie der gleichmäßige Takt beim Superlearning eine große Rolle
spielt, so erleichtert die rhythmisierte Sendung einer Botschaft
auch das Erlernen der Telepathie, wie uns von Russen im Gespräch wiederholt versichert wurde. Sie hatten bei manchen Versuchen aus telepathischen Partnern »Zwillinge« gemacht, indem
sie deren Körperrhythmen synchronisierten und durch diesen biologischen Gleichtakt eine bessere Kommunikation erzielten. Außerdem verwendeten sie eine sichtbare Rhythmisierung, wie das
Experiment von Wladimir Fidelman zeigt, der am Popow-Institut
seine Versuchspersonen in der geistigen Übertragung von Zahlen
schulte. Da Musik sich bei dieser Art von Botschaft hätte störend
auswirken können, gab Fidelman statt dessen elektrische Signale.
Er blinkte dem Sender in einem bestimmten Takt immer wieder
eine erleuchtete Zahl zu, sagen wir eine Drei. »Sagen Sie sich im
Rhythmus mit dem Blinklicht immer wieder ›drei, drei, drei‹ vor,
bis Sie die Ziffer klar und deutlich auf Ihrem inneren Bildschirm

sehen«, instruierte er den Sender. Von 134 Zahlen konnten seine Sender in einer Versuchsreihe 100 Zahlen an einen Empfänger über eine Entfernung von anderthalb Kilometern vermitteln. Das ist ein sehr gutes Ergebnis.

Viele neue Ideen der sowjetischen Parapsychologie wurden in den USA übernommen und weiterentwickelt, doch die Bedeutung des rhythmischen Taktes hat man dabei oft übersehen. Allerdings verwendete der amerikanische Neurologe André Puharich bereits vor den sowjetischen Versuchen das rhythmisierte Blinklicht. Er bombardierte die geschlossenen Augen des Mediums Peter Hurkos mit Röhrenblitzen, deren Geschwindigkeit Hurkos selbst nach Wunsch regulieren konnte. Unter der Einwirkung dieses hellen, pulsierenden Lichts erfuhr Hurkos »erwiesenermaßen eine Steigerung seiner telepathischen und hellseherischen Fähigkeiten«, berichtet Puharich. (Hüten Sie sich allerdings vor eigenen Experimenten dieser Art, denn die falsche Blitzgeschwindigkeit kann zu den verschiedensten Störungen führen.)

Puharich konnte auch auf Experimente mit eineiigen Zwillingen verweisen: Wenn die Hirnwellen des einen Zwillings durch pulsierendes Blinklicht verändert wurden, dann veränderten sich gleichzeitig die Hirnwellen des anderen Zwillings, der sich in einem anderen Zimmer befand. Wie Losanow interessierte sich auch Puharich von Anfang an für Schamanen und Yogis, denen das rhythmische Element bei der Gedankenübertragung seit alters her bekannt ist.

Yogi Ramacharaka zum Beispiel schreibt in *The Science of Breath*: »Der Rhythmus steigert die Erfolgsquote von Gedankenübertragungen um etliche hundert Prozent.« Er empfiehlt, vor dem Senden von Gedanken im Rhythmus des eigenen Pulsschlags zu atmen (siehe Anleitungen S. 73 f.). Die Yogis verwendeten auch spezielle Kerzen, deren schnell flackerndes Licht vor den Augen des Meditierenden zu Bewußtseinsveränderungen führte.

Über die Erlernbarkeit von Telepathie wissen wir mehr als über jede andere Psi-Fähigkeit. Interessanterweise stellte sich heraus, daß sowohl der telepathische Rapport als auch das Blitzlernen und die Entwicklung von Supergedächtnis auf denselben Voraussetzungen beruhen. Das überrascht vielleicht nicht, wenn man bedenkt, daß Dr. Losanow, von den hermetischen Traditionen des Westens und vom Yoga ausgehend, sich erst mit Telepathie oder Biorapport und danach mit Schnell-Lernverfahren beschäftigte. Telepathie und Supergedächtnis sind lediglich zwei Fähigkeiten von vielen anderen, die von jeher mit denselben Übungen ausgebildet werden können.

Wie im Superlernsystem ist es auch beim telepathischen Training wichtig, sich vorher mit Hilfe rhythmischer Atmung in einen Zustand psychophysischer Entspannung und Gelassenheit zu versetzen. Die Fähigkeit der bildhaften Vorstellung ist für die Telepathie ebenfalls wichtig, vor allem dann, wenn Sie Bilder senden wollen. Desgleichen scheint eine rhythmisch pulsierende Vermittlung von Information den Empfang zu verstärken, und wie in der Supermemory-Sitzung soll die Atmosphäre positiv sein. Gehen Sie spielerisch an die Aufgabe heran, und empfinden Sie die Lust des Abenteuers und die Freude am Lernen. Halten Sie daran fest, daß Sie Telepathie *können*. Manchen Leuten fällt Psi im Rollenspiel leichter, wie es auch im Superlernunterricht mit Erfolg eingesetzt wird. Wenn es Ihnen zusagt, tauschen Sie die Identität mit einer Person, von der eine für Ihren Zweck geeignete Suggestivwirkung ausgeht. Stellen Sie sich zum Beispiel vor, daß Sie als Pilot eine Maschine steuern oder als Raumfahrer einen Planeten umkreisen. Dieses Rollenspiel hat noch einen Vorteil: Es enthebt Sie der Verantwortung für Ihre Fehler.

Das telepathische Gespür

Es liegt in der Natur der Sache, daß Sie für das telepathische Training einen Partner brauchen. Da Sie in unmittelbaren Kontakt zu einem anderen Menschen treten, wählen Sie jemanden, mit dem Sie sich stark verbunden fühlen. Wechseln Sie sich als telepathischer Sender und Empfänger zunächst ab. Vielleicht stellt sich heraus, daß Sie das eine besser können als das andere, und diese Rolle übernehmen Sie dann.

Sie können mit verschiedenen telepathischen Übungen beginnen. Paradoxerweise ist es am leichtesten, Informationen über einen sehr komplexen Gegenstand zu übertragen – nämlich über eine andere Person. So geht Frances Brown Zeff vor, die ehemalige Präsidentin der Society for Psychical Research in Südkalifornien, die in einem Fortbildungskurs für Erwachsene Parapsychologie unterrichtet. Ihre Studenten möchten sich nicht nur mit der Forschung vertraut machen, sondern die Sache am eigenen Leib erfahren, und nehmen daher auch an Übungen teil. Wie andere Lehrer der Telepathie beobachtete auch Mrs. Zeff, daß die Anfänger in ihren Kursen gute Resultate mit Informationen über unbekannte Personen erzielten. Der Sender konzentriert sich dabei einfach auf eine ihm vertraute Person und versucht, ein Bild von ihr zu »blinken«. Der Empfänger versucht dann, die ihm unbekannte Person – ihre physische Erscheinung und alles andere, was ihm sonst noch auffällt – zu beschreiben.

Anfänger können auch, wie Mrs. Zeff feststellte, recht gut einen Geschmack telepathisch vermitteln. Der Sender wählt ein Objekt mit einem ganz bestimmten Geschmack – einen süßen Bonbon oder eine frische Zitronenscheibe. Ohne vom Empfänger gesehen zu werden, kostet er zum Beispiel den Bonbon und erlebt dessen Süße mit seinen eigenen Sinnen, bevor er versucht, die Beschaffenheit des Bonbons, seinen Geschmack und sein Aroma, dem Empfänger zu übermitteln. Die Versuchspersonen schneiden übrigens am besten ab, wenn sie hungrig sind; kommen sie unmittelbar nach dem Essen in den Kurs, empfangen sie Geschmäcke weniger gut.

Man kann auch mit der Übertragung eines unbekannten Bildes beginnen. Werke der bildenden Kunst eignen sich besonders gut dafür, wenn sic klare Linien, Gefühlswert und, was manchmal der Fall ist, einen mythischen Hintergrund haben. Der Sender hält sich das Bild einfach vor Augen, natürlich außer Sichtweite des Empfängers. Er betrachtet es, prägt es seiner Vorstellung mit Hilfe möglichst vieler Sinnesorgane ein und »blinkt« es dann dem Empfänger. Dieser versucht, so viel wie möglich von dem Bild wahrzunehmen: das Thema, die vorherrschenden Farben, eine bestimmte Form oder Linie, einen Gefühlswert, was auch immer.

Versuchen Sie, eine Zeichnung Ihrer Eindrücke anzufertigen. Es ist interessant festzustellen, welche Elemente »durchkommen«.

Früher oder später wollen viele den klassischen ASW-Test probieren, den wir in einem früheren Kapitel bereits erwähnten. Bei diesem Experiment soll einer von fünf Gegenständen, Symbolen, Buchstaben, Zahlen oder Bildern übertragen werden. Wählen Sie mit Ihrem Partner fünf Gegenstände aus. Wenn Sie Buchstaben mögen, versuchen Sie es mit B A Z O W, oder wenn Sie lieber mit Zahlen arbeiten, nehmen Sie 4 5 6 7 8. Beide, Sender und Empfänger, verwenden einige Minuten für Entspannungs- und Atemübungen. Dann ermittelt der Sender mit einem Würfel oder Kreisel eines der fünf Objekte – Buchstaben oder Zahlen, die man auf fünf verschiedene Gläser geschrieben hat.

Betrachten Sie als Sender das Glas. Machen Sie sich im Geist ein lebhaftes Bild von ihm, und beziehen Sie auch andere Sinne mit ein: Berühren Sie das Glas, fühlen Sie seine Wölbung und Kühle, während Sie Ihrem Partner das Bild »zublinken«, und zwar im Rhythmus Ihres eigenen Herzschlags, der, wie Sie wissen, der Rhythmus der Yoga-Atmung ist. Sie können es aber auch mit einem anderen Takt versuchen, zum Beispiel mit einem Taktschlag pro Sekunde, und zur Verstärkung ein Metronom oder ein Blinklicht verwenden. Probieren Sie verschiedene Geschwindigkeiten aus, damit Sie sehen, ob Ihre Übertragungsfähigkeit dadurch beeinflußt wird. Stellen Sie sich am Schluß vor, daß Sie das Weinglas durch die Augen Ihres Partners sehen. Verwenden Sie für die Projektion eine bis anderthalb Minuten.

Wenn Sie der Empfänger sind, nehmen Sie mit geschlossenen Augen eine bequeme Lage ein. Der richtige Zustand ist die »entspannte Wachheit«. Konzentrieren Sie sich im Geist nun nicht der Reihe nach auf jeden einzelnen Gegenstand. Lassen Sie die Bilder einfach kommen, und warten Sie, bis eines auf Ihrem inneren Bildschirm konkret Gestalt gewinnt.

Bei diesem Experiment sollten Sie nach dem Gesetz des Zufalls bei fünf Versuchen einmal richtig raten, aber kümmern Sie sich anfangs nicht zu sehr darum. Achten Sie lieber darauf, welches Gefühl Sie hatten und was Sie als Sender oder Empfänger »sahen«, wenn die Botschaft durchkam. Spüren Sie einen Unterschied zwischen bloßem Raten und ASW? Manchmal kommt nur ein Teil der Zielvorstellung durch – warum gerade dieser? Hat er mehr Gefühlswert, mehr Aktion, Farbe oder eine bestimmtere Form? Üben Sie mit einer neuen Serie, bevor Sie sich langweilen. Wiederholen wir: Am wichtigsten sind Entspannung, Bildvorstellung und Training. Leider wollen viele Leute ihre ASW-Fähigkeit sofort mit einem Experiment testen, und wenn nach ein oder zwei Sitzungen sich nicht gleich telepathische Phänomene einstellen, geben sie auf. Auf diese Weise hätten Sie nie lesen, schwimmen oder rechnen gelernt und sich nie irgendeine Fähigkeit oder ein Talent aneignen können. Ausdauer beim Üben ist also wichtig.

Es gibt natürlich die verschiedensten Möglichkeiten, aber viele Anfänger arbeiten gut mit dem Zifferblatt einer Uhr. Das liegt vielleicht daran, daß wir gewöhnt sind, mit Uhren umzugehen und uns nach Uhren zu richten. Nehmen Sie also eine ganz normale Uhr zur Hand, wählen Sie eine beliebige Stunde zwischen eins und zwölf und stellen Sie die Zeiger entsprechend ein. Dann übertragen Sie die Uhrzeit Ihrem Empfänger, *indem Sie sich auf den Winkel der Zeiger konzentrieren.*

Wenn Sie ein Spiel daraus machen wollen, verwenden Sie nach einem berühmten britischen Experiment ein Punktesystem: zwölf Punkte, wenn die Stunde genau geraten wurde; sechs Punkte für das Spiegelbild, wenn zum Beispiel neun Uhr statt drei Uhr geraten wird; vier Punkte für je eine Stunde vor oder nach der richtigen Zeit.

ASW in Spiel und Test

Leute, die sich nicht mit Bildern verständigen können, haben oft mehr Glück im Übermitteln von Körperbewegungen. Der Empfänger begibt sich in ein anderes Zimmer, in dem er sich frei bewegen kann. Versuchen Sie es mit einer rhythmischen Bewegung, mit einem »Indianertanz« oder einem »Schlittschuhlauf«, bei dem sie von einer Seite zur anderen schwingen und sich vorstellen, daß Sie schlittschuhlaufen, unentwegt schlittschuhlaufen . . .

Wenn Sie mit dieser Art von Übertragung Erfolg haben, können Sie versuchen, die Bewegungen Ihres Empfängers zu steuern. Bei dieser Übung sind Sie beide in demselben Zimmer. Lassen Sie Ihren Empfänger um ein Möbelstück herumgehen, etwa um einen Tisch. Nach einer Runde erteilen Sie ihm geistig den Befehl, an einer bestimmten Seite des Tisches stehenzubleiben. Versuchen Sie, ihn durch das ganze Zimmer zu dirigieren: vorwärts, links, strecken, bücken usw. Versuchen Sie, ihn zu einem bestimmten Gegenstand zu führen, der irgendwo im Zimmer versteckt ist. Diese Methode des »Schatzsuchens« eignet sich gut für Anfänger, da man dem anderen während des Gehens Feedback geben kann.

Wenn Sie bei dieser Übung mit kinetischem Rapport die Rolle des Empfängers übernehmen, schließen Sie die Augen ganz oder wenigstens halb, um Ablenkungen zu vermeiden. Spüren Sie Ihren Körper, entspannen Sie sich, gehen Sie mit der Strömung – lassen Sie sich von ihr treiben. Wenn Sie spüren, daß irgendein Widerstand Sie zurückhält, bleiben Sie stehen.

Als Sender oder Projektor geben Sie Ihrem Partner den geistigen Befehl, vorwärts oder nach links zu gehen oder stehenzubleiben. Stellen Sie sich die Bewegung bildhaft vor, und lassen Sie Ihre Muskeln mitspielen. Spüren Sie die Bewegung in Ihrem eigenen Körper.

Dr. Losanow gründete seine demonstrierbare telepathische Methode, die in der kommunistischen Welt viel Aufsehen erregte, hauptsächlich auf Rhythmus und Rapport. Bei einem Versuch läßt er neben dem telepathischen Empfänger rechts und links je eine Morsetaste anbringen. In einem anderen Raum sitzt der Sender neben einem tickenden Metronom. Im Rhythmus des Tickens gibt er telepathische Anweisungen: »Rechts drücken, rechts« oder »links drücken, links«. Die eine Taste gibt die Punkte, die andere die Striche des Morsealphabets wider, so daß dem Empfänger eine ganze Codenachricht übermittelt werden kann. Jeder Befehl wird zehnmal wiederholt, und wenn der Empfänger sechs davon aufzeichnet, gilt das Zeichen als durchgekommen.

Mit dieser rhythmisierten Form der kinetischen ASW konnten die Bulgaren bei Tausenden von Morsetests siebzig bis achtzig Prozent richtige Resultate erzielen und lange Codenachrichten übertragen. »Telepathie ist praktisch anwendbar«, erklärte Losanow, »und telepathische und hellseherische Fähigkeiten können durch Suggestologie geweckt und geschult werden.« Wenn Sie dieses telepathische Morsen ausprobieren wollen, verwenden Sie ein Metronom mit einem Rhythmus von 60 oder 72 Schlägen pro Minute, oder nehmen Sie den Takt Ihres eigenen Pulsschlags. Losanow teilt nicht mit, welcher Rhythmus der beste ist. Anstelle von Morsetasten kann man auch die zwei Hälften einer Klaviatur verwenden. Anstatt die rechte Taste zu drücken, schlagen Sie eine hohe Note an, für die linke Taste eine tiefe.

Träumen zu zweit

Der Satz, »Du wirst mir im Traum erscheinen« ist mehr als eine Redensart, wie Untersuchungen in Traumlaboratorien seit gut zehn Jahren bewiesen haben. Es scheint tatsächlich möglich zu sein, Träume zu »machen« und einer anderen Person zu schicken.

Suchen Sie sich einen willigen Partner, wenn Sie diese Übung versuchen wollen, am besten jemand, der bereits ein Traumtagebuch führt und gewohnt ist, Träume zu erinnern. Im Labor weckt man die Versuchspersonen unmittelbar nach dem Traum auf, damit sie ihn niederschreiben. Da Sie das normalerweise nicht können, müssen Sie sich auf die Disziplin und den guten Willen Ihres Träumers verlassen.

Wählen Sie zehn Bilder; einige davon mit starkem Gefühlsgehalt und andere mit Aktion. (Es ist nicht überraschend, daß Bilder mit dem Thema Erotik oder Gewalttätigkeit sich am besten übertragen lassen.)

Sagen Sie Ihrem Partner nicht, welche Bilder Sie gewählt haben. Wenn Sie nicht im selben Haus wohnen, warten Sie so lange, bis Sie mit Sicherheit annehmen können, daß Ihr Partner schläft. Notieren Sie die Zeit, und beginnen Sie mit der rhythmischen Sen-

dung Ihres Traumthemas. Versenken Sie sich in das Bild, in die
Emotionen. Haben Sie irgendwelche taktilen Empfindungen? Stellen Sie das Bild nach einer Weile dramatisch dar. Wenn es einen
Tanz zeigt, tanzen Sie; wenn es einen Boxkampf abbildet, versuchen Sie Schattenboxen.

Unmittelbar nach dem Erwachen schreibt der Empfänger seinen Traum genau auf. Beim nächsten Treffen zeigen Sie ihm die
Bilder und fragen ihn, welches davon eine Beziehung zu seinem
Traum hat. Sehen Sie sein Traumprotokoll an, und prüfen Sie, ob
eine Entsprechung auf verschiedenen Ebenen denkbar ist.

Eine altbekannte und noch einfachere Übung besteht darin, daß
man versucht, jemanden telepathisch aufzuwecken. Wenn Sie sicher sind, daß Ihr Partner schläft, notieren Sie die Zeit, und versuchen Sie, ihn durch Gedankenübertragung zu wecken. Senden Sie
ihm Befehle, rufen Sie ihn, imaginieren Sie usw. Notieren Sie wieder die Zeit, wenn Sie fertig sind, und der Empfänger soll seinerseits festhalten, wann er in der Nacht aufwacht. Es genügt, wenn
Sie diese Übung einmal nachts machen.

Wir hatten während einer Reise einmal ein solches Erlebnis.
Jack Schwarz hatte versprochen, daß er in aller Frühe anrufen
würde, um ein Treffen zu vereinbaren. Statt dessen wurde Nancy,
die jahrelang mit Schwarz gearbeitet hatte, zur angekündigten
Zeit durch einen Traum hellwach. In diesem Traum gab Jack ihr
den Befehl: »Wach auf! Du wirst Jack versäumen! Du mußt ihn im
Hotel treffen!« Es stellte sich heraus, daß das Telefon nicht funktionierte und Jack daher nicht anrufen konnte. Er beschloß, uns
durch diesen telepathischen Anruf zu wecken, während – auf alle
Fälle – schon jemand zu uns eilte, um an die Tür zu klopfen. Wenn
das ein Zufall war, so kam er uns sehr gelegen.

Wenn Sie eine Melodie summen oder pfeifen, sagt manchmal
jemand zu Ihnen: »Diese Melodie ist mir auch gerade durch den
Kopf gegangen!« Musik ist wegen ihrer Rhythmik, ihrer Melodik
und ihres Gefühlsgehalts tatsächlich ein gutes Medium für Gedankenübertragung, als solches jedoch noch erstaunlich wenig erforscht.

Machen Sie selbst einen Versuch. Wählen Sie fünf bestimmte

Melodien, die Sie und Ihr Partner gut kennen: ein Kinderlied, ein bekanntes Weihnachtslied, einen Schlager usw. Greifen Sie eine Melodie heraus, und singen Sie diese im Geist. Wenn Sie ein ganzes Orchester in Ihrem Kopf beschwören können, lauschen Sie ihm, und senden Sie die Musik Ihrem Empfänger.

Familien-Telepathie

Wie wir wissen, ist der Rapport zwischen Eltern und Kindern besonders stark, und zwar auf physischer wie auf emotionaler Ebene. Es gibt einerseits den biologischen Rapport, der sich so auswirkt, daß der Körper eines Säuglings in dem Augenblick reagiert, in dem seine Mutter in einem anderen Flügel der Klinik einen plötzlichen Schmerz verspürt. Andererseits gibt es einen emotionalen Rapport über große Entfernungen hinweg wie in folgendem interessanten Fall.

Der Psychiater Dr. Berthold Schwarz berichtet von einem Patienten, der eines Tages heftige Zahnschmerzen bekam. Er eilte zu seinem Zahnarzt, doch dieser konnte nichts finden, obwohl der Mann sichtlich Schmerzen hatte. Schließlich verließ ihn der Schmerz so plötzlich, wie er gekommen war. Am selben Abend rief seine Mutter aus einem anderen Bundesstaat an und sagte, sie habe sich an diesem Tag einen schmerzhaft entzündeten Zahn ziehen lassen. Es war der gleiche Zahn, der ihrem Sohn weh getan hatte. Schwarz konnte eine ganze Reihe von Fällen nachweisen, in denen nahe Verwandte und enge Freunde so stark miteinander verbunden waren, daß sie Schmerzen und Emotionen gegenseitig mitempfanden. Schwarz, der selbst Familienvater ist, legte seine Erfahrungen schließlich in seinem Buch *Parent-Child Telepathy* (»Telepathie zwischen Eltern und Kindern«) nieder.

Manche Mütter und Väter führen ein Tagebuch, in dem sie Fälle spontaner Telepathie zwischen sich und ihren Kindern notieren. Schwarz und andere beobachteten, daß kleine Kinder oft die Gedanken ihrer Eltern aussprechen oder sogar dramatisch darstellen. So sucht zum Beispiel ein Vater auf seinem Schreibtisch die

Heftmaschine, die er zwei Monate nicht benützt hat. Kurz darauf
kommt sein Kind herein, die Heftmaschine in der Hand, und fragt,
wozu man dieses Ding braucht. Das ist nur ein kleines Beispiel,
aber wenn Sie einige gesammelt haben, beginnen Sie zu spüren,
wie manche Gedanken von einem Mitglied der Familie auf ein anderes übertragen werden und wie wir uns über unsere bewußten
Worte und Handlungen hinaus gegenseitig beeinflussen.

Kinder scheinen mehr natürliche Psi-Begabung zu besitzen als
Erwachsene, vermutlich, weil die Suggestionen der Umwelt sie ihnen noch nicht ausgetrieben haben. Das merkte ein Lehrer in Kalifornien, als zwei Jungen in einem Sommerlager erklärten, sie wüß-
ten, daß es ihm gesundheitlich nicht gut ginge, weil sie eine Veränderung seiner Körperenergie oder Aura festgestellt hätten. Das
Phänomen interessierte den Lehrer, und er stellte unter seinen
Schülern diskrete Nachforschungen an. Eine ganze Anzahl berichtete von Erfahrungen, die wir außersinnlich nennen würden. Am
häufigsten kamen Dinge vor wie das Sehen einer Aura, die Vorhersage von Ereignissen und seltsamerweise das Gefühl, dem eigenen
Körper zu entschweben, eine Erscheinung, die die Parapsychologie erst jetzt näher untersucht. Die Kinder sprachen aus zwei
Gründen meistens nicht über diese Erlebnisse: entweder, weil ihnen eingeredet worden war, daß so etwas »sich nicht gehört«, oder
einfach deshalb, weil sie annahmen, daß jeder solche Erfahrungen
machte und sie daher nicht der Rede wert seien.

Versuchen Sie es einmal, sprechen Sie mit Kindern über Psi.
Behandeln Sie dabei Psi-Erfahrungen als etwas ganz Natürliches,
das geschehen kann oder auch nicht. Sie können Psi-Spiele mit ihnen veranstalten, um die Fähigkeiten anzuregen, die ein Merkmal
des zukünftigen Menschen sein werden. Hier sind zwei Beispiele:

Telepathischer Detektiv

Ziel: Förderung von Konzentration und telepathischer Bega-
bung.
Requisiten: Ein Blatt Papier für jeden Teilnehmer. Schreiben
Sie auf ein Blatt »Zeuge«, und malen Sie ein fröhliches Gesicht

dazu. Auf ein anderes Blatt schreiben Sie »Schuldiger« und malen ein trauriges Gesicht. Die restlichen Blätter bleiben leer.
Spielordnung: Die Kinder sitzen im Kreis. Jedes Kind erhält ein Blatt, das es niemandem zeigen darf. Sie erklären, worauf es in diesem Spiel ankommt: Es gibt nur einen »Zeugen« (fröhliches Gesicht) und einen »Schuldigen« (trauriges Gesicht). Die Kinder schreiben nun ihren Namen oder eine ihnen zugeteilte Zahl an den unteren Rand des Blattes. Das Kind, das »Zeuge« geworden ist, meldet sich. Die anderen falten ihre Blätter zusammen und geben sie dem »Zeugen«. Dieser sieht nach, welches Kind das Los des »Schuldigen« getroffen hat.
Der Sender: Der »Zeuge« oder Sender konzentriert sich jetzt auf den Namen des »Schuldigen«. Er stellt sich das Kind so deutlich wie möglich vor und sagt im Geist rhythmisch seinen Namen.
Empfänger: Die anderen Kinder schließen die Augen, sitzen entspannt und still da und warten, bis der Name des »Schuldigen« ihnen einfällt.
Gewinner: Schreiben Sie die Namen der Gewinner auf, und geben Sie ihnen Pluspunkte.

Musikalische Stühle

Requisiten: Eine Anzahl numerierter Stühle. Die Nummern werden jeweils auf ein Blatt geschrieben und in einen Hut getan. Jeder Spieler bekommt ein Blatt Papier und einen Bleistift.
Spielordnung: Der Teilnehmer setzen sich auf die Stühle. Es wird ein Sender gewählt.
Der Sender schaltet Musik ein, zieht eine Nummer aus dem Hut und versucht, diese der Gruppe zu übertragen.
Empfänger: Alle anderen Kinder sind die Empfänger. Jedes Kind schreibt die Nummer auf, die es telepathisch empfing. Wenn die Musik aufhört, zeigen alle ihre Zettel her.
Gewinner: Der Spieler mit der »richtigen« Nummer, das heißt, der Spieler, dessen Stuhlnummer und telepathisch empfangene Nummer übereinstimmen, hat gewonnen und darf seinen Stuhl verlassen.

Wiederholen Sie das Spiel so lange, bis nur noch ein Kind auf dem telepathischen »heißen Stuhl« übrigbleibt.

Pflanzen mit Seele

Es gibt ein einfaches Experiment, das die wechselseitige Verbundenheit allen Lebens anschaulich macht; sie wird darin so lebendig und handgreiflich wie ein Bohnensproß, der der Sonne entgegenwächst.

Nehmen Sie einfache Samen: Bohnen und Gerstenkörner eignen sich besonders gut. Pflanzen Sie jeweils zehn in drei verschiedene Blumentöpfe, und geben Sie diesen ein Etikett: Auf einem Topf steht *Liebe*, auf dem anderen *Kontrolle* und auf dem dritten *Haß*. Während der folgenden Wochen behandeln Sie die Töpfe äußerlich ganz gleich: Sie geben ihnen die gleiche Wassermenge, sorgen für das gleiche Licht usw. Die telepathische Behandlung ist jedoch verschieden: Sie setzen sich zweimal am Tag für fünf bis zehn Minuten in »zärtliche« Verbindung mit dem *Liebe*-Topf. Diesen Samen senden Sie im Geist positive, ermunternde Gedanken, die Sie auch aussprechen können. Sagen Sie ihnen, daß sie die besten Samen der Welt sind und gar nicht anders können, als sich zu schönen, kräftigen Pflanzen zu entwickeln. Versuchen Sie, einen Rapport wahrzunehmen, und stellen Sie sich bildhaft vor, wie diese Pflanzen stark und gesund emporwachsen.

Den *Kontroll*-Topf beachten Sie nicht weiter, aber an dem *Haß*-Topf lassen Sie alle Frustrationen des Tages aus. Schütten Sie Ihren Zorn über diese Samen aus, und entmutigen Sie sie. Sagen Sie ihnen: »Ihr seid nichts wert, aus euch wird nie etwas. Keiner will euch haben. Die Welt ist schlecht; sie wird euch bestimmt nicht gefallen. Es hat keinen Sinn, daß ihr es probiert...« – Kommen Ihnen solche Redensarten nicht bekannt vor? Im Geist sehen Sie die Schößlinge mickrig und verkümmert.

Vergleichen Sie die Töpfe nach einigen Wochen. Prüfen Sie die Höhe, Stärke und Wurzelfülle der Pflanzen. Können Sie Unterschiede feststellen? Anhand dieses Experiments ist schon vielen

Menschen klar geworden, daß Gedanken tatsächlich einen Einfluß ausüben können.

Gruppentelepathie

Wenn zwei oder drei Menschen einander Gedanken übertragen, dann steigt die telepathische Spannung enorm. Machen Sie einen Versuch, bei dem eine Gruppe einer einzelnen Person in einem anderen Raum etwas sendet. Verwenden Sie für Ihre Sendung einen Rhythmus, sagen wir von sechzig Schlägen pro Minute. In einem Experiment konzentrierte sich eine Gruppe einmal auf den Begriff »Wand«. Da es mit dem Empfang nicht klappte, wurden die einzelnen Teilnehmer gebeten, ihre Vorstellungen genau zu beschreiben. Da gab es nun alle möglichen Bilder – von einer tapezierten Eßzimmerwand bis zur chinesischen Mauer. Wenn Sie also eine Bildvorstellung wählen, einigen Sie sich auf ein ganz bestimmtes Bild, das dann am besten alle vor Augen haben, während Sie es rhythmisch »funken«.

Wenn umgekehrt eine Gruppe von Leuten als Empfänger fungiert, achten Sie darauf, ob zwei von ihnen öfters dieselbe falsche Antwort geben. Es kann sich um telepathische »Zwillinge« handeln, von denen einer unbewußt seine Antwort dem anderen überträgt. Sie haben die gleiche »Wellenlänge« und bilden zusammen ein gutes Team.

Wenn Sie Versuche mit Gruppentelepathie machen, senden Sie den Namen oder das Gesicht von Menschen, zu denen der Empfänger eine enge Beziehung hat. Probieren Sie es auch mit Bildern, Farben, Symbolen, Werbesprüchen, Gefühlen oder mit einem bestimmten Geschmack. Außerdem können Sie Gruppensendungen machen, wenn die Teilnehmer nicht versammelt sind, sondern jeder für sich zu Hause.

Nach all dem, was wir bisher über Biorapport gehört haben, nimmt es nicht wunder, daß Menschen uns so behandeln, wie wir ihnen selbst gegenübertreten. Wenn es zwischen Ihnen und manchen Menschen »klickt«, können Sie sicher sein, daß Biorapport im Spiel ist. Probieren Sie es aus, und senden Sie verschiedene Einstellungen, Gefühle und Gedanken über das telepathische Netz aus, wenn Sie Unbekannte treffen oder wenn Sie in einer Gruppe sind. Versuchen Sie es auch bei Bekannten, und stellen Sie fest, ob das, was Sie senden, wieder zurückstrahlt.

Die Schauspielerin und Autorin Naura Hayden hatte ein eindrucksvolles Erlebnis mit Biorapport, als sie mentale Techniken lernte, um sich besser in ihre Rollen einleben zu können. Sie studierte einerseits das extravertierte, weltbejahende Gefühl einer fröhlichen Naiven und andererseits das introvertierte, gedrückte Lebensgefühl einer verklemmten jungen Frau. Sie war jedoch nicht ganz zufrieden mit der »Wirklichkeit« dieser entgegengesetzten Charaktere, wie sie diese mit Hilfe ihrer Techniken erlebte. Dann fand sie ein Buch über körperliches Training für Schauspieler. Sie begann, die darin vorgeschriebenen Dehn- und Streckübungen auszuführen und noch andere Übungen, bei denen die Person sich klein machen und sich zusammenrollen mußte wie ein Embryo.

»Nachdem ich etwa eine Woche lang auf diese Weise geübt hatte, ersuchte ich einen Freund, sich auf meine Couch zu setzen, während ich davor stand und ihm den Rücken zukehrte. Ohne einen Muskel zu bewegen, praktizierte ich ein geistiges und gefühlsmäßiges Öffnen und Schließen, und er ›spürte‹ es jedesmal. Nachdem er fünfundzwanzigmal richtig geraten hatte, war das ein Beweis für mich, daß die Methode funktionierte.« In ihrem Buch *Everything You Always Wanted to Know About Energy but Were Too Weak to Ask* (»Alles, was Sie schon immer über Energie wissen wollten, sich aus Angst aber nicht zu fragen getrauten«) schreibt Mrs. Hayden: »Ich fing an zu begreifen, daß Geist, Körper und Gefühle eins sind.«

Biorapport, also Signale, die von einem Menschen ausgehen und sich in immer weiteren Kreisen unsichtbar fortsetzen, sind vermutlich auch die Ursache des sogenannten Charismas. Darunter verstehen wir die letztlich undefinierbare Wirkung, die ein großer Künstler, eine Führerpersönlichkeit oder ein bedeutender Lehrer auf uns ausübt. Dieses »gewisse Etwas« ist der Grund, warum eine Botschaft »ankommt«, warum sie uns rührt oder uns auf die Barrikaden treibt.

Auch darin ist ein Beweis zu sehen, daß unter der Oberfläche der Dinge alles in dynamischer Verbindung steht, als ob es ein geheimes Netz gäbe, durch das unzählige Botschaften schneller als mit Lichtgeschwindigkeit in alle Richtungen ausgestrahlt werden. Auf diese Lebenssignale haben Zeit und Raum keinen Einfluß. Wir fangen erst an zu begreifen, welche Wirkung unsere Gedanken und Gefühle in diesem Netz haben und wie wir selbst von Gedanken beeinflußt werden. Gewiß müssen diese Dinge von Fachleuten untersucht werden, aber sie gehen nicht nur die Forschung etwas an, sondern das tägliche Leben von uns allen. Wie Donald Hatch Andrews bemerkte: »Indem unsere Weltanschauung nicht mehr auf mechanistische, sondern auf musikalische Prinzipien gegründet ist, verändert sich auch unsere Philosophie der Wissenschaft.« Daraus folgt, daß wir alle lernen müssen, die Dinge auf eine neue Weise zu betrachten. In dem Netz universeller Bezüge sind wir Resonanz, Musik und Botschaft zugleich.

Wege zum Selbst

17 Raja-Yoga oder Die Wissenschaft der Konzentration

»Wer etwas lernen will, muß wissen, daß die richtige Bildvorstellung und der Glaube an das, was man tut und begreifen möchte, eine große Hilfe sein können, das Ziel zu erreichen«, erklärt Al Pollard, der Gründer einer sehr erfolgreichen Firma für Betriebsberatung in Little Rock, Arkansas. Al Pollard hat sich durch den Aufbau des Exportgeschäfts im amerikanischen Bundesstaat Arkansas einen Namen gemacht und sich zur Aufgabe gestellt, Intuition, Kreativität und sogenannte außersinnliche Fähigkeiten bei Unternehmern zu wecken. Er bemüht sich außerdem darum, Techniken zur Erschließung der geistigen Kräfte in die Pädagogik einzuführen. »Wir müssen zur Kenntnis nehmen, daß die Menschen nach neuen Erfahrungen lechzen«, meint er. »Und nur auf dem Weg des Lernens können wir laufend neue Erfahrungen machen.«

Raja Yoga oder geistiger Yoga wird oft die »Wissenschaft der Konzentration« genannt. Jene, die ihn praktizieren, erklären, daß man durch die Übung der Bildvorstellung allmählich seine Konzentration und die geistigen Fähigkeiten überhaupt steigern und ein fotografisches Gedächtnis entwickeln könne.

Einige der folgenden Übungen sind den klassischen Vorstellungsübungen des Raja Yoga entlehnt.

Bessere Konzentration durch Atmung

In dieser Übung wird der Atem als Mittel eingesetzt, die Verbindung zwischen Geist und Körper herzustellen. Die Übung fördert die Konzentration und die Fähigkeit der Bildvorstellung, indem sie die Aufmerksamkeit auf das Wechselspiel der Energie beim Atmen lenkt. Auch die vermehrte Zufuhr von Sauerstoff und Prana, die den Körper mit Bioenergie auflädt, dient nach östlicher Auffassung der Steigerung der Konzentration.

Diese klassische Übung, genannt »Polarisierung«, ist besonders zu empfehlen, wenn man unter Ängsten leidet. Wie Yoga-Anhänger behaupten, durchbricht sie den »Teufelskreis der Sorgen« und wirkt durch die vermehrte Zufuhr von Nervenenergie beruhigend.

Wenn Sie diese Konzentrationsübung eine Zeitlang ausgeführt haben, merken Sie selbst, ob Sie auf dem richtigen Weg sind, denn dann sollten Sie bei jedem Ein- und Ausatmen einen prickelnden Strom von Energie in Ihrem Körper spüren. Gehen Sie bei allen geistigen Übungen behutsam vor.

1. Suchen Sie sich einen störungsfreien Ort. Legen Sie sich auf einer Couch, einem Bett oder auf dem Fußboden so auf den Rücken, daß Ihre Lage dem Magnetfeld der Erde entspricht, das heißt, Ihr Kopf zeigt nach Norden, Ihre Füße nach Süden.

2. Ihre Beine sind gestreckt, die Füße geschlossen; Ihre Arme liegen am Körper an, Ihre Handflächen berühren die Schenkel.

3. Atmen Sie langsam, gleichmäßig und tief durch die Nase ein, und stellen Sie sich vor, daß eine warme, *goldgelbe* Sonnenenergie in Ihren Kopf einströmt, durch Ihren Körper fließt und aus den Fußsohlen wieder entweicht. Stellen Sie sich diese gelbe Energie als eine positiv geladene Strömung vor.

4. Während Sie langsam und gleichmäßig ausatmen, stellen Sie sich eine kühle, *blaue* Mondenergie vor, die durch Ihre Fußsohlen einströmt, durch den Körper fließt und bei Ihrem Scheitel wieder entweicht. Stellen Sie sich diese blaue Energie als eine negativ geladene Strömung vor.

5. Atmen Sie für weitere fünfzehn Minuten Gelb *ein* und Blau *aus*. Stellen Sie sich vor, daß diese polarisierten Energien wie eine elektrische Strömung durch Ihren Körper fließen. Lassen Sie sich vom Kopf bis zu den Zehen vom *gelben* »Einatmen« und in umgekehrter Richtung vom *blauen* »Ausatmen« durchpulsen. Versuchen Sie, den Atem, Ihre Bildvorstellung und das innere Gefühl dieser Energie zu synchronisieren.

6. Ihre Konzentrationsfähigkeit hat sich dann erhöht, wenn Sie deutlich spüren, wie Sie bei jedem Ein- und Ausatmen durch eine Ihren Körper durchfließende Energieströmung »aufgeladen« werden.

Dekorative Muster als geistige Übung

Bildvorstellung und Gedächtnis werden angeregt, wenn man sich auf einen Punkt konzentriert. Dieses Konzentrieren soll behutsam geschehen, so wie man ein starkes Mikroskop vorsichtig auf die richtige Bildschärfe einstellt. Bevor Sie eine Konzentrationsübung beginnen, sollten Sie wie immer eine Entspannungsübung machen.

Die folgenden Übungen werden mit Hilfe verschiedener geometrischer Muster ausgeführt, die man selbst aus Papier oder Karton herstellen kann. Sie können diese Muster auch rahmen und als Wandschmuck verwenden. In der östlichen Überlieferung werden diese geometrischen Bildmuster Yantras genannt. Sie können sie nach Vorlagen, die Sie in verschiedenen Yoga-Büchern finden, selbst basteln, vielleicht gibt es sie auch in esoterischen Buchläden als Poster zu kaufen.

1. Muster: Schneiden Sie aus einem schwarzen Karton ein Quadrat von 30 mal 30 Zentimetern und aus einem weißen Karton ein Quadrat von 4 mal 4 Zentimetern. Kleben Sie das weiße Quadrat genau in die Mitte des schwarzen.

2. Muster: Schneiden Sie aus schwarzem Karton ein Quadrat von 30 mal 30 Zentimetern. Schneiden Sie aus weißem Karton einen fünfzackigen Stern mit einem Durchmesser von 22 Zentimetern, und kleben Sie diesen Stern in die Mitte des schwarzen Quadrats.

3. Muster: Schneiden Sie aus weißem Karton ein Quadrat von 30 mal 30 Zentimetern. Schneiden Sie aus königsblauem Karton einen Kreis von 5 Zentimetern Durchmesser. Kleben Sie den blauen Kreis genau in die Mitte des weißen Quadrats.

1. Konzentrationsübung

Diese Übung dient der Stärkung Ihrer Konzentration und der Anregung Ihres Vorstellungsvermögens. Sie lernen, ein äußeres Muster durch die Kraft Ihres inneren Auges zu transportieren.
1. Befestigen Sie das erste Muster (schwarzes und weißes Quadrat) an einer hellen Wand, so daß das kleine weiße Quadrat in der Mitte sich in Augenhöhe befindet, wenn Sie auf einem Stuhl davorsitzen. Sie sollten genügend Licht haben, um das Muster genau sehen zu können.
2. Setzen Sie sich auf einen Stuhl, einen Meter von Ihrem Muster entfernt.
3. Versetzen Sie sich mit der Methode, die Ihnen am angenehmsten ist, in einen entspannten, »zentrierten« Zustand.
4. Schließen Sie die Augen, und stellen Sie sich für zwei Minuten einen Bildschirm von samtigem Schwarz vor. Wenn ablenkende Bilder auftauchen, lassen Sie diese vorüberziehen und stellen sich wieder den schwarzen Bildschirm vor – wie beim Fernsehen, bevor der Apparat eingeschaltet ist.
5. Öffnen Sie die Augen, und schauen Sie ungefähr drei Minuten lang auf den Mittelpunkt des Bildmusters. Sehen Sie unverwandt hin, versuchen Sie, nicht mit den Wimpern zu zucken, aber zwingen Sie sich nicht. Starren Sie so lange in den Mittelpunkt, bis Sie um das weiße Quadrat herum einen Lichtrand sehen.
6. Wenden Sie die Augen langsam von dem Muster ab und schauen Sie auf die nackte Wand. Dort müßte jetzt ein schwarzes Quadrat als Nach-Bild entstehen. Blicken Sie dieses von Ihrem Bewußtsein projizierte Bild unverwandt an, solange Sie es sehen können. Wenn es zu schwinden beginnt, stellen Sie sich vor, daß es noch da ist.
7. Wenn das Nach-Bild völlig verschwunden ist, schließen Sie die Augen und stellen es vor Ihrem inneren Auge wieder her. Versuchen Sie, es so lange wie möglich auf Ihrem inneren Bildschirm zu halten.
8. Wiederholen Sie den ganzen Vorgang.

Diese und die folgende Übung können Sie jeweils bis zu fünfzehn Minuten ausführen. Üben Sie etwa eine Woche lang, bevor Sie zum fotografischen Gedächtnis übergehen.

2. *Konzentrationsübung*

1. Befestigen Sie das Sternenmuster an der Wand.
2. Setzen Sie sich einen Meter entfernt davor auf einen Stuhl.
3. Entspannen Sie sich.
4. Schließen Sie die Augen, und stellen Sie sich innerlich einen schwarzen Bildschirm vor.
5. Sehen Sie das Sternenmuster an. Blicken Sie zwei Minuten unverwandt hin.
6. Richten Sie Ihre Augen auf die Wand, und blicken Sie das Nach-Bild des Sterns an.
7. Schließen Sie die Augen, und versuchen Sie, das Sternenmuster auf Ihrem inneren Bildschirm zu sehen.

Diese Art der Konzentrationsübung können Sie im Zimmer oder im Freien auch mit Ihrem eigenen Schatten machen. Setzen oder stellen Sie sich so ins Licht, daß Sie einen Schatten werfen. Blicken Sie ungefähr zwei Minuten lang auf den Hals Ihres Schattens, und sehen Sie dann auf eine helle Wand oder, wenn Sie im Freien sind, in den Himmel. Sehen Sie das Nach-Bild Ihres eigenen Schattens. Schließen Sie die Augen, und sehen Sie den Schatten mit Ihrem inneren Auge.

Wenn Sie in dieser Konzentrationstechnik einige Übung haben, können Sie versuchen, sie als Gedächtnishilfe zu verwenden, indem Sie von graphischen Darstellungen oder bedruckten Seiten eines Buches einen »Schnappschuß« machen. Versuchen Sie, den Inhalt der Seite mit geschlossenen Augen klar auf Ihrem inneren Bildschirm zu sehen.

Übungen zur Vorstellung von Größe, Farbe und Bewegung

Die Fähigkeiten, lebhafte geistige Bilder zu erzeugen, ist für die Gedächtnisleistung ebenso wesentlich wie für sportliche Hochleistungen. Wie man an jeder Reklame oder im Film sehen kann, machen drei Faktoren ein Bild lebendig: Größe, Farbe und Bewegung.

1. Befestigen Sie das dritte Muster (weißes Quadrat mit blauem Kreis) in Augenhöhe an der Wand.
2. Versetzen Sie sich in einen entspannten, meditativen Zustand.
3. Schließen Sie die Augen eine Minute lang, und stellen Sie sich einen schwarzen Bildschirm vor.
4. Öffnen Sie die Augen, und blicken Sie das Bildmuster an. Konzentrieren Sie sich auf den blauen Kreis. Stellen Sie sich Ihr Auge wie die Linse einer Filmkamera vor, die ein Bild schnell heranziehen und sich wieder von ihm entfernen kann. Machen Sie es so mit dem blauen Kreis: Ziehen Sie ihn heran, bis er riesengroß ist und Ihren ganzen inneren Bildschirm füllt. Dann entfernen Sie sich wieder, bis er seine wirkliche Größe erreicht hat. Wiederholen Sie den Vorgang mehrere Male.
5. Bringen Sie jetzt noch mehr Bewegung in Ihre Bildvorstellung. Kreisen Sie mit Ihren Augen etwa fünfmal im Uhrzeigersinn um den blauen Kreis, dann fünfmal in der entgegengesetzten Richtung. Wiederholen Sie den Vorgang, und beschleunigen Sie die Geschwindigkeit Ihrer Augen, bis der Kreis sich wie ein Kreisel dreht und das Bild beinahe dreidimensional wirkt. Senken Sie dann die Geschwindigkeit.
Diese Übung können Sie ungefähr fünf Minuten lang ausführen und auch das Sternenmuster dazu verwenden. Blicken Sie die Spitzen des Sterns jeweils vier Taktschläge lang an. Umkreisen Sie den Stern erst in Uhrzeigerrichtung, dann umgekehrt. Beschleunigen Sie danach die Geschwindigkeit, und werden Sie wieder langsamer.

Die Vorstellung von Größe, Farbe und Bewegung können Sie auch mit anderen Gegenständen üben, zum Beispiel mit einem Streichholz. Schließen Sie einen Moment lang die Augen, und stellen Sie sich das Streichholz so groß wie einen Telegrafenmast vor. Spüren Sie seine ungeheure Größe. Imaginieren Sie als nächstes, daß dieses riesige Streichholz entzündet wird, und stellen Sie sich eine ungeheure lodernde Flamme vor.

Diese Übung ist ein gutes Training für verschiedene Sportarten, etwa für das Tontaubenschießen. Der Schütze versetzt sich zunächst in einen entspannten, »zentrierten« Zustand. Dann stellt er sich sein Ziel, die sich bewegenden Tontauben, in jeder Einzelheit vor. Er bedient sich der »Kameratechnik«, so daß die Tontauben ihm sehr groß und gut sichtbar erscheinen. Dann stellt er sich vor, wie sie im Zeitlupentempo in sein Schußfeld kommen, so daß er reichlich Zeit zum Zielen hat. Ein Schütze berichtete, daß er gleich beim ersten Versuch bessere Ergebnisse erzielte und diese einfache Technik jetzt auch anderen beibringt.

Übung zum Training des »fotografischen Gedächtnisses«

Auch diese Übung dient der Entwicklung von Konzentration und Vorstellungskraft, und wenn Sie einige Übung darin haben, können Sie nach Ansicht der Yogis ein fotografisches Gedächtnis erwerben.

Bevor Sie diese Übung beginnen, sollten Sie die Technik mit den Bildmustern mindestens eine Woche lang geübt haben.

1. Begeben Sie sich an einen vor Störungen sicheren Ort, und sorgen Sie für dämmeriges Licht. Legen Sie sich auf einer Couch, einem Bett oder auf dem Fußboden bequem auf den Rücken.

2. Machen Sie eine Entspannungsübung, und »zentrieren« Sie sich.

3. Schließen Sie die Augen, und imaginieren Sie einen Bildschirm von samtigem Schwarz.

4. Imaginieren Sie gegen diesen schwarzen Schirm ein Quadrat

aus weißem Papier in der Größe von etwa 25 mal 25 Zentimetern, das ungefähr 30 Zentimeter von Ihren Augen entfernt ist. Versuchen Sie, dieses Bild so zu fixieren, daß es nicht verrutscht.

5. Stellen Sie sich nun genau in der Mitte des weißen Quadrats auf dem Hintergrund des schwarzen Bildschirms einen schwarzen Kreis von der Größe eines Zweimarkstücks vor. Konzentrieren Sie sich auf diesen schwarzen Kreis.

6. Lassen Sie diese Vorstellung plötzlich los. Beobachten Sie die Bilder, die sich des Vakuums bemächtigen.

Diese Übung hilft Ihnen, Spannungen abzubauen und die Kommunikation zwischen Ihrem Bewußtsein und Ihrer »Gedächtnisbank« anzuregen. Nach den Erfahrungen der Yogis fallen einem mit Hilfe dieser Übung Dinge wieder ein, die man vergessen hatte: Manchmal verlegt man etwas, es fällt einem ein Name nicht ein, man hat die Antwort auf eine bestimmte Prüfungsfrage vergessen. Wenn Sie mit dieser Übung sich etwas ins Gedächtnis zurückrufen wollen, schließen Sie die Augen, und geben Sie sich geistig den Befehl: »Ich erinnere mich (an einen Namen, ein Faktum, einen Ort).« Machen Sie dann die Gedächtnisübung. Halten Sie die Vorstellung einige Sekunden lang fest, lassen Sie das Bild los, und warten Sie mit geschlossenen Augen zehn bis fünfzehn Minuten, ob das Gesuchte in Ihrem Bewußtsein auftaucht.

Übung zur Wahrnehmung des Energiefeldes

Dies ist eine grundlegende Übung zur Entwicklung von Körperbewußtsein und erweiterter Wahrnehmung. Sie wird auch als »innerliches« Training für manche Sportarten verwendet, bei denen man mit einem anderen Körper in Berührung kommt, oder für ein Spiel wie Tennis, bei dem die Körperkontrolle auf den Schläger ausgedehnt wird.

Der Körper strahlt verschiedene Arten von Energie aus, die man mit modernen Geräten leicht messen kann. Jeder Körper ist von einer Wärmehülle umgeben, die ein Thermistor registriert. Außerdem gibt es ein elektromagnetisches Feld, das mit der Herztätigkeit verbunden ist und in einigen Zentimetern Abstand vom Körper gemessen werden kann. Drittens schwebt um jeden Körper eine Wolke von Ionen, elektrisch geladenen Elementarteilchen, die man mit elektrostatischen Geräten messen kann. Außer diesen Energien gibt es noch ein zusätzliches »Biofeld«, das die zeitgenössische Forschung durch technische Mittel wie die Kirlian-Fotografie sichtbar gemacht hat. Wenn wir uns diese Energien, die von uns ausstrahlen, bewußt machen, werden unsere Wahrnehmungsfähigkeiten und unsere Selbstkontrolle größer.

1. Setzen oder legen Sie sich an einem störungsfreien Ort hin, und entspannen Sie sich mit Ihrer Lieblingsmethode oder mit autogenem Training.
2. Versuchen Sie in diesem bequemen, entspannten Zustand, die von Ihrem Körper ausstrahlende Energie zu spüren. Stellen Sie sich vor, Ihre Wahrnehmung sei wie ein hochsensibles Instrument, das diese von Ihrem eigenen Körper ausgehenden Energiestrahlen registriert. Wie Ihr physischer Körper von Ihrem Geist gelenkt wird, so untersteht auch diese Energiestrahlung der geistigen Kontrolle.
3. Wenn Sie anfangs keine Strahlen spüren, stellen Sie sich diese Energie einfach vor, und tun Sie so, als würden Sie sie spüren, als wären Sie von dieser Energie ganz eingesponnen.
4. Dehnen Sie diese Energiehülle jetzt aus. Imaginieren Sie, daß sie etwa einen Meter von Ihrem Körper abstrahlt.
5. Dehnen Sie dieses Energiefeld noch weiter aus; lassen Sie es drei Meter weit strahlen. Wenn Sie dieses Feld spüren, versuchen Sie, die von Ihnen ausgehenden Energiequellen wirklich zu sehen. Wenn Sie die Energie nicht spüren, nehmen Sie Ihre Vorstellung zu Hilfe und imaginieren Sie diese Wellen, wie sie in einem drei Meter breiten Feld um Ihren ganzen Körper pulsieren.
6. Ihr Biofeld dehnt sich immer mehr aus, bis es den ganzen Raum erfüllt. Es strahlt jetzt mindestens fünf Meter weit von Ihnen ab.

7. Ziehen Sie nun diese Energiewellen um Ihren Körper innerlich wieder zurück. Versuchen Sie, einen Unterschied im Gefühl
wahrzunehmen, wenn Sie dehnen und zurückziehen. Sie ziehen
jetzt das Energiefeld bis auf vier Meter zurück. Spüren Sie es,
und stellen Sie es sich bildhaft als eine glitzernde Wolkenhülle
vor.
8. Ziehen Sie dann Ihr Energiefeld bis auf etwa zwei Meter Entfernung ein.
9. Ziehen Sie nun Ihr Bioenergiefeld so nahe an den Körper
heran wie möglich. Ziehen Sie es immer näher und näher, bis es
ganz klein wird.
10. Entspannen Sie sich, und beobachten Sie, wie Ihre Energiehülle wieder ihre normale Größe annimmt.

Wenn Sie diese Übung regelmäßig ausführen, werden Sie Ihre eigenen Energiefelder und die anderer Leute immer besser wahrnehmen können.

18 Phantasie und Sammlung –
das A und O der Selbstfindung

Die folgenden Übungen zum Vorstellungs- und Konzentrationstraining, zur inneren Beruhigung und Sammlung können jede für sich oder im Zusammenhang ausgeführt werden. Die ganze Folge bildet die Oberstufe des autogenen Trainings und hat zum Ziel: Vorstellung von Farben und Gegenständen, Kontemplation abstrakter Begriffe, Hebung des »Selbstimage« durch Erleben bestimmter Gemütszustände, Vorstellung von anderen Menschen und der Beziehung zu ihnen, Vorstellung von Lösungen und Antworten aus dem Unbewußten.

Lesen Sie die Übungen zunächst einfach durch, achten Sie auf das Wesentliche, entspannen Sie sich, und führen Sie die Übungen dann aus. Sie können sie auch auf Tonband sprechen und dieses während Ihrer Entspannungsübungen abspielen, oder lassen Sie sich die Anleitungen von einer anderen Person vorlesen. Verwenden Sie nicht mehr als zwanzig Minuten für eine Übung.

Farbvorstellung

Diese Übung dient dem Vorstellungstraining und der geistigen Beruhigung.

Nehmen Sie eine bequeme Haltung ein. Schließen Sie die Augen, und blicken Sie hinter geschlossenen Lidern etwas nach oben. Atmen Sie tief durch die Nase ein, und spüren Sie, während Sie langsam ausatmen, wie eine warme Welle der Entspannung von den Zehen bis zum Kopf durch Ihren ganzen Körper fließt. Entspannen Sie sich vollkommen nach der Methode, die Ihnen am meisten zusagt. Stellen Sie sich in einiger Entfernung hintereinander farbige Punkte vor. Jeder Farbpunkt, auf den Sie sich konzentrieren, wird immer größer und kommt immer näher; dann verblaßt er und verschwindet allmählich im Raum.

Stellen Sie sich nun mit Ihrem inneren Auge einen roten Punkt vor – ein helles, leuchtendrotes Licht. Beobachten Sie, wie es immer größer wird und immer näher herankommt. Dann verblaßt das Rot, bis es schließlich in der Ferne verschwindet.

Stellen Sie sich als nächstes einen orangefarbenen Punkt vor. Sie erleben, wie das tiefe, satte Orange immer näher kommt und immer größer wird – vergleichbar dem Licht eines Scheinwerfers. Nun verblaßt das Orange wieder, es verwandelt sich in eine Wolke von Licht, die sich allmählich auflöst.

Stellen Sie sich jetzt die Farbe Gelb vor, einen gelben Lichtpunkt. Er kommt näher wie das Licht eines Scheinwerfers und wird immer größer und heller. Sonnen Sie sich eine Minute lang in diesem goldgelben Lichtkreis. Das Licht wird allmählich blasser und entgleitet schließlich.

Stellen Sie sich die Farbe Grün vor – einen klaren smaragdfarbenen Lichtpunkt. Beobachten Sie, wie das grüne Licht immer blasser wird, bis es Ihrer Sicht entschwindet.

Stellen Sie sich dann einen Lichtpunkt von hellem, sanftem Blau vor. Beobachten Sie, wie das blaue Licht immer näher rückt, immer größer wird, wie es Sie umkreist, bis es Sie völlig einhüllt. Es hebt Sie sanft empor, es wird immer lichter und blasser, bis es wie eine weiße Lichtwolke fortschwebt.

Stellen Sie sich vor, wie Sie auf dieser wunderbaren Wolke von weißem Licht in den Himmel schweben. Nehmen Sie andere Wolken wahr, an denen Sie vorübergleiten. Genießen Sie das Gefühl des Friedens und heiteren Glücks, das Ihren Körper durchströmt.

Sie können sich dieses Gefühl der Entspannung zurückrufen, wann immer Sie wollen. Erinnern Sie sich an dieses Gefühl der Ausgeglichenheit vor wichtigen Terminen und bei jeder anderen Gelegenheit, wo Sie Ruhe bewahren möchten. Sie fühlen sich entspannt, ruhig, gesund und kompetent.

Kehren Sie allmählich in Ihr Normalbewußtsein zurück. Fühlen

Sie, wie Sie langsam in Ihre gewohnte Umgebung und zu einem bewußteren Selbst zurückfinden. Öffnen Sie die Augen, atmen Sie einige Male tief durch, strecken Sie sich, und »schalten« Sie Ihren Körper wieder an. Sie fühlen sich zentriert und ausgeruht.

Vorstellung von Gegenständen

Verwenden Sie bei dieser Übung wirklich Gegenstände. Sportler benützen für dieses Konzentrationstraining gern bestimmte Sportutensilien; die Tennismeisterin Billie Jean King zum Beispiel bevorzugt einen Tennisball. Sie versenkt sich in den Anblick des Tennisballs in ihrer Hand und nimmt jedes Detail wahr: die Nähte, den Filzüberzug, Form, Farbe und die rauhe Oberfläche. Bei dieser Übung wollen wir es nun mit einem *Stein*, einer *Frucht* und einem *Transistorradio* versuchen. In der gleichen Weise können Sie natürlich auch viele andere Gegenstände wahrnehmen und »analysieren«.

Machen Sie zuerst wieder eine Entspannungsübung nach Ihrer bevorzugten Methode oder mit autogenem Training.

1. Nehmen Sie dann einen *Stein* in die Hand. Drehen Sie ihn herum und nehmen Sie dabei wahr, wie er sich anfühlt. Ist er glatt oder rauh? Hart oder porös? Hat er einen Geruch? Probieren Sie, ob er nach etwas schmeckt. Können Sie irgendeinen Geschmack wahrnehmen?

Entspannen Sie sich noch mehr, schließen Sie die Augen, und stellen Sie sich vor, daß Sie ganz klein werden, so klein, daß Sie in den Stein hineinkriechen und ihn von innen wahrnehmen können. Stellen Sie sich vor, daß Sie der Stein *sind*. Was für ein Gefühl haben Sie dabei? Fühlen Sie sich schwer oder leicht, groß oder klein? Imaginieren Sie, daß Sie als dieser Stein auf einer Wiese liegen und ein sanfter Regen auf Sie herabfällt. Wie empfinden Sie diesen Regen? Hat sich der Boden, auf dem Sie liegen, verändert? Nun hört es auf zu regnen, und die Sonne kommt hervor. Spüren Sie, wie die Sonnenstrahlen wärmend auf Sie herabscheinen, während Sie da auf der Wiese liegen? Imaginieren Sie jetzt, daß Sie aus der Steinhülle heraussteigen und langsam wieder Ihre normale Gestalt annehmen. Sie erinnern sich an alles, was Sie erlebt haben. Zählen Sie bis fünf, und öffnen Sie bei fünf die Augen. Sie fühlen sich munter und erfrischt.

2. Entspannen Sie sich wie üblich. Nehmen Sie dann eine *Orange* in die Hand, und drehen Sie sie herum. Fühlen Sie die Oberfläche, riechen Sie daran, und merken Sie sich Ihre Empfindung dabei. Entspannen Sie sich noch mehr, und imaginieren Sie, daß Sie immer kleiner werden, so winzig klein, daß Sie in die Orange hineinschlüpfen und sie erforschen können. Wie sieht das Innere der Frucht aus, und wie fühlt sie sich an? Kosten Sie die Frucht von innen, und erinnern Sie sich an den Geschmack. Ist es eine frische Orange? Hat sie innen dieselbe Farbe wie außen?

Stellen Sie sich vor, daß Sie die Orange jetzt wieder verlassen und Ihre normale Gestalt annehmen. Sie erinnern alles, was Sie sahen, fühlten, schmeckten und erlebten.

Zählen Sie bis fünf, fühlen Sie sich wach und frisch.

3. Entspannen Sie sich nach Ihrer bevorzugten Methode. Nehmen Sie dann ein kleines *Transistorradio* in die Hand. Drehen Sie es herum, spüren Sie sein Gewicht und seine Form. Nehmen Sie wahr, wie es sich anfühlt. Riecht es nach etwas? Entspannen Sie sich noch mehr. Imaginieren Sie, daß Sie winzig klein sind und in das Radio hineinkriechen und sich im Inneren umsehen können. Sie sind jetzt im Transistorradio drin. Welche Farbe haben die einzelnen Bauteile? Wie sieht es hier aus, was empfinden Sie? Ist es eng hier? Wandern Sie durch die verschiedenen Teile des Radios.

Stellen Sie sich jetzt vor, daß Sie das Radiogehäuse wieder verlassen und Ihre normale Gestalt annehmen. Sie erinnern alles, was Sie auf Ihrer Reise gesehen und erlebt haben.

Zählen Sie bis fünf, fühlen Sie sich wach und erfrischt.

»Ich bin eine Kamera«

Dies ist eine Vorstellungsübung zur Konzentrations- und Gedächtnissteigerung. Nehmen Sie eine bequeme Haltung ein, und verwenden Sie Ihre bevorzugte Entspannungsmethode.

Stellen Sie sich vor, daß Ihr Kopf eine Kamera ist und Ihre Augen die Linse dieser Kamera. Sie »knipsen« jetzt im Geist einige Bilder, indem Sie sich auf verschiedene Gegenstände im Raum konzentrieren: Lampe, Stuhl, Teppich, Pflanze.

Stellen Sie sich vor, daß Ihr Kopf nun ein Projektor ist und die Bilder sich in Ihrem Kopf befinden. Projizieren Sie diese Bilder mit offenen Augen an die Wand.

Jeder Gegenstand sollte zunächst einzeln aufgenommen und projiziert werden, damit Sie mehr Details wahrnehmen können. Machen Sie die Übung dann mit zwei Gegenständen, und fügen Sie allmählich andere hinzu. Üben Sie so lange, bis Sie ein ganzes Tablett mit verschiedenen Gegenständen im Geist fotografieren können. Projizieren Sie das Ganze an die Wand, und versuchen Sie, die einzelnen Gegenstände zu erinnern.

Schließen Sie jetzt die Augen, und imaginieren Sie eine große weiße Leinwand. Das ist jetzt Ihre »innere« Leinwand.

Öffnen Sie die Augen, und sehen Sie wieder verschiedene Gegenstände an. Schließen Sie Ihre Augen, und projizieren Sie die Bilder der Gegenstände auf Ihre innere Leinwand. Beginnen Sie mit einem Gegenstand, und vermehren Sie die Anzahl der Gegenstände nach und nach. Experimentieren Sie mit dieser Technik auf eigene Faust weiter. Machen Sie einen »Schnappschuß« von einem Menschen oder von einem beliebigen Gegenstand, je nachdem, was Ihnen gerade »vor die Linse« kommt. Sie können auf diese Weise überall und zu jeder Zeit Ihre »Fotos« machen: wenn Sie Schlange stehen oder in einem Verkehrsstau warten müssen. Mit dieser Übung steigern Sie Ihr Gedächtnis und Ihre Konzentrationsfähigkeit.

Wachtraum

Durch diese Übung, die wiederum Entspannung und Vorstellung verbindet, lernen Sie, abstrakte Begriffe wie Frieden und Gelassenheit nachzuempfinden.

Nehmen Sie eine bequeme Haltung ein. Schließen Sie die Augen, und blicken Sie hinter geschlossenen Lidern etwas nach oben. Atmen Sie tief durch die Nase ein, und während Sie langsam aus-

atmen, spüren Sie, wie eine warme Welle der Entspannung von
den Zehen bis zum Kopf durch Ihren Körper fließt. Verwenden
Sie Ihre bevorzugte Entspannungsmethode oder autogenes Training, um diesen entspannten Zustand zu erreichen.
Stellen Sie sich vor, daß Sie in einer grünen Waldlandschaft auf
einem schmalen Pfad wandern. Vor Ihnen erhebt sich ein grasbe-
wachsener Hügel. Sie steigen diesen Hügel langsam und leichtfü-
ßig empor. Beachten Sie die Blumen, die sich am Wegesrand in das
hohe Gras schmiegen. Hören Sie, wie unter Ihren Füßen die Stein-
chen knirschen. Wenn Sie auf dem Gipfel angelangt sind, halten
Sie an. Unten am Fuße des Hügels können Sie die Windungen eines kleinen Flusses sehen. Steigen Sie langsam den Hügel hinunter, und gehen Sie auf den Fluß zu. Sie spüren beim Gehen das weiche, kühle Gras unter ihren Füßen. Sie folgen dem Pfad, bis Sie an
den Fluß kommen. Blicken Sie das Ufer entlang, und betrachten
Sie die schlanken Weiden, deren Zweige sich bis zum Wasser hin-
unterneigen. Nehmen Sie auch den sattbraunen Schlamm an den
Ufern wahr. Beobachten Sie den Schimmer des Sonnenlichts, das
sich in dem dahinfließenden, klaren Wasser spiegelt. Sie treten an
den Rand des Flusses und sehen ein Floß.
Untersuchen Sie dieses Floß. Es ist aus dicken, glattgehobelten
Balken zusammengefügt und mit weichen Mooskissen bedeckt. Sie
wissen, daß dies ein sicheres, tragfähiges Floß ist. Gehen Sie hin,
besteigen Sie es. Stoßen Sie sich vom Ufer ab. Machen Sie es sich
bequem, und fühlen Sie, wie eine warme Welle der Entspannung
über Sie kommt, während Sie auf dem Wasser dahingleiten.
Spüren Sie das sanfte Steigen und Fallen der Wellen. Nehmen
Sie das leichte Schaukeln wahr, während Sie langsam immer wei-
tertreiben. Hören Sie auf das leise Plätschern des Wassers, genießen Sie die vollkommene Entspannung. Sie gleiten stromabwärts
auf einen kleinen Tunnel zu. Sie kennen ihn; es ist ein sicherer
Tunnel, er wird Ihnen wohltuenden Schatten spenden. Sie fahren
in den Tunnel hinein und sehen, wie am anderen Ende das Licht
auf dem Wasser glitzert. Das ist ein Traumtunnel. Sie gleiten in
das angenehme Dunkel hinein und geben sich Träumen hin. Nehmen Sie sich Zeit, lassen Sie Ihren Gedanken freien Lauf.

Sie fahren wieder aus dem Tunnel heraus und fühlen sich vom warmen, hellen Sonnenlicht umgeben. Spüren Sie, wie die Sonne Ihnen Energie und Glück verleiht. Riechen Sie den frischen Duft von Wasser und Gras, nehmen Sie eine sanfte Brise wahr. Öffnen Sie der Natur alle Sinne und alle Poren. Blicken Sie in das Wasser, und sehen Sie dort die vielen, bunten Fische, die am Floß vorbeiziehen. Beobachten Sie, welche Farben und Formen diese glitzernden, springenden Fische haben. Sehen Sie am Ufer die dichtbelaubten Zweige, die über den Fluß hängen, und erspähen Sie Vögel in den Blättern. Blicken Sie zum Himmel empor. Sie empfinden ein ruhiges Behagen, während Sie friedlich weitergleiten wie die weißen Wolken, die hoch über Ihnen durch den blauen Äther schwimmen. Fühlen Sie die Stille, die Sie umgibt. Versenken Sie sich in die Betrachtung von Ruhe, Harmonie und Frieden.

Fühlen Sie, wie die Wärme der Sonne Ihren Körper einhüllt. Nehmen Sie dieses Erlebnis, die gleitende Bewegung des Floßes, die Wärme, die Gerüche, die Geräusche des Wassers mit allen Sinnen wahr. Verschmelzen Sie mit diesen Sinneseindrücken.

Lösen Sie sich langsam von dieser Erfahrung. Zählen Sie bis fünf. Nehmen Sie langsam Ihre wirkliche Umgebung wahr. Fühlen Sie, wie Ihr Körper sich wieder »einschaltet«, während Sie ganz langsam Ihre Augen öffnen und Ihre gewohnte Umgebung erblicken. Strecken Sie Ihre Glieder, und atmen Sie einige Male tief durch. Sie fühlen sich zentriert und ausgeruht.

Das innere Refugium

Sie schaffen sich jetzt einen besonderen Ort, ein geistiges »Nirgendwo«, das Ihre Vorstellungskraft und Ihre Konzentration stärken soll. Das ist der Ort Ihres schöpferischen Bewußtseins, der nur Ihnen gehört, wohin Sie gehen, wenn Sie sich entspannen, Probleme lösen und Entscheidungen treffen wollen. Die meisten von uns sind so beschäftigt und in Anspruch genommen, daß sie kaum Zeit haben auszuspannen, aber jeder kann sich ein solches inneres Refugium schaffen. Das soll Ihr Lebensraum sein, wo Sie

klar denken und fühlen können, fern vom Alltagstrott und den Ablenkungen der Umwelt.

Sie können sich dafür einen beliebigen Ort aussuchen – einen
besonders schönen Angelplatz, einen Strand, die Berge, den Mee-
resgrund, innerhalb oder außerhalb dieser Welt. Sie werden sich
dort einen Raum – oder mehrere Räume – schaffen und ihn zum
späteren Gebrauch mit verschiedenen Dingen ausstatten.

Nehmen Sie eine bequeme Haltung ein. Schließen Sie die Au-
gen, und blicken Sie hinter geschlossenen Lidern leicht nach oben.
Atmen Sie langsam und tief durch die Nase. Schöpfen Sie jetzt tief
Atem, und spüren Sie beim langsamen Ausatmen, wie eine warme
Welle der Entspannung von Ihren Zehen bis zum Kopf langsam
durch Ihren ganzen Körper fließt. Üben Sie mit Ihrer bevorzugten
Entspannungstechnik oder mit autogenem Training.

Wenn Sie sich völlig entspannt fühlen, stellen Sie sich vor, daß
Sie in einem Garten, einem Park oder auf einer Wiese spazierengehen. Beobachten Sie die Bäume und das Gebüsch am Rande des
Weges, auf dem Sie gehen. Vor Ihnen öffnet sich eine große Lich-
tung mit einem sehr alten, hohen Baum. Während Sie näher her-
ankommen, sehen Sie seine kräftigen, dicken Äste. An einem Ast
hängt eine sicher befestigte Schaukel. Setzen Sie sich auf diese
Schaukel.

Beginnen Sie langsam zu schaukeln, vor und zurück, vor und zurück. Atmen Sie beim Zurückschwingen tief ein; beim Vorwärtsschwung atmen Sie aus. Mit jedem Atemzug schaukeln Sie vor und
zurück; Sie schaukeln sich immer höher und fühlen sich immer
leichter. Schöpfen Sie noch einmal tief Atem, während Sie höher
schwingen, und beobachten Sie eine große weiße Federwolke, die
direkt vor Ihnen herschwebt. Atmen Sie nochmals tief ein, und
gleiten Sie beim Vorwärtsschwung in dieses sanfte Wolkengebilde.
Die Wolke trägt Sie sicher an jeden gewünschten Ort. Steigen Sie
hoch in die Lüfte, und lassen Sie sich in einem großen Bogen langsam wieder herabgleiten, bis Ihre Füße an dem Ort, wo Sie Ihr
»Refugium« errichten wollen, den Boden berühren. (Pause)

Nun bauen Sie im Geist den gewünschten Raum (oder die Räume). Sie stellen sich vor, daß er auftauchen wird, wenn Sie bis drei

gezählt haben. Ihr Raum hat die Form und den Stil, die Farbe und das Dekor, das Ihnen gefällt. Sehen Sie sich, wenn Sie bis drei gezählt haben, in dem Raum um, und vergewissern Sie sich, daß alles so ist, wie Sie es haben wollen. Nehmen Sie notfalls Änderungen vor.

Dann statten Sie diesen geheimen Raum mit bestimmten Gegenständen aus. Sie zählen wieder bis drei und »zaubern« einen Teppich her – in beliebiger Größe und Beschaffenheit. Breiten Sie ihn ordentlich auf den Boden, und setzen Sie sich dann darauf. Jedesmal, wenn Sie sich auf diesen Teppich setzen, fühlen Sie sich sofort entspannt und bekommen die nötige Energie für alles, was Sie in Angriff nehmen wollen.

Sie brauchen außerdem noch einige bequeme Stühle. Wählen Sie die Stühle aus, zählen Sie bis drei, und wenn sie erschienen sind, vergewissern Sie sich, ob es die richtigen sind. (Pause)

Mit derselben Methode schaffen Sie einen Tisch her. Es ist ein großer, praktischer und gefälliger Tisch. Installieren Sie noch einen großen Bildschirm, den Sie von Ihrem Tisch aus sehen können. In bequemer Reichweite von Ihrem Tisch befindet sich ein Schaltbrett mit drei Knöpfen zum Ein- und Ausschalten, Löschen und Umschalten. Vergegenwärtigen Sie sich alles recht deutlich.

Stellen Sie eine Reihe von Flaschen und ein Glas auf den Tisch. Diese sollen später Verwendung finden. Versehen Sie Ihr geheimes Zimmer noch mit einer Tür, durch die auf Ihren Wunsch hin verschiedene Personen eintreten können, um Ihnen behilflich zu sein. Schaffen Sie zuletzt noch einen großen Spiegel her, und hängen Sie ihn an die Wand.

Sehen Sie sich noch einmal im Zimmer um, und prüfen Sie, ob alles Ihren Wünschen entspricht. Durchschreiten Sie den Raum, und empfinden Sie ihn als Ihr Zuhause. Setzen Sie sich hin, und sagen Sie sich einige Male, daß Sie jederzeit herkommen können, wenn Sie sich entspannen wollen, nach dem Sie sich hintereinander auf die Farben Rot, Orange, Gelb, Grün, Blau, Purpur und Violett konzentriert haben. Nach dieser Übung stellen Sie sich vor, daß Sie sich auf dem Teppich Ihres Refugiums befinden. Verlassen Sie den Raum auch immer vom Teppich aus.

Wenn Sie in Ihre normale Umgebung zurückkehren wollen,
zählen Sie bis fünf. Während des Zählens versetzen Sie sich langsam zurück. Ihr Selbst ist durch diese Übung bewußter geworden.
Öffnen Sie langsam die Augen, atmen Sie einige Male tief durch,
strecken Sie Ihre Glieder, Sie fühlen sich ausgeruht und voll Energie.

Hebung des »Selbstimage«

Diese Übung dient der Selbstbetrachtung, damit wir wirklich sagen können, wer wir eigentlich sind. Dann soll das Selbstimage
aufgebaut werden zur besseren Bewältigung der Dinge, die wir erreichen möchten.

Nehmen Sie eine bequeme Haltung ein. Schließen Sie die Augen, und blicken Sie hinter geschlossenen Lidern etwas nach oben.
Atmen Sie langsam und tief durch die Nase. Atmen Sie jetzt tief
ein, und beim Ausatmen spüren Sie, wie eine warme Welle der
Entspannung von den Zehen bis zum Kopf langsam durch Ihren
ganzen Körper fließt. Üben Sie mit Ihrer bevorzugten Entspannungsmethode oder mit autogenem Training.

Wenn Sie völlig entspannt sind, stellen Sie sich vor, an einem
schönen Strand zu sein. Fühlen Sie, wie die Sonne warm auf Sie
herabscheint. Gehen Sie den Strand entlang bis an den Rand des
Wassers. Spüren Sie die Wärme des Sandes, fühlen Sie beim Gehen, wie der feine Sand zwischen Ihren Zehen durchquillt. Sie wa-
ten im seichten Wasser und spüren, wie die Wellen Ihre Knöchel
umspielen. In der Ferne hören Sie Möwenschreie. Etwas vor sich,
halb im Sand versteckt, bemerken Sie einen leuchtenden Gegenstand. Heben Sie ihn auf. Jedesmal, wenn Sie den Ball in die Luft
werfen, fliegt er höher, und Sie fühlen sich immer mehr entspannt.
Werfen Sie den Ball noch einmal in die Höhe. Beobachten Sie, wie
die Farben in der Sonne glänzen und sich drehen, wenn der Ball
durch die Luft segelt. Atmen Sie jedesmal tief ein, wenn Sie den
Ball werfen. Atmen Sie aus, wenn der Ball herunterkommt und von
Ihnen aufgefangen wird.

Machen Sie das mehrmals. Atmen Sie noch einmal tief ein, und werfen Sie den Ball ganz hoch in die Luft, so daß er in den Wolken verschwindet. Legen Sie sich in den weichen, warmen Sand, entspannen Sie sich. Je mehr Sie sich entspannen, desto leichter wird Ihr Körper. Mit jedem Atemzug wird er leichter, bis Sie schließlich in die Luft schweben können.

Damit die Entspannung noch vollkommener wird, imaginieren Sie einen siebenfarbenen Regenbogen. Betrachten Sie der Reihe nach die einzelnen Farben, und wenn Sie damit fertig sind, befinden Sie sich in Ihrem Refugium. Rot... Orange... Gelb... Grün... Blau... Purpur... Violett. Sie befinden sich jetzt in Ihrem geheimen Zimmer.

Setzen Sie sich entspannt und bequem auf den Teppich. Denken Sie über sich selbst nach – für was für einen Menschen halten Sie sich? Wenn Sie einen einengenden, negativen Zug an sich bemerken, gehen Sie ihm nach. Welchen Eindruck machen Sie auf andere? Beginnen Sie, sich selbst so zu sehen, wie die anderen Sie sehen; nicht, wie Sie *meinen*, daß Sie gesehen werden, oder wie Sie gesehen werden *möchten*.

Ehrliche Selbstbetrachtung ist der erste Schritt zur Korrektur negativer Einstellungen, Erfahrungen und Programmierungen, so daß Ihr unbehindertes Selbst hervortreten kann. Sie können die Technik des inneren Bildschirms anwenden und jede Erfahrung aufarbeiten, die Sie blockiert – in Ihrem Privatleben, in sportlichen, schulischen und sonstigen Leistungen, wann immer Sie sich durch Angst, Hemmungen, Mangel an Selbstvertrauen, Schüchternheit usw. behindert fühlen. Nehmen Sie sich bei dieser Übung jeweils einige solcher Erfahrungen vor. An folgenden Beispielen sehen Sie, wie man es macht:

Stehen Sie von Ihrem Teppich auf, und gehen Sie an Ihren Tisch. Setzen Sie sich bequem hin, und denken Sie an eine Zeit, als Sie sich über etwas ärgerten. Schalten Sie Ihr Fernsehen ein, indem Sie den entsprechenden Knopf auf Ihrem imaginären Schaltbrett drücken, und lassen Sie die Szene wie einen Film vor sich ablaufen. Erleben Sie für einen Augenblick wieder, welche Wirkung der Ärger auf Sie hatte. Sehen Sie dann den Eindruck, den Ihr Ärger auf andere machte.

Danach drücken Sie auf den Knopf »Löschen«, und das Bild verschwindet sofort vom Schirm und aus Ihrem Geist. Reinigen Sie sich von diesem negativen Gefühl. Drücken Sie jetzt den Umschaltknopf, und wiederholen Sie die Szene. Sie durchleben sie dieses Mal in der richtigen Weise. Statt Ärger bringen Sie Verständnis und Wohlwollen zum Ausdruck. Löschen Sie die Szene per Knopfdruck.

Projizieren Sie jetzt eine andere Erfahrung auf den Bildschirm. Erinnern Sie sich an Ihre Gefühle, als Sie einmal Neid oder Eifersucht spürten. Denken Sie an die Wirkung, die diese Empfindungen auf andere Menschen hatten. Löschen Sie dann das Bild vom Schirm und aus Ihrer Erinnerung. Reinigen Sie sich von allen negativen Gefühlen. Drücken Sie den Umschaltknopf, und lassen Sie die Szene nochmal ablaufen. Sie erleben sie jetzt anders, in der richtigen Weise. Anstelle von Eifersucht oder Neid empfinden Sie jetzt Freude am Glück eines anderen. Gewinnen Sie Vertrauen zu anderen Menschen.

Lassen Sie jetzt einen weiteren Film ablaufen. Erinnern Sie sich an eine Situation, als Sie jemand beleidigte oder lächerlich machte. Durchleben Sie diese Erfahrung nochmal, und machen Sie sich Ihre Gefühle von damals bewußt. Welche Wirkung hatte der Vorfall auf Ihren Kontrahenten? Beobachten Sie, wie die anderen auf diesen Menschen reagierten (falls noch andere zugegen waren). Drücken Sie den Knopf, und löschen Sie die Szene. Löschen Sie die Erfahrung auch aus Ihrem Inneren, und reinigen Sie sich von dem negativen Gefühl. Schalten Sie jetzt um, holen Sie die Szene zurück, aber diesmal machen Sie eine andere Erfahrung: Sie sind voll Vertrauen und so wenig ich-verhaftet, daß die Beleidigung Ihnen gar nichts anhaben kann.

Überdenken Sie Anlässe aus Ihrem früheren Leben, als Sie sich selbst bemitleideten oder sich ausgeschlossen fühlten oder einem anderen die Schuld an Ihren Fehlern und Unzulänglichkeiten gaben. Schalten Sie wieder Ihr imaginäres Kino ein, und projizieren Sie diese Szene auf die Leinwand. Vergegenwärtigen Sie sich Ihr damaliges Gefühl. Sehen Sie, wie Ihre Umgebung auf Ihre Handlungen reagierte – Ihre Familie, Ihre Freunde und Kollegen. Löschen Sie dann wieder diese negativen, unangenehmen Gefühle. Schalten Sie um, lassen Sie die Szene nochmal ablaufen, und empfinden Sie dieses Mal ein Gefühl der Zugehörigkeit, des Behagens und der Harmonie. Schalten Sie den Bildschirm dann ab. Stehen Sie von Ihrem Tisch auf, und setzen Sie sich auf den Teppich. Stellen Sie sich vor, daß vom Scheitelpunkt Ihres Kopfes eine Art Trichter bis in die Unendlichkeit reicht. Reinigende, läuternde Energie ergießt sich durch diesen Trichter in Ihren Kopf. Diese reine, weiße Energie, die in Sie einströmt und durch Ihren ganzen Körper fließt, spült die tote Energie alter Verletzungen und Ärgernisse, alter Eifersucht und negativer Reaktionen fort. Fühlen Sie, wie die Energie in Ihren Kopf, durch Ihren Hals und Ihre Brust fließt. Sie fließt durch die Arme, in die Hände und durch jeden einzelnen Finger. Spüren Sie, wie sie durch Ihren Rumpf in Ihre Beine, Füße und Zehen fließt. Diese läuternde Energie reinigt Ihren Körper inwendig und auswendig, und im Prozeß dieser Verwandlung von negativer in positive Energie tritt Ihr wahres Selbst immer klarer zutage.

Sie sind jetzt erfüllt von dieser reinen Energie; sie strahlt aus jeder Pore Ihres Körpers und neutralisiert alle negativen Empfindungen: Angst, Zorn, Schuldgefühl, Einsamkeit oder die auf Sie projizierten negativen Gefühle anderer. Wenn ein Teil Ihres Körpers sich diesem reinigenden Energiestrom verschließt, dann lenken Sie ihn dorthin. Sehen Sie die Veränderung, und stellen Sie sich diesen Körperteil gesund und kräftig vor.

Wenn Sie sich auf diese Weise geläutert fühlen, empfinden Sie das Gefühl von Freiheit, Freude und Kraft, das Sie durchflutet. Benützen Sie diese Technik der Energiezufuhr jedesmal, wenn Sie sich von negativen Gefühlen und Eindrücken befreien wollen.

Gehen Sie jetzt an Ihren Tisch, und setzen Sie sich vor die Flaschen und das Glas. Diese Flaschen sind die symbolischen Behälter aller Eigenschaften, die Sie besitzen möchten: die Fähigkeit, sich selbst zu akzeptieren, Selbstvertrauen, Liebe, Verständnis, Aufrichtigkeit, Freude, Schönheit, Güte, Freiheit, Freundlichkeit, Selbstbehauptung, Kraft, Sicherheit usw. Bereiten Sie sich einen »geistigen Cocktail« zu, indem Sie die Charakterzüge, die Sie sich

wünschen, in dem Glas zusammenmixen und die Flüssigkeit aus-
trinken. Spüren Sie beim Trinken, wie alle Ingredienzen durch Ihren Körper strömen. Fühlen Sie, wie sie Ihren Körper durchträn-
ken und schließlich zu Ihrem Wesen werden. Wenn Sie das Glas
ausgetrunken haben, treten Sie vor den großen Spiegel.
Betrachten Sie sich darin. Nehmen Sie wahr, wie Sie die gewünschte Person werden, und stellen Sie fest, daß Sie diese Person
jetzt sind. Sie haben nun die Gewißheit, daß Sie bei allem, was Sie
unternehmen, Erfolg haben werden. Sehen Sie sich an und *glauben*
Sie, daß Sie die Person sind, die Sie sein wollen.
Wenn Sie abnehmen möchten, projizieren Sie Ihr ideales Gewicht. Wenn Sie das Rauchen aufgeben wollen, sehen Sie sich voller
Lebensfreude – *ohne* Zigaretten. Wenn Sie Ihre Geldsorgen los sein
möchten, stellen Sie sich vor, daß Sie aus dem vollen schöpfen und
trotzdem ganz sicher sein können. Wenn Ihnen Selbstvertrauen und
Kraft fehlen, dann zitieren Sie Ihre Stärke herbei und erleben Sie
sich voll Zuversicht und Durchsetzungsvermögen.
Spüren Sie, wie Sie ein völlig ausgeglichener Mensch werden.
Werden Sie die Person, die Sie sein wollen. *Seien Sie gewiß, daß Sie
diese Person bereits sind.*
Sie wissen auch, daß Ihr Trank in Ihnen weiterwirkt und die
gewünschten Eigenschaften auch nach der Projektion ein Teil von
Ihnen sind.
Kehren Sie dann in Ihre gewohnte Umgebung zurück. Während
Sie bis fünf zählen und sich zurückversetzen, nehmen Sie sich
selbst bewußter wahr. Bei fünf öffnen Sie langsam Ihre Augen, at-
men einige Male tief durch, strecken Ihre Gliedmaßen und fühlen
sich voll Frische und Energie.

Bessere Beziehungen

Diese Übung kann Ihnen helfen, Ihre Beziehungen zu Ihrer Familie, Ihren Freunden und anderen Menschen, mit denen Sie täglich
zusammenkommen, zu verbessern.
Nehmen Sie eine bequeme Haltung ein. Schließen Sie die Augen, und blicken Sie hinter geschlossenen Lidern ein wenig nach

oben. Atmen Sie tief durch die Nase ein, und spüren Sie beim Ausatmen, wie eine warme Welle der Entspannung von den Zehen bis
zum Kopf langsam durch Ihren ganzen Körper fließt.

Üben Sie mit Ihrer bevorzugten Entspannungsmethode oder
mit autogenem Training, um sich in einen angenehmen Zustand
der Entspannung zu versetzen.

Stellen Sie sich nun vor, daß Sie in einem Park sind. Es ist
Abend, und gleich soll ein Feuerwerk stattfinden. Sie fühlen sich
wohlig entspannt. Sie blicken in den klaren Abendhimmel empor.
Sie hören das Krachen des ersten Feuerwerks und sehen, wie eine
rote Rakete durch die Dunkelheit schießt – glitzernd rote Feuer-
garben spritzen vom Himmel. Sie genießen das prächtige Schau-
spiel. Eine zweite Rakete wird abgeschossen: Ein Feuerwerk von
leuchtendem Orange versprüht in tausend Funken.

Mit jeder Farbe entspannen Sie sich mehr. Goldgelbe Strahlen,
einer zischenden Sprühkerze gleich, schießen aus dem Dunkel. Sie
fühlen, wie Sie immer ruhiger und zentrierter werden. Jetzt kommt
eine grüne Rakete. Eine Spirale bohrt sich in die Dunkelheit, und
der ganze Himmel leuchtet smaragdgrün. Eine blaue Rakete blitzt
auf und wirft Farbstreifen von schimmerndem Blau über den
Himmel. Sie fühlen sich ganz entspannt und atmen tief und leicht.
Ein letztes Feuerwerk von herrlich violettrosa Farbe schießt in die
Dunkelheit und ergießt sich in einem Meer violetter Funken. Sie
beobachten, wie die letzten im Dunkel verlöschen.

Sie sind jetzt restlos entspannt, und während Sie bis drei zählen,
stellen Sie sich vor, daß Sie auf dem Teppich Ihres »Refugiums«
liegen. Sie stehen auf und setzen sich auf einen Stuhl.

Sie wählen jetzt eine Person aus, mit der Sie sich besser verstehen möchten. Es kann ein Freund, ein Familienmitglied, ein Lehrer, Mitarbeiter oder der Chef sein, mit dem Sie gerade eine Auseinandersetzung hatten.

Zählen Sie bis drei, und die Person Ihrer Wahl tritt durch die
Türe in Ihr Zimmer. Er oder sie schließt die Türe wieder, geht auf
Sie zu und bleibt vor Ihnen stehen. Schauen Sie die Person an. Se-
hen Sie in ihr einen Mitmenschen, der Gefühle, Meinungen und
Vorurteile hat. Beleuchten Sie jede Einzelheit seiner Erscheinung

– Gesicht, Haar, Stirn, Wangen, Lippen, Augen und Ohren ...
Sie gehen beide zum Tisch und setzen sich einander gegenüber.
Erklären Sie dieser Person jetzt von Ihrer Warte aus, worin Sie die
Ursache Ihrer Verständigungsschwierigkeiten sehen. Beschreiben
Sie das Problem klar, umfassend und aufrichtig. Lassen Sie sich
Zeit. (Pause)
Lassen Sie jetzt den anderen aus seiner Sicht über das Problem
sprechen. Hören Sie aufmerksam an, was er zu sagen hat. Versu-
chen Sie, ihn zu verstehen, und gehen Sie auf seine Argumente ein.
Wenn Sie Hilfe brauchen, können Sie eine dritte Person als un-
parteiischen Zeugen hereinrufen. Auch er tritt durch die Tür in Ihr
Zimmer. Fragen Sie ihn nach seiner Meinung.
Wenden Sie sich jetzt Ihrem Gegenüber zu; erklären Sie ihm, als
wären Sie eine objektive dritte Partei, wie Sie die Situation jetzt
beurteilen. Drücken Sie sich klar und sachlich aus. (Pause)
Sie stehen beide auf. Sehen Sie einander ins Gesicht, und stellen
Sie sich vor, wie gut Sie sich verstehen könnten. Sie spüren, wie jedes Gefühl der Kränkung, des Zorns oder des Mißverstehens verschwindet, während Sie einander zulächeln. Wenn es Ihnen
schwerfällt, eine freundschaftliche Beziehung zu diesem Menschen
zu unterhalten, fragen Sie einen erfahrenen Bekannten um Rat.
Nehmen Sie in Zukunft jedesmal, wenn Sie Ihre Beziehungen zu
diesem oder jenem verbessern möchten, den Betreffenden mit in
Ihr »Refugium«. Beschäftigen Sie sich mit ihm, bringen Sie Verständnis für ihn auf. Versuchen Sie, seinen Standpunkt zu verstehen, und seien Sie gewiß, daß auch er besser mit Ihnen auskommen möchte.
Dann verabschieden Sie sich voneinander, und der andere verläßt Ihr »Refugium«.
Zählen Sie jetzt langsam bis fünf. Sie spüren, wie Sie während
des Zählens in Ihre gewöhnliche Umgebung zurückkehren und
sich Ihrer selbst mehr bewußt geworden sind. Von nun an können
Sie jederzeit von diesen Energien und Erfahrungen zehren. Bei fünf
öffnen Sie langsam Ihre Augen, holen einige Male tief Atem, strek-
ken Ihre Glieder und fühlen sich voller Energie, ausgeruht und
zentriert.

Machen Sie es sich zur Gewohnheit, jeden Abend, bevor Sie schlafen gehen, Rückschau auf Ihren Tag zu halten. Lassen Sie jede Begebenheit des Tages entspannt und gelassen an sich vorüberziehen, und wenn Sie mit einer Ihrer Handlungen oder Reaktionen zufrieden sind, verweilen Sie bei ihr und prägen sich diese besonders gut ein. Wenn Sie mit einer Reaktion nicht zufrieden sind, untersuchen Sie den Vorfall gründlich. Wenn Sie Ihre negative Tat beleuchtet haben, löschen Sie sie innerlich aus. Dann erleben Sie die Szene noch einmal, aber diesmal in der richtigen Weise: Sehen Sie Ihr Verhalten so, wie Sie es in Zukunft haben möchten. Diese allabendliche »Tagesbilanz« kann sich nachhaltig auf Ihr Leben auswirken.

Das Lösen von Problemen

Das Ziel dieser Übung ist das Anzapfen Ihres Unbewußten, um Informationen einzuholen, Probleme schöpferisch zu lösen und auf Fragen eine Antwort zu bekommen.

Nehmen Sie eine bequeme Haltung ein. Schließen Sie Ihre Augen, und blicken Sie hinter geschlossenen Lidern etwas nach oben. Atmen Sie tief durch die Nase ein, und spüren Sie beim Ausatmen, wie eine warme Welle der Entspannung von den Zehen bis zum Kopf durch Ihren ganzen Körper fließt. Versetzen Sie sich mit Ihrer bevorzugten Methode oder mit autogenem Training in einen angenehmen Zustand der Entspannung.

Stellen Sie sich vor, daß Sie sich an einem Ort befinden, wo Sie sich am besten entspannen können – in Ihrem Zimmer, am Strand oder wo immer Sie sich am wohlsten fühlen. Während Sie auf dem Boden sitzen oder liegen, spüren Sie, daß Ihr Körper so leicht wird wie ein Luftballon. Fühlen Sie, wie er immer leichter wird, so leicht, daß Sie langsam vom Boden »abheben«. Werden Sie noch leichter, während Sie schwerelos im Zimmer umherschweben. Steigen Sie noch höher, bis Sie dem Zimmer entweichen, und immer höher, bis Sie auch das Gebäude verlassen. Sie fliegen jetzt über dem Haus. Sie sehen umher und erblicken andere Häuser. Sie sehen die fahrenden Autos auf der Straße und die Passanten auf dem Gehsteig. Erleben Sie ein Gefühl der Freiheit, des Wohlbehagens und der Sicherheit, während Sie so dahinschweben. Sie können sich an jeden beliebigen Ort versetzen, indem Sie sich einfach dorthin wünschen. Steigen Sie jetzt noch höher, bis Sie die Stadt unter sich nicht mehr sehen können. Sie brauchen nichts weiter zu tun, als sich so leicht zu machen wie einen Ballon und dann in die Lüfte zu schweben. Steigen Sie immer höher, bis Sie die Erde unter sich nicht mehr sehen können. Entscheiden Sie dann, welchen Ort Sie besuchen wollen und zu welcher Zeit. Sie können sich dann an genau diesem Ort zur festgesetzten Stunde herablassen.

Wenn Sie die Auskunft bekommen haben, die Sie brauchen, und in die Gegenwart zurückkehren wollen, werden Sie einfach wieder so leicht wie ein Luftballon. Steigen Sie auf, bis die Erde unter Ihnen verschwindet. Dann schweben Sie langsam zu Boden und befinden sich räumlich und zeitlich wieder in der Gegenwart. Während Sie gemächlich abwärts schweben, sehen Sie sich im Geiste um und achten darauf, ob irgend etwas Sie anzieht. Dann kehren Sie langsam in Ihr Zimmer zurück.

Sie fühlen sich physisch und geistig unerhört erfrischt. Wenn Sie nun eine bestimmte Aufgabe lösen wollen, stellen Sie sich das ganze Problem bildhaft vor und projizieren es auf Ihren inneren Bildschirm. Prüfen Sie es gründlich, aber nur einmal. Dann löschen Sie das Bild und versuchen, nicht mehr an das Problem zu denken. Statt dessen schalten Sie um und stellen sich das erwünschte Ergebnis vor, und dieses Bild projizieren Sie auf den Bildschirm. Das soll immer Ihr letztes Bild sein. Geben Sie ihm Kraft und Vitalität, und stellen Sie es sich mindestens dreimal täglich einige Minuten lang vor. Spüren Sie, daß das Ziel bereits erreicht ist. Diese Technik stimuliert das Bewußtsein und hilft Ihnen, schöpferische Lösungen zu finden und damit wirklich ans Ziel zu kommen. Es kann passieren, daß Ihnen die Lösung schlagartig einfällt.

Vielleicht ist Ihr Problem oder Ihre Frage so beschaffen, daß Sie den Rat eines Sachverständigen oder eines erfahrenen Ratgebers brauchen. Sie werden jetzt eine Person treffen, die Ihnen diesen nötigen Rat geben kann. Dieser »Weise« kann ein lebender Mensch oder eine historische Persönlichkeit sein, sogar ein Tier, zum Beispiel ein Vogel. Manche stellen sich unter diesem hilfreichen Ratgeber einen »weisen alten Mann« oder eine »weise alte Frau« vor. So können Sie die schöpferische Quelle Ihres Bewußtseins personifizieren.

Stellen Sie sich vor, daß Sie irgendwo draußen im Freien sind, in einem schönen Garten, auf einer Waldlichtung oder auf dem Gipfel eines Berges. Vielleicht zieht es Sie auch zu einem antiken Tempel oder an einen Ort unter Wasser oder sogar in eine Datenbank des Raumzeitalters, wo Sie Ihren Ratgeber treffen können. Manche Leute erwarten ihn lieber in ihrem »Refugium«. Suchen Sie in Ruhe den geeigneten Ort aus. (Pause)

Es nähert sich Ihnen jemand; erwarten Sie diese Person oder dieses Wesen. Achten Sie genau darauf, wie es aussieht; sprechen Sie es an. Unterhalten Sie sich mit dieser Person, stellen Sie Ihre Frage. Verlassen Sie sich darauf, daß diese Person Ihnen in jeder Weise behilflich sein wird. Sie wird Ihnen jede Auskunft und Führung geben, die Sie nur wünschen. Sie wird als Ratgeber bei Ihnen bleiben, bis Sie Ihre Aufgabe erfüllt haben. Warten Sie auf eine Antwort. (Pause)

Wenn Sie mehr Klarheit brauchen, lassen Sie noch eine zweite Person kommen, die Ihnen weiterhelfen kann. Warten Sie auf die Antwort. Sie kann verbal sein, sie kann aber auch als Bildsymbol erscheinen. Sie erhellt das Problem oder vermittelt zumindest neue Einsichten. (Pause)

Während Sie bis fünf zählen, kehren Sie in die Welt der Wirklichkeit zurück. Sie versetzen sich langsam in Ihr Zimmer zurück und sind Ihrer selbst nun mehr bewußt. Bei fünf öffnen Sie langsam die Augen, atmen einige Male tief durch, strecken sich und fühlen sich ausgeruht und voll Energie. Schreiben Sie die Antwort oder das Symbol auf, das Sie während der Sitzung empfangen haben.

19 Zwischen Ziehharmonika und Himbeereis oder Kinder üben Entspannung

Muskelentspannung

Kindern und Jugendlichen können Sie zur Einführung in diese Übung etwa folgendes sagen:
Dies ist eine Übung zur Entspannung von Körper und Geist. Wir spannen und entspannen unsere Muskeln von den Zehen bis zum Kopf. Wenn wir das Gefühl der Entspannung erst einmal kennen, brauchen wir durch Muskelanspannung nie wieder Energie zu verschwenden. Jedesmal, wenn uns etwas aufregt oder ängstigt, können wir uns mit Hilfe dieser Entspannungsmethode beruhigen. Wir brauchen jetzt vor keiner Prüfung, vor keinem Termin oder sonst einem besonderen Ereignis mehr nervös zu sein.

Setzt euch oder legt euch hin, macht es euch ganz bequem. Schließt die Augen. Entspannt euren ganzen Körper. Beginnt mit den Zehen – stellt euch die Knochen und Muskeln vor, fühlt ihr Gewicht. Spannt eure Zehen dann so fest wie möglich an und zählt langsam bis fünf... Entspannt die Zehen jetzt. Entspannt sie vollkommen und spürt den Unterschied.

Zur Entspannung der anderen Körperteile können die Übungen von S. 95 ff. verwendet werden.

Atemübungen

Bevor Kinder unter zehn Jahren rhythmisch atmen lernen, brauchen sie eventuell einige Vorübungen. Sie können zum Beispiel so beginnen:
Sehen wir einmal zu, wie wir atmen. Machen wir ein kleines Experiment. Legt eure rechte Hand auf euer Herz. Atmet tief ein. Haltet die Luft einige Sekunden lang an und atmet dann mit einem Seufzer aus. Fühlt ihr euren Herzschlag? Spürt ihr sonst etwas?
Bückt euch jetzt und berührt mit den Handflächen den Boden. Steht wieder auf, macht euch ganz lang und streckt die Hände zur Decke empor. Bückt und streckt euch einige Male in dieser Weise.
Haltet jetzt still und beobachtet euren Atem. Spürt ihr euren Herzschlag? Spürt ihr noch irgend etwas anderes?
Stellt euch vor, daß es kalt ist und ihr euren Atem wie Rauch in der Luft sehen könnt. Ist es eine große Rauchwolke?
Jetzt wollen wir versuchen, mit dem Bauch zu atmen. Stellt euch vor, eure Brust sei eine große Ziehharmonika, die immer auf und zu geht.

Wenn wir einatmen, geht die Ziehharmonika auf.
Wenn wir ausatmen, geht die Ziehharmonika zu.
Beim Einatmen schieben wir den Bauch vor.
Beim Ausatmen ziehen wir den Bauch ein.

Macht das einige Male und versucht dabei, durch die Nase zu atmen. Legt die Hand auf den Magen. Gebt acht, wie die Hand sich auf- und abbewegt, während ihr ein- und ausatmet.
Üben Sie mit den Kindern das einfache Ein- und Ausatmen, und lassen Sie sie nach dem Einatmen die Luft anhalten. Diesen Zyklus »Einatmen – Luftanhalten – Ausatmen« sollen die Kinder mehrmals üben.

Wechselseitige Atmung: Atmet sanft durch das linke Nasenloch ein, während ihr das rechte Nasenloch mit dem Daumen der rechten Hand leicht zuhaltet. Zählt: eins, zwei; eins, zwei usw.

Drückt dann das linke Nasenloch mit dem Ringfinger leicht zu, während ihr den Daumen hochstreckt und durch das rechte Nasenloch ausatmet. Während ihr bis vier zählt, laßt ihr behutsam alle Luft entweichen. Atmet dann umgekehrt durch das rechte Nasenloch ein und durch das linke aus. Übt das mehrmals.

Rhythmisches Atmen: Wenn die Kinder mit den Atemübungen schon etwas vertraut geworden sind, lassen Sie sie im Takt atmen und beim Einatmen sprechen:»ein«, beim Ausatmen:»aus«.

Wenn Sie ein Metronom haben, stellen Sie es auf 60 Schläge pro Minute. Wenn keines vorhanden ist, genügt eine Armbanduhr mit Sekundenzeiger. Sie zählen die Sekunden laut vor: *ein* – 2, 3, 4; *aus* – 2, 3, 4. Lassen Sie diese Übung mehrmals wiederholen.

Wenn den Kindern das Atmen im Takt nicht schwerfällt, versuchen Sie es mit folgender Zählung: *ein* – 2; *anhalten* – 2, 3, 4; *aus* – 2. Kindern unter elf Jahren fällt es jedoch im allgemeinen schwer, nach diesem kombinierten Rhythmus zu atmen. Daher ist es besser, man übt mit den kleineren Kindern nur nach dem Rhythmus *ein* – 2, 3, 4; *aus* – 2, 3, 4. Alle Atmenübungen sollen nie forciert, sondern immer behutsam durchgeführt werden.

Üben Sie diese rhythmische Atmung im Takt mit den Kindern einige Tage lang, bevor Sie es mit Musik versuchen.

Geistige Entspannung und Beruhigung

Diese Übung fördert Vorstellungskraft, Gemütsruhe und Entspannung. Geben Sie den Kindern folgende Anleitung:

Setzt euch oder legt euch hin, macht es euch ganz bequem. Schließt die Augen und holt tief Atem. Entspannt euren Körper und euren Geist vollkommen. Atmet noch einmal ein und spürt beim Ausatmen, wie ihr euch immer mehr entspannt. Schaltet ganz ab. Ihr atmet immer weiter; ihr seid ganz, ganz entspannt und fühlt euch wie eine weiche Federwolke, die in der Luft umherschwebt. Euch ist wohlig zumute; alles ist entspannt und freundlich. Werdet innerlich ganz still.

Stellt euch jetzt eine ländliche Szene vor: Ihr seht ein rotes Stall-

gebäude vor euch, und ihr geht darauf zu. Während ihr euch dem
Gebäude nähert, seht ihr es genau an. Ist es ein großer oder ein
kleiner Stall? Ist es ein gemauerter Stall aus Ziegeln, oder sind die
Wände aus Holz? Sind sie glatt oder rauh? Betrachtet die ganze
Wand bis zum Dach hin. Ist das Dach flach oder spitz? Gibt es eine
Scheune?
    Geht noch näher heran. Wenn ihr am Eingang seid, öffnet das
Tor und geht hinein. Was ist drin? Liegt Stroh auf dem Boden? Aus
welchem Material ist der Boden? Atmet noch einmal tief ein und
nehmt den Stallgeruch wahr. Seht euch um, und beim Hinausge-
hen bemerkt ihr ein Beet voll rosa Blumen, das etwas abseits vom
Stall liegt. Geht zu diesen blühenden Blumen hin und betrachtet
sie sorgfältig. Haben die Blüten alle den gleichen Rosaton? Sind sie
verschieden groß? Atmet tief ein und riecht ihren lieblichen Duft.
Fühlt die Zartheit der Blütenblätter. Bleibt ein Weilchen stehen
und erfreut euch am Anblick dieser schönen Blumen.
    Geht dann ein Stück weiter und seht das grüne Gras um euch
her. Zieht die Schuhe aus und geht barfuß über das Gras. Das weiche, kühle Gras ist wie Samt oder wie ein Schwamm. Legt euch
bäuchlings ins Gras und riecht das frische Grün unter euch. Dreht
euch auf den Rücken und streckt euch aus. Fühlt, wie die kühlen
Grashalme sich an eure Haut schmiegen.
    Holt tief Luft und seht die warme goldene Sonne. Fühlt, wie sie
eure Arme und Beine mit ihren Strahlen erwärmt. Ihr spürt die
Wärme der Sonne auf eurem ganzen Körper.
    Schaut im Liegen in den klaren blauen Himmel. Atmet die er-
quickende reine Luft tief ein und spürt, wie sie von eurem Kopf bis
in die Füße strömt. Könnt ihr Vögel im Flug oder vorbeiziehende
Wolken sehen?
    Während ihr so daliegt, geht die Sonne unter und das Blau des
Himmels wird allmählich dunkler. Atmet tief ein und seht, wie das
Licht des Tages schwindet und der Himmel sich tiefblau färbt. Es
kommen schon die ersten Sterne, und ihr erkennt die Sternbilder.
Betrachtet das Firmament.
    Durch euren ganzen Körper strömt ein Gefühl des Friedens, der
Gelassenheit und des Glücks. Ihr fühlt euch vollkommen ent-

spannt an diesem wohligen Ort, den ihr euch innerlich geschaffen
habt. Ihr werdet gern hierher zurückkehren. Dieses zentrierte, ruhige Gefühl könnt ihr euch jederzeit in Erinnerung rufen, zum Beispiel vor einer Prüfung oder wenn ihr zum Zahnarzt müßt.
Kommt jetzt langsam in die Wirklichkeit zurück. Macht euch
eure Haltung und eure Umgebung bewußt. Spürt eure Füße, eure
Knie, Hände und euren Kopf. Schaltet wieder an. Streckt euch,
öffnet die Augen – ihr fühlt euch ruhig und zentriert.
Damit die Kinder sich nicht langweilen, kann man die Vorstel-
lungs- und Beruhigungsübungen variieren. Ziehen Sie andere
Übungen aus diesem Buch oder aus anderen Quellen mit heran,
oder denken Sie sich selbst welche aus.
Schallplatten mit Naturgeräuschen haben sich bei dieser Übung
sehr gut bewährt. Bachgeplätscher, Meeresrauschen, Vogelstim-
men und dergleichen regen die Vorstellungskraft der Kinder an.
Sie können viel der kindlichen Phantasie überlassen und brauchen
nicht alles zu erzählen.

Innere Beruhigung und Vorstellung

Setzt euch oder legt euch hin, macht es euch ganz bequem. Schließt
die Augen und atmet tief ein. Entspannt euch körperlich und geistig vollkommen. Atmet nochmals tief ein, und fühlt euch beim
Ausatmen mehr und mehr entspannt.
Ihr atmet weiter tief ein und aus und fühlt euch jetzt so entspannt, als würdet ihr auf einer feinen weißen Wolke dahinschweben. Ihr fühlt euch sehr wohlig und gelöst.
Stellt euch vor, ihr seid auf der Straße. Ihr geht an verschiedenen
Läden mit bunten Schaufenstern vorbei, bis ihr zu einer Eisdiele
kommt. Ihr geht hinein und seht riesige Plakate von Eistüten an
der Wand. Ein fröhlicher, weiß gekleideter Mann mit einer hohen
weißen Mütze steht hinter der Theke. Das ist der Eisverkäufer, der
jedem von euch eine ganz besondere Eistüte zurechtmachen wird –
eine Riesentüte mit sieben Eiskugeln. Geht nur an die Theke und
seht ihm zu.
Der Eisverkäufer sucht eine ganz große Waffeltüte aus und

nimmt einen metallenen Kugelformer in die Hand. Er öffnet den
ersten Behälter mit hellem Erdbeereis. Seht zu, wie er die *rote* Eiskugel auf die Tüte setzt. Er öffnet den nächsten Behälter mit Oran-
geneis. Er langt tief hinein, holt eine *orangene* Eiskugel heraus und
plaziert sie auf die rote.

Dann macht er den nächsten Behälter auf. Es ist *gelbes* Zitronen-
eis drin. Wieder türmt er eine Eiskugel auf die Tüte, eine gelbe auf
die orangefarbene Kugel.

Geht näher heran und schaut, was in dem nächsten Behälter
drin ist. Herrliches *grünes* Pistazieneis! Das hat einen besonders
köstlichen Geschmack. Auch diese Kugel grünen Pistazieneises
kommt auf den Eiskugelberg.

Was nun? Er schiebt den Deckel des nächsten Behälters zurück
und zaubert eine Kugel wunderbares *blaues* Heidelbeereis hervor.
Könnt ihr die Heidelbeeren in dem Eis sehen? Schon thront die
blaue Eiskugel auf dem grünen Pistazieneis.

Jetzt gräbt er im nächsten Behälter, fördert eine *lila* Kugel zutage – erfrischendes Traubeneis – und setzt die lila Kugel auf das
blaue Heidelbeereis.

Und jetzt kommt die Krönung dieser wundervollen Eistüte. Der
Verkäufer öffnet den letzten Behälter und langt hinein. Es ist helles, rosaviolettes Himbeereis. Er setzt die Himbeereiskugel auf die
Spitze. Welche Zusammenstellung! Sieben Eiskugeln in verschiedenen Farben übereinandergetürmt in einer riesigen Tüte – einer
Regenbogentüte. Malt euch einen Augenblick dieses Bild aus, und
stellt euch vor, daß ihr jede Sorte Eis kosten dürft.

Nun zählt ihr langsam bis fünf und öffnet die Augen. Ihr seid in
eure gewöhnliche Umgebung zurückgekehrt. Streckt euch und
schaltet wieder an. Ihr fühlt euch zentriert und wunderbar ausgeruht.

Das Zentrieren von Energie

Das Ziel dieser Übung ist, Energie zu erleben und zu erzeugen.

Setzt euch mit verschränkten Beinen auf den Boden; eure Hände
ruhen leicht auf den Knien, Handflächen nach oben. Sitzt mit ge-

radem Rücken. (Wenn mehrere Kinder zusammen sind, sitzen sie am besten im Kreis.)

Damit ihr euch leichter zentrieren, das heißt euren Körpermittelpunkt finden könnt, stellt euch eine Energie vor, die vom Unterleib, dem Zentrum eures Körpers, durch Brust und Kopf fließt und beim Scheitel wieder entweicht. Stellt euch vor, daß Licht durch euren Körper strömt und sich wie ein Springbrunnen am Scheitelpunkt eures Kopfes nach außen ergießt.

Geheimnisvolle Schachtel

Dieses Spiel für Kinder soll die Sensibilität des Tastsinns steigern und die Bildvorstellung anregen.

Bekleben Sie eine Schuhschachtel hübsch mit buntem Papier, und schneiden Sie an einer der Schmalseiten einen Kreis aus, der so groß ist, daß eine Kinderhand gut durchkommt. Legen Sie jeweils einen Gegenstand in die Schachtel, und setzen Sie den Deckel drauf, damit die Kinder den Gegenstand nicht sehen können. Jedes Kind greift der Reihe nach in die Schachtel und ertastet den Inhalt.

Damit alle Kinder beschäftigt sind, kann ein Kind den »Fühler« spielen. Es beschreibt, was es ertastet hat, darf den Gegenstand jedoch *nicht* benennen, auch wenn es glaubt, ihn erkannt zu haben. Die übrigen Kinder hören zu und stellen sich den Gegenstand nach der Beschreibung des »Fühlers« vor. Jedes Kind muß raten, was in der Schachtel ist. Sie können die Antwort sagen oder auf einen Zettel schreiben.

Lassen Sie die Kinder verschiedene Gegenstände berühren und erraten. Ein Gegenstand kann auch mehrmals verwendet werden. Achten Sie auf die Unterschiede in den Beschreibungen der Kinder. Sie können unter anderen folgende Gegenstände verwenden: Tannenzapfen, Wattebausch, Radiergummi, Stein, Metallstück, Schwamm, Muschel, Feder.

20 Der »mögliche Mensch«

Wir haben in diesem Buch zu zeigen versucht, daß unsere vornehmsten Geisteskräfte noch weitgehend unerschlossen und unerkannt im Unbewußtsein ruhen, weil die Wissenschaft sich der Erforschung des vollen menschlichen Potentials bisher nicht gewidmet hat. Auch im Bereich unseres persönlichen Lebens haben wir bei weitem nicht genug getan, um uns dieses Potentials bewußt zu werden. Wir haben überlieferte Vorurteile als Tatsachen hingenommen und uns einreden lassen, daß dieses oder jenes eben unmöglich zu erreichen sei. So haben wir uns ein Bild vom Menschen gemacht, das um viele Nummern zu klein ist.

Als Kennerin der gegenwärtigen Forschung stellt Marilyn Ferguson, die Herausgeberin des *Brain/Mind Bulletin*, fest, daß die Entdeckungen auf dem Gebiet der »Hirnforschung, der Bewußtseinsforschung, der Physik, Parapsychologie und Molekularbiologie zu einer radikal neuen Weltanschauung führen. Wir sind selbst schuld daran, wenn wir versäumen, die mächtigste psychische ›Waffe‹ zu gebrauchen, die es gibt – die Phantasie.«

Ein gutes »Training für Phantasie« ist Superlearning, die holistische Lernmethode, die sowohl die rechte als auch die linke Gehirnhälfte aktiviert und den ganzen Menschen einbezieht. Wie wir gesehen haben, kann Superlearning den Lernprozeß um das Doppelte, um das Fünf- und Zehnfache oder sogar noch mehr beschleunigen bei gleichzeitigen positiven Auswirkungen auf die Gesundheit, wie sie auch in Meditations- und Entspannungskursen erreicht werden. Superlearning ist Lernen ohne Streß. Es setzt die körperlichen Kräfte ökonomisch und gezielt ein und gelingt vollkommen mühelos. Die Resultate von Superlearning beruhen darauf, daß diese Methode »menschliche Energie konserviert«. Wir rekapitulieren im folgenden ihre wichtigsten Elemente.

Verbindung von Körper und Geist

Die physiologische Forschung hat erwiesen, daß eine bestimmte Musik die Körperabläufe verlangsamt und dadurch einen entspannten, meditativen Zustand hervorruft, der sich günstig auf das Gesamtbefinden auswirkt. Ähnlich wie die Mantra-Meditation schafft diese Musik eine Verbindung zwischen Körper und Geist, die zur größeren Bewußtwerdung führt. Es stellte sich nämlich heraus, daß dieser Zustand körperlicher Ruhe und wacher Entspanntheit den Geist anregt und den Lernprozeß erleichtert. Der Körper verbraucht *weniger* Energie, daher bleibt *mehr* für den Geist.

Die Synchronisierung von Atmung, Körperabläufen, Stoffvermittlung und musikalischem Rhythmus bewirkt, daß das einmal Gelernte so im Gedächtnis gespeichert wird, daß es jederzeit abrufbar ist. Diese rhythmischen Zyklen erreichen das Unbewußte, während die Fakten gleichzeitig im bewußten Geist verankert werden. Auf diese Weise – durch das Bewußtwerden unbewußter Wahrnehmungen – können Sie die Inhalte Ihrer »Gedächtnisbank« erinnern.

Superlearning ist eine Methode zu lernen, wie man lernt. Wenn Sie einmal begonnen haben, diese Techniken zu benützen, findet ein »Schneeballeffekt« statt: Ihr Lernvermögen nimmt ständig zu bei immer größerem körperlichen und psychischen Wohlbefinden. Sie können Superlearning auch allein anwenden: Besorgen Sie sich zuerst die Musik, strukturieren Sie Ihr Material, und sprechen Sie es langsam auf Band – mit den entsprechenden Intervallen und im Rhythmus der Musik. Entspannen Sie sich dann einfach, und lassen Sie das Band ablaufen, während Sie im Rhythmus der Musik atmen.

Weitere Elemente der Unterrichtsmethode

Der Unterricht nach dem umfassendsten Superlernsystem, der Suggestopädie, umfaßt einen ganzen Methodenkomplex, den die Bulgaren zum Teil anderen Systemen entnommen haben. So wird zum Beispiel auf einzelne Elemente der Montessori-Methode und der Waldorf-Pädagogik von Rudolf Steiner zurückgegriffen, die ebenfalls das Ziel haben, »die Entfaltung des natürlichen Genies in jedem Kind« zu fördern. Der Stoff wird lebhaft und dramatisch präsentiert, wie in manchen beliebten Schulsendungen im Fernsehen, und ähnlich programmiert wie beim Schlaflernen. Die Suggestopädie kommt außerdem dem gegenwärtigen Trend zur transpersonalen und holistischen Erziehung entgegen. Viele dieser pädagogischen Ideen beruhen auf der Arbeit des italienischen Psychiaters Roberto Assagioli, des Begründers der Psychosynthese, deren Ziel es ist, die körperlich-sinnlichen, emotionalen, intellektuellen, imaginativen und intuitiven Seiten der Persönlichkeit im Lernprozeß zu harmonisieren.

Wir wollen die wichtigsten Faktoren der suggestopädischen Lernmethode, die im ersten Teil dieses Buches ausführlich beschrieben wurde, hier noch einmal knapp zusammenfassen:

1. *Nichtverbale Signale.* Die Körpersprache und andere nichtverbale Signale, die ein Schüler vom Lehrer empfängt, müssen so eingesetzt werden, daß sie den Lernprozeß fördern. Der Lehrer muß eine positive, angenehme Atmosphäre schaffen. Um die Mittel der nichtverbalen Kommunikation besser einsetzen zu können, werden die Lehrer mit den Techniken der Psychotherapie, des Theaterspielens, Singens etc. vertraut gemacht. Künstlerische Mittel sind wichtig im Lernprozeß: Sie regen die Fähigkeit der bildhaften Vorstellung und die Phantasie an.

2. *Rapport.* Ein guter Rapport ist wesentlich für eine gute Kommunikation. Die Supermemory-Sitzungen bringen es mit sich, daß Schüler bewußter auf die Signale reagieren, die sie von ihren Lehrern empfangen – auf deren Ängste, Vorurteile und Wertbegriffe. Daher müssen die nichtverbalen Elemente sorg-

fältig miteinbezogen und so organisiert werden, daß ein guter
Rapport entsteht und die Lernmotivation gesteigert wird. In
bulgarischen Kursen hält man den Rapport zwischen Lehrer
und Schüler für so wichtig, daß Schülern nahegelegt wird, die
Klasse zu wechseln, wenn sie mit ihrem Lehrer keinen guten
Rapport herstellen können.

3. *Infantilisation*. Ein wichtiger Bestandteil von Losanows Theorie ist die sogenannte »Infantilisation«, vor allem im Erwach-
senenunterricht. Darunter versteht man die Wiederherstellung
der raschen, durch kein Vorurteil behinderten Auffassungsgabe
des Kindes, der kindlichen Spontaneität und Merkfähigkeit.

4. *Rollenspiel*. In den bulgarischen Kursen wurde als wichtiges
Unterrichtselement das Rollenspiel eingeführt, denn dank einer
neuen »Identität« gehen Schüler mehr aus sich heraus und haben weniger Angst davor, Fehler zu machen. Man verwendet
Sketches, Spiele, Lieder und andere künstlerische Mittel.

5. *Autorität*. Wie Experimente deutlich zeigten, ist Autorität eine
Gedächtnishilfe: Von zwei Gruppen, die denselben Text zum
Auswendiglernen erhielten, wurde der einen mitgeteilt, daß der
Text von einem berühmten Dichter stammte, der anderen
Gruppe nicht. Die erste Gruppe behielt die meisten Worte.

6. *Feedback*. Das Unterrichtsprinzip des Feedback wird eingesetzt, um das Vertrauen in die eigene Lernfähigkeit zu steigern.
Dieses Feedback kann durch häufige kleine Tests erreicht werden. Wenn die Schüler dauernd Fortschritte sehen, so fühlen sie
sich ermutigt, überzeugt und motiviert.

Die bulgarischen Suggestopäden sehen ihr Ziel darin, mit Hilfe
dieser verschiedenen holistischen Lernmethoden die durch die Supermemory-Sitzungen aktivierten Fähigkeiten der Schüler zu erweitern und zu konsolidieren. Der hauptsächliche Unterschied
zwischen diesem System und anderen Methoden besteht darin,
daß die Schüler einige Wochen oder Monate nach Beginn der Supermemory-Sitzungen tatsächlich eine Art fotografisches Gedächtnis oder zumindest eine stark verbesserte Merkfähigkeit entwickeln, so daß sich ständige Stoffwiederholung erübrigt.

Das Unterrichtsverfahren

Vor Beginn eines suggestopädischen Kurses absolvieren die Schüler in Bulgarien ein viertägiges Vorbereitungstraining, das Entspannungsübungen und Entsuggestion hinderlicher Vorstellungen, wie zum Beispiel der, nur begrenzt lernfähig zu sein, einschließt. Ein Kurs in einem bestimmten Fach dauert ungefähr dreißig Tage bei einem täglichen Unterricht von vier Stunden mit einer Pause. Jede Sitzung ist in drei Teile gegliedert: 1. Wiederholung des bereits gelernten Stoffs als Klassengespräch unter Zuhilfenahme der besten audiovisuellen Methoden; 2. Darbietung des neuen Stoffs in Form von Dialogen (der Stoff wird, übertragen in Situationen des praktischen Lebens, dramatisch dargestellt); 3. Verankerung des Stoffs im Gedächtnis. Diese Memory-Sitzungen zerfallen in zwei Abschnitte: den aktiven und den passiven.

Im *aktiven* Teil lesen die Schüler den Text still mit, den der Lehrer vorliest. Sie entspannen sich, atmen tief, während der Lehrer die Sätze in jeweils verschiedener Intonation genau im Rhythmus des Acht-Sekunden-Zyklus vorträgt. Während dieser Lesung des Materials wird keine Musik gespielt.

Im *passiven* Teil der Memory-Sitzung entspannen die Schüler sich wieder, schließen die Augen und hören langsame Barockmusik. Sie stellen sich den Stoff nach Möglichkeit bildhaft vor, während der Lehrer die Sätze sehr dramatisch und »künstlerisch« im Acht-Sekunden-Zyklus entsprechend dem Rhythmus der Musik vorträgt.

Vereinfachtes Verfahren: Viele Benützer dieser Methode in Amerika haben die beiden Teile der Supermemory-Sitzung vereinigt und damit immerhin eine sechsfache Lernbeschleunigung erzielt.

Dieses vereinfachte Verfahren sieht folgendermaßen aus: Die Schüler entspannen sich und atmen tief im Rhythmus der Musik. Der Lehrer rezitiert den Lehrstoff im Zwölf- oder Acht-Sekunden-Zyklus im Takt der Musik unter Verwendung der drei verschiedenen Intonationsweisen.

Bei uns im Westen hat sich ein Verfahren bewährt, bei dem die

erste Woche dem Entspannungstraining sowie Vorstellungs- und
Atemübungen gewidmet ist. Die Stoffdarbietung ist lebhaft und
dramatisch; sie umfaßt sowohl Spiele, Szenen und Dialoge als auch
mündlichen Vortrag. Vor dem Konzert werden fünf bis zehn Minuten lang einfache Streckübungen gemacht. Außerdem können
Vorstellungs-, Entspannungs- und die üblichen Atemübungen
ausgeführt und Lern- und Gesundheitsaffirmationen gesprochen
werden. Der Lernzuwachs wird durch tägliche Kurztests kontrolliert.

Der *musikalische Teil* des Unterrichts dient dem Zweck, durch Erweiterung des Zeitbewußtseins eine Lernbeschleunigung zu erreichen. Entscheidend dabei ist ein Rhythmus von etwa sechzig Taktschlägen pro Minute, wobei der Lehrstoff in einem Zehn-Sekun-
den-Zyklus (bzw. in einem Acht- oder Zwölf-Sekunden-Zyklus)
vermittelt wird. Die sechzig Schläge pro Minute verlangsamen die
psychophysischen Abläufe, so daß die Taktschläge dem Betreffenden langsamer vorkommen, als sie wirklich sind. Aufgrund dieser
verlangsamten Zeitwahrnehmung kann der schöpferische Geist
innerhalb einer objektiv kurzen Zeitspanne sehr viel zuwege bringen, denn die Zeit scheint sich auszudehnen.
  Dieses Prinzip der Zeitdehnung beim Lernen wurde kürzlich
von Houston und Masters erforscht. Sie zeigten, daß Schüler ihre
zeichnerischen Fähigkeiten innerhalb weniger Stunden so verbessern konnten wie normalerweise nur im Laufe eines ganzen Semesters. Gay Luce, die Verfasserin von *Body Time* (»Körperzeit«), erklärt: »Die Untersuchungen der Zeitdehnung machen deutlich,
wie sehr wir durch unsere kulturbedingte Auffassung des ›Zeitsinns‹ eingeengt sind. Die Erforschung des Phänomens zeigt, daß
speziell in den ersten Schuljahren viel mehr Lehrstoff vermittelt
werden könnte.«
  Um sicherzugehen, daß diese Zeitdehnung durch die Einwirkung von Musik auch erreicht wird, müssen bulgarische Schüler
sich einem Eignungstest unterziehen. Wer für Musik nicht empfänglich ist, kann seine psychophysischen Abläufe auf andere Art
verlangsamen, zum Beispiel durch Atemübungen, autogenes

Training oder Biofeedback. Wer auf Musik negativ reagiert, kann auch ein Metronom verwenden (60 Taktschläge pro Minute).

Die Bulgaren haben vor kurzem einen zusätzlichen Musikteil entwickelt, der vor der Barockmusik gespielt werden soll. Zu den ausgewählten Musikstücken dieses ergänzenden Konzerts gehören Kompositionen des 19. Jahrhunderts: Brahms' Violinkonzert in D-dur, Tschaikowskis Klavierkonzert in B-moll und Beethovens Klavierkonzert Nr. 5 in Es-dur. Die langsamen Sätze dieser Konzerte mit annähernd sechzig Taktschlägen pro Minute können zu einem Konzert zusammengestellt werden. Dazu wird der Stoff im Acht-Sekunden-Rhythmus vorgetragen. Die Musik muß *leise* gespielt werden, damit die Schüler in ihrem wachtraumartigen Entspannungszustand verharren können. Weil die moderne Klassik im Vergleich zur Barockmusik bewegtere Rhythmen aufweist, wurde den Lehrern die Weisung erteilt, zu bestimmten Passagen keinen Text vorzutragen. Diese Art des Konzerts stellt erhebliche Anforderungen an die Vortragskunst des Lehrers.

Wir beginnen eben erst zu lernen, wie man lernt. Die Superlernsysteme sind gute Werkzeuge, aber sie sind nur ein Anfang. Wir haben in diesem Buch versucht, zu zeigen, daß sie uns aus dem Streß und den Sorgen unserer Zeit heraushelfen können, wenn wir es nur wollen. Wie der Historiker Kenneth Demarest ganz richtig sagte: »Die einzige wahre Elite, die es je gab, war die Elite derer, die sich wirklich bemühten. Jeder kann dazu gehören, und es ist das gesunde Schicksal dieser Elite, daß sie immer weniger elitär wird, je mehr Menschen das Potential ihres Menschseins erfüllen.«

Superlearning ist keine Wunderkur, die uns über Nacht allwissend oder zu unbesiegbaren Sportkanonen macht und uns schlagartig von allen Schmerzen befreit. Aber die Methode kann uns helfen, die latent vorhandenen Anlagen zu wecken und zu entwickeln, damit wir wirklich der »mögliche Mensch« werden, den jeder in sich trägt.

Nachwort
Superlearning im deutschsprachigen Raum

Ein deutscher Leser dieses Buches, der durch die Medien fast täglich mit Meldungen über Schulmisere und Lernstreß konfrontiert wird, stellt sich gewiß die Frage, ob es nicht auch hierzulande suggestopädische Lehrversuche gibt, um unserem Bildungsnotstand abzuhelfen. Immerhin haben Frederic Vesters Fernsehserie und Buch *Denken, Lernen, Vergessen* in mancher Hinsicht eine Lawine ins Rollen gebracht, aber sein Plädoyer für ein biologisch sinnvolles Lernen hat Kultusministerien und Schulbehörden bisher nicht bewegen können, daraus Konsequenzen für die Schulpraxis zu ziehen.

An den Universitäten befassen sich Dissertationen mit dem Thema, Management-Institute halten entsprechende Seminare ab, Lebenshilfe-Zentren und psychosomatische Kliniken beziehen die Erkenntnisse der Biologie des Lernens immer mehr in ihre Arbeit ein, sogar neue Lehrmittel wurden geschaffen, doch die Schule selbst hinkt dieser Entwicklung nach. Immer noch herrscht der aus dem Mittelalter stammende klassische Schultyp vor mit seinem »Predigtstil« der Wissensvermittlung, der dem menschlichen Organismus und der »vernetzten« Funktionsweise des menschlichen Gehirns nicht entspricht.

Zu den Merkmalen der neuen Pädagogik gehören unter anderem die Berücksichtigung individueller Lerntypen; eine positive Einstellung des Lehrers, die Streßmechanismen und Lernblockaden bei den Schülern gar nicht erst aufkommen läßt; die Berücksichtigung aller sinnlichen »Eingangskanäle« für die Information; eine anschauliche, schülergerechte Darbietung des Lehrstoffs in einer »Verpackung«, die an Bekanntes anknüpft, daher Assoziationen weckt und die Lernmotivation steigert.

Eine Reihe dieser Grundsätze berührt sich mit denen der Suggestopädie. Auch im suggestopädischen Unterricht geht es um ein Lernen auf mehreren Ebenen, um das Einbeziehen von Emotionen, um einen optimalen Rapport zwischen Lehrer und Schüler, um Motivierung und Lernfreude. Im Unterschied zu Vesters Lerntheorie, die vorläufig erst ein Entwurf ist, kann die Suggestopädie, wie dieses Buch gezeigt hat, bereits auf eine jahrelange Unterrichtspraxis mit besten Erfolgen verweisen.

In der Bundesrepublik Deutschland gibt es derzeit noch keinen Schulversuch mit Superlearning. Wie groß das Interesse daran wäre, zeigt das ungewöhnlich starke Echo, das ein Bericht über die Suggestopädie im *Stern* vom 27. April 1978 in der Öffentlichkeit auslöste. Bereits wenige Stunden nach Auslieferung der Zeitschrift wurde die Redaktion mit Anrufen von Eltern und Lehrern bestürmt, und in den nächsten Tagen traf eine Flut von Zuschriften ein. Doch dabei blieb es vorerst. Lediglich an der Universität Tübingen finden im Rahmen des Instituts für Erziehungswissenschaften Lehrveranstaltungen statt, die wenigstens die Studenten der Pädagogik und Psychologie mit den Grundsätzen der Suggestopädie vertraut machen.

Die für diese Seminare zuständige Gastprofessorin Elizabeth Philipov promovierte 1973 mit einer Arbeit über *Suggestology – The Use of Suggestion in Learning and Hypermnesia* an der University of California in San Diego und widmet sich seither der weiteren Erforschung einzelner Aspekte der Suggestopädie, insbesondere der Funktion der Musik im Lernprozeß. So sehr ihre Seminare mit Themen wie »Verbesserung der Kommunikation und Selbsterfahrung durch Musik, gelenkte Meditation und Psychodrama« sowie Sprachkurse mit Musik bei Studenten auch Anklang finden, in die Öffentlichkeit dringt wenig davon.

Supermemory in der DDR

Im anderen Teil Deutschlands ist man da schon weiter. Seit einer Reihe von Jahren arbeitet die Forschungsstelle für Mnemologie an der Karl-Marx-Universität von Leipzig eng mit Dr. Losanow zu-

sammen und konnte bereits 1971 auf dem ersten Internationalen
Kongreß für Suggestologie in Warna Berichte über glänzende Ergebnisse mit entsprechenden Sprachkursen für Erwachsene vorle-
gen. Nach dem Modell der Sprachkurse des Instituts für Suggestologie in Sofia wurden Kurse in Englisch, Französisch und Russisch
mit jeweils zehn bis sechzehn Teilnehmern abgehalten. Die Kurse
dauerten 30 Tage mit 4 Stunden Unterricht pro Tag, wobei jeder
vierte Tag der Wiederholung des durchgenommenen Materials
diente. Das Stoffangebot war sogar noch größer als in den durchschnittlichen Kursen in Sofia. Die Teilnehmer lernten 3000 bis
3200 Worte samt ihren semantischen Kombinationen und der da-
zugehörigen Grammatik. Kontrolltests am Ende der Kurse ergaben, daß die Schüler 84 bis 94 Prozent des Materials beherrschten.
Auch die in regelmäßigen Abständen bis zu einem Jahr nach Ab-
solvierung des Kurses durchgeführten Tests zeigten eine sehr hohe
Erinnerungsquote.

Es ist vielleicht kein Zufall, daß gerade das Institut für Mnemologie in Leipzig, der Stadt des Wirkens von Johann Sebastian Bach
mit ihrer langen Musiktradition, sich besonders der Erforschung
der Musik als tragendem Medium des suggestopädischen Unterrichts widmet, zumal Bachsche Kompositionen gern herangezo-
gen werden. In Übereinstimmung mit den bulgarischen Untersuchungen stellten auch die Leipziger Forscher fest, daß die melodischen, langsamen Passagen von Instrumentalmusik des 17. und
18. Jahrhunderts sich besonders dazu eignen, die psychophysischen Voraussetzungen für Superlearning und Supermemory zu
schaffen.

Im Rahmen seiner musikalischen Forschungen befaßt sich das
Leipziger Institut speziell mit der gerade für den Fremdsprachenunterricht so wichtigen Wechselbeziehung zwischen Sprache und
Musik. Leider wurden in den Berichten von 1971 noch keine konkreten Ergebnisse mitgeteilt. Es gilt aber als gesichert, daß »zwischen der Wirkung der Musik auf den Hörer und der Wirkung des
verbalen Unterrichtsstoffes eine korrespondierende Verbindung
besteht, die weder eine allzu intensive oder ausschließliche Konzentration auf die Musik noch auf das gesprochene Wort erlaubt,

um optimale Lernergebnisse zu erzielen.«* Solche Hinweise auf die Korrespondenz zwischen Sprache und Musik lassen jedoch vermuten, daß auch in Leipzig die Weiterentwicklung des Superlernverfahrens ohne ein Studium der Harmonik, auf das wir in anderem Zusammenhang noch zurückkommen werden, nicht zu denken ist.

Superlearning in Österreich

Ein interessanter suggestopädischer Schulversuch fand in den letzten Jahren in Österreich statt. Die Initiative ging von Mitgliedern der österreichischen Regierung aus, die anläßlich eines Staatsbesuchs in Bulgarien auf die erstaunlichen Lernerfolge in suggestopädisch geführten Grundschulen aufmerksam wurden. Daraufhin begann die Pädagogische Akademie des Bundes in Wien im Herbst 1974 mit einem Schulversuch nach bulgarischem Muster und kann heute, nach gut vier Jahren, beste Ergebnisse vorweisen. Dem Experiment schloß sich auch die Pädagogische Akademie der Diözese Linz an, wo man trotz anfänglicher Skepsis bei Lehrern und Eltern ebenfalls hervorragende Resultate erzielte. Die Versuchsklassen in beiden Städten wurden von Anfang an durch Dr. Losanow persönlich betreut. Ein österreichisch-bulgarisches Kulturabkommen im Jahre 1976 brachte dieser Zusammenarbeit auf dem Gebiet der Lernforschung noch eine besondere Unterstützung.

Wie sah dieser Schulversuch konkret aus? Wir ziehen das Beispiel Wien heran, da die Pädagogische Akademie der Bundeshauptstadt mehr suggestopädische Klassen einrichtete und auf eine längere Erfahrung zurückblicken kann als Linz.

Zu Beginn des Experiments fanden sich über sechzig Eltern bereit, ihre Kinder der neuen Pädagogik anzuvertrauen, und zwei Lehrkräfte der Akademie wollten den Versuch wagen, die neue

---

* Für die Übersetzung der mir nur in russischer Sprache zugänglichen Referate von Dr. D. Lehmann und Dr. K. Jänicke, dem Leiter der wissenschaftlichen Forschungsstelle für Mnemologie an der Karl-Marx-Universität in Leipzig, danke ich Friedrich von Halem. Leider war es nicht möglich, vor der Drucklegung dieses Buches Auskunft über jüngere Forschungsergebnisse in der DDR zu bekommen.

Unterrichtsmethode in der ersten Klasse der Grundschule einzusetzen. Es war dem österreichischen Team klar, daß eine Reihe von Einzelfaktoren des suggestopädischen Systems in der modernen Pädagogik nicht unbekannt waren. Das Neue – vom gezielten Einsatz der Musik einmal abgesehen – bestand vielmehr darin, diese Unterrichtsmittel zusammenzufassen und lernpsychologisch richtig aufeinander abzustimmen. Nach über vier Jahren Praxis erklären alle Lehrer (es sind in Wien mittlerweile vier) übereinstimmend, daß sie trotz des wesentlich größeren Arbeitsaufwandes nach keiner anderen Methode mehr unterrichten möchten. Wie in Bulgarien und in den USA macht auch in Österreich der Unterricht mit Superlearning Lehrern wie Schülern mehr Spaß.

Das Wunder, daß Erstkläßler in etwa drei Monaten fließend lesen und mindestens doppelt so schnell wie Normalschüler rechnen lernen, daß sie keine Streßsymptome und keine Aggressionen zeigen, sondern entspannt und fröhlich sind und ausgesprochen gern in die Schule gehen, ist bei näherem Zusehen gar kein Wunder mehr. Von Anfang an erfahren diese Kinder das Lernen als etwas Schönes. Sie erleben durch die Schule weniger den vielzitierten *Ernst* als die *Freude* des Lebens. Leistungsdruck fällt weg, da in den ersten zwei Jahren keine Noten verteilt werden. Statt dessen wird die allgemeine Einstellung zum Lernen beurteilt, die langfristig einen viel besseren Aufschluß über die Entwicklung des Kindes gibt. Durch die Betonung des »sinnentnehmenden« Lesens in ganzen Wörtern und Sätzen wird das Buch schon für Kinder der ersten Klasse zum Informationsträger. Sie lesen schneller und sicherer als die Normalschüler und stürzen sich mit Begeisterung auf Bücher, die ja nicht nur Kenntnisse vermitteln, sondern natürlich auch ein wichtiges Instrument der Spracherziehung sind. Mit Hilfe bunter Schautafeln und einer Rechtschreibkartei, die jedes Kind in einem kleinen Kasten für sich anlegt, wird auch das richtige Schreiben mühelos erlernt. Die Kinder kriegen während der Schulstunden so viel mit, daß Hausaufgaben sich weitgehend erübrigen.

Zu den wesentlichen Punkten des suggestopädischen Unterrichts in Wien gehören außerdem folgende:

Da ein Kind sich nicht länger als fünfzehn bis zwanzig Minuten auf einen Gegenstand konzentrieren kann, kommt nach dem Prinzip der *kreativen Abwechslung* nach einer solchen Lernperiode etwas ganz anderes dran. Die Kinder singen, turnen, spielen oder sitzen in ihren Bänken und hören Musik. Auch während des konzentrierten Lernens haben die Kinder *motorische* Freiheit. Einen Zwang zum Stillsitzen gibt es nicht. Wie man sich beim Besuch einer solchen Klasse überzeugen kann, sind alle Kinder trotzdem eifrig bei der Sache, auch wenn das eine oder andere mal auf dem Stuhl herumrutscht, mit dem Nachbarn flüstert oder seinen Platz verläßt.

Ein weiteres Prinzip ist das der Teamarbeit und *Partnerschaftshilfe*. Wie auch Vester in *Denken, Lernen, Vergessen* feststellt, werden wir durch die traditionelle Schule zu Einzelkämpfern erzogen, einem »zutiefst lebensfeindlichen Verhalten für die Spezies Mensch, die aufgrund ihrer genetischen Ausstattung nur in der Gruppe überleben kann«. Die Kinder in den Versuchsklassen dürfen vorsagen und abschreiben und werden dazu angehalten, ihrem Nachbarn zu helfen und manche Aufgaben zu zweit oder in einer größeren Gruppe zu lösen. Den Schwächeren wird dadurch ständig von besseren Schülern geholfen, und die Angst vor dem Versagen mit ihren lernhemmenden Folgen stellt sich gar nicht erst ein.

Zum wichtigen *Entspannungstraining* gehören kurze Musikeinlagen, die vom Tonband gespielt werden, rhythmisches Atmen und gezielte isometrische Übungen zur Entspannung des Schultergürtels. Auch dadurch werden Energien frei, die dem Lernprozeß zugute kommen.

Durch diese Maßnahmen, zusammen mit einer anschaulichen, an die Erfahrungswelt des Kindes anknüpfenden Stoffdarbietung, lernen die Kinder, wie man lernt, und die Resultate geben der Methode und den einsatzbereiten Lehrern recht. In vier Jahren mußte nicht ein einziges Kind zurückgestellt werden oder eine Klasse wiederholen. Diese Kinder aus einer Arbeitergegend, dem 10. Wiener Gemeindebezirk Favoriten, sind nicht begabter als andere und haben noch nicht mal den schichtspezifischen Bildungsvorsprung von Kindern aus Akademikerfamilien. Trotzdem erreichen fast alle in den ersten drei Jahren das Lernziel von mindestens vier Grundschulklassen. Wichtig für den Erfolg ist außerdem der enge Kontakt zwischen Eltern und Schule. Regelmäßig werden die Eltern zu Besprechungen eingeladen; sie unterstützen den Unterricht durch ihre positive Einstellung und kleine praktische Aufgaben, die im Anschluß an eben in der Schule Gelerntes zu Hause dem Kind übertragen werden. Eltern können auch jederzeit dem Unterricht beiwohnen, denn, wie Direktor Beer sagt: »Wir haben immer *open house*.« So erlebt das Kind die Welt der Schule als nicht gänzlich getrennt vom Elternhaus und fühlt sich geborgen in beiden.

Von Anfang an gab es jedoch auch gewisse Schwierigkeiten. So konnten nicht alle bulgarischen Lehrmaterialien ohne weiteres in Österreich übernommen werden. Die mit viel Aufwand in Bulgarien hergestellten Fernsehopern zur Einprägung des Lernstoffs mit künstlerischen Mitteln – ein wichtiges Prinzip der Suggestopädie – erwiesen sich für österreichische Kinder als wenig geeignet. Das liegt zum Teil daran, daß diese im Vergleich zu bulgarischen Kindern viel »verwöhnter« sind durch das Fernsehen und im allgemeinen leichter ablenkbar, zum Teil aber auch an der inhaltlichen Gestaltung und der nicht immer glücklichen sprachlichen Fassung. Auch Lesefibeln und andere Lehrbücher mußten erarbeitet oder überhaupt erst erstellt werden, da nur für die erste Klasse das komplette Lehrmaterial aus Bulgarien zu bekommen war. Dringend erbetene Unterlagen für einen Fremdsprachenunterricht auf der Grund- und Sekundarstufe sowie für Studenten der Akademie konnten leider nicht geliefert werden.

Mit der Zeit wurden die Besuche Dr. Losanows sporadischer, und die Akademie beschloß, den erfolgreichen Schulversuch in Zusammenarbeit mit dem Institut für Pädagogik der Universität Wien in eigener Regie fortzusetzen. Es wurde ein Schlußbericht vorgelegt und ein neues Lernmodell auf »empirischer Basis« im Gegensatz zu Losanows psychotherapeutischem Ansatz erarbeitet.

An der Unterrichtspraxis hat sich offenbar wenig geändert, außer daß Musik nun nicht mehr als Informationsträger, etwa zum Erlernen des kleinen Einmaleins, eingesetzt wird, sondern nur noch zur Entspannung und Aktivierung, bevor die Lernphase beginnt. Neben klassischer und vorklassischer Musik werden jetzt auch andere Musikgattungen verwendet, zum Beispiel Folklore, die zu besonders guten Ergebnissen führen soll. Die Kinder machen den gleichen gelösten und fröhlichen Eindruck wie vor anderthalb Jahren, als ich die Schule zum ersten Mal besuchte, und die vier Lehrkräfte unterrichten nach wie vor mit Lust und Liebe. Wenn man allerdings die neuen theoretischen Richtlinien betrachtet, beschleicht einen ein banges Gefühl. Hier ist nicht mehr von Freude und einer menschlich warmen Atmosphäre, vom Vertrauen in die Fähigkeiten des Kindes die Rede, sondern davon, den Unterricht »durch den Einsatz von modernsten Erkenntnissen der Wahrnehmungs-, Lern-, Motivations- und Sozialpsychologie zu optimalisieren«. Musik wird hier zum »konditionalen« und »diskriminativen Reiz«, Lob zur »dominierenden Steuerhilfe«, die Erziehung zum partnerschaftlichen Arbeiten zur »laufenden Kontrolle der sozialen Interaktionen«. Dieses programmierte Lernen nach den Grundsätzen der Verhaltenspsychologie, das schon seit einigen Jahren als überholt gilt, erreicht zwar das Lernsoll, aber das Wesentlichste bleibt auf der Strecke: Lernen wird zur Dressur, nicht zum Mittel der Befreiung der in jedem Menschen angelegten schöpferischen Persönlichkeit.

Wie verheerend sich die mechanistisch-deterministische Erziehungsmethode auswirken kann, hat unter anderen Kurt Otten, Professor für Anglistik an der Philipps-Universität Marburg, anhand des Fremdsprachenunterrichts eindringlich dargestellt.* In diesem »System von psychotechnischer Konditionierung und Manipulation, besonders dem Schema von Reiz, Reaktion und Verstärkung«, werden die Wissensvermittlung und damit die Beziehungen zwischen Lehrern und Schüler immer mehr mechanisiert.

Noch sind in Wien Lehrer im Einsatz, die aus Begeisterung nach der suggestopädischen Methode unterrichten und ihr Engagement auf die Kinder übertragen. Aber was geschieht, wenn dieses bewährte Lernmodell über die ersten vier Grundschulklassen hinaus

---

* »Im Grunde ist alles tot«, in: *Die Zeit*, 19. 4. 1974.

eines Tages in der Sekundarstufe angewendet werden soll? Läßt sich das Wiener und Linzer Modell wenigstens für die Grundschule bundesweit einsetzen?

Direktor Beer ist skeptisch: Der Erfolg eines neuen Schulversuchs beruht weitgehend auf der Einsatzbereitschaft und der Experimentierfreudigkeit seiner Pioniere. (»Ich habe hier die besten Lehrer von ganz Wien«, sagt er nicht ohne Stolz.) Wenn ein solches Modell aber »von oben« verordnet wird, verwässert es schnell und wird in den Händen eines ungeeigneten Lehrers weniger effizient sein als die alten Lehrmethoden. Nach dem Gesetz der Trägheit wehren sich die meisten Menschen gegen Neuerungen, und auch Lehrer sind nur Menschen. Dazu kommt, daß der Schulversuch nun nicht mehr von Losanow persönlich, sondern von einem verhaltenspsychologisch orientierten wissenschaftlichen Institut betreut wird. Neue Lehrkräfte werden daher in Zukunft nach den dürren Richtlinien des neuen Lehrmodells mit seinem abschreckenden Fachjargon ausgebildet werden. Es ist zu hoffen, daß die *Praxis* des suggestopädischen Unterrichts den nötigen Ausgleich schafft, um den vielversprechenden Schulversuch am Leben zu erhalten und wenn möglich zu verbreiten.

Der Plan, nach bulgarischem Modell in Wien ein Fremdsprachenprogramm aufzubauen, hat sich indessen nicht verwirklichen lassen. Es gab zwar unter Leitung von Losanow und seiner Assistentin ein sehr erfolgreiches Experiment mit einem Italienischkurs für Angehörige der Ersten Österreichischen Spar-Casse und der Zentralsparkasse der Gemeinde Wien, der von den Banken finanziert wurde, aber dabei blieb es. Solange österreichische Sprachlehrer keine Ausbildungsmöglichkeit haben und genaue Informationen über das Verfahren, vor allem über den Einsatz der Musik, nur schwer zu bekommen sind, scheitert das Projekt an der Finanzierungsfrage. Der Aufwand für Einflug und Unterhalt des bulgarischen Teams, der für einen ersten Versuch vertretbar war, verbietet sich für eine Planung kontinuierlicher Kurse auf breiterer Basis. So konnte dieser zweite Eckpfeiler der Suggestopädie, ihre Anwendung in der Erwachsenenbildung in Form von Sprachkursen, vorläufig in Wien noch nicht errichtet werden.

Die »Autogene Pädagogik« von Friedrich W. Doucet

Erfolgreicher war dagegen der Versuch des Münchner Psychologen und Psychotherapeuten Friedrich W. Doucet, der sich seit Jahren mit den Prinzipien der suggestopädischen Sprachkurse beschäftigt und auf dieser Grundlage seine »Autogene Pädagogik« entwickelte. 1973 besuchte er auf Einladung von Losanow das Institut für Suggestologie in Sofia und konnte schon 1974 in einer vielbeachteten zweistündigen Fernsehsendung des Süddeutschen Rundfunks seinen Unterricht vorführen und in Anwesenheit von Hochschulprofessoren und Vertretern des Kultusministeriums erläutern. In seinem Buch *Intuitionstraining* und einem längeren Essay mit dem Titel »Autogene Pädagogik« in der *Zeitschrift für Markt-, Meinungs- und Zukunftsforschung** des Wickert Instituts Tübingen legt Doucet die Grundlagen seiner Methode dar.

Als Psychologe der Schule C. G. Jungs geht Doucet vom Begriff des »Überbewußtseins« aus, dem vierten Bewußtseinszustand des Menschen neben dem Wach-, Schlaf- und Traumbewußtsein. Nach seiner These ist das mühelose Verarbeiten und Speichern großer Stoffmengen nur dann möglich, wenn der Weg zum Überbewußtsein freigelegt wird. Das geschieht durch die Aktivierung der intuitiven Kräfte mit Hilfe von Musik. Mit der detaillierten Erforschung der Wirkung bestimmter Musikgattungen und Klangqualitäten auf die Psyche geht Doucet noch einen Schritt über die Suggestopädie hinaus. Musik dient nicht nur der Entspannung und Harmonisierung des Organismus bzw. der suggestiven Verstärkung des gesprochenen Wortes, sondern sie wird aufgrund ihrer hamonikalen Korrelationen mit dem eingegebenen Sprachmaterial zu einem wahren »Nürnberger Trichter«. Durch die richtige Aufbereitung von Sprache und Begleitmusik kann ein beliebiger Wissensstoff ohne Willensanstrengung, ja, sogar ohne Bewußtseinsbeteiligung des Lernenden dem Gehirn buchstäblich »eingetrichtert« werden.

Das klingt märchenhaft, aber die Versuche mit Studentengruppen in den Jahren 1974 bis 1976 bestätigten die Hypothese und

---

* Jahrgang 3/4 (Doppelnummer), 1979.

ermöglichten die Entwicklung eines vorläufigen Kassettenpro-
gramms für die Fremdsprachen Italienisch, Französisch und Russisch. Diese Sprachkurse vom Tonband wurden in der 1975 in
München gegründeten »Akademie Avalom« jeweils in einem Zeitraum von vierzehn Tagen bzw. einem Monat abgehalten und verliefen so:

Eine Gruppe von neun bis zwölf Teilnehmern nahm in bequemen Knautschsesseln im Kreis Platz und bekam den Kurs über
Kopfhörer eingespielt. Zur »Initialzündung« wurde die erste Sitzung mit einem Vortrag eröffnet, der ähnlich wie in bulgarischen
Kursen festgefahrene Vorstellungen über die begrenzte Lernfähigkeit des Menschen abbauen sollte. Dann begann das Unterrichtsprogramm mit jeweils zwei Lernstunden. Bei ständiger Mu-
sikbegleitung wurden zuerst Anleitungen zur schrittweisen Entspannung von Körper und Geist gesprochen, gefolgt von Symbol-
vorstellungen zur Weckung der Intuition. Damit war der Grund
für die eigentliche Stoffeingabe gelegt: Der in bestimmten rhythmischen Zyklen der Musik »aufmodulierte« Lehrstoff wurde etwa
eine halbe Stunde lang vorgetragen. Nach einer Pause lief die
zweite Lernstunde nach ähnlichem Muster ab.

Ein ebenso wichtiges wie erstaunliches Prinzip dabei ist, daß die
Musik bei der Eingabe des Lehrstoffs immer lauter, die Stimme des
Lehrers jedoch immer leiser wird, bis die Worte kaum noch zu hö-
ren sind. Die Wirkung dieser autogenen Methode beruht nämlich
auf »Schwingungseffekten, die mit den üblichen fünf Sinnen nicht
hörbar sind« (Doucet). Anders ausgedrückt: Ein Klang – auch
Worte sind Klänge – muß nicht hörbar sein, um vom Bewußtsein
aufgenommen zu werden. So können Schallfrequenzen unter 30
Hz und über 16000 Hz zwar nicht mehr gehört, aber dennoch als
Informationen vom Bewußtsein registriert werden. Seit ältesten
Zeiten haben daher die Infratöne der tibetischen Ritualmusik und
die unhörbaren Obertöne chinesischer und japanischer Bambus-
flöten den Wert von sinnlich nicht wahrnehmbaren, gleichsam nur
mit dem Geist zu empfangenden »kosmischen Botschaften«.

Doucet stützt sich in seinen Forschungen nicht nur auf fernöstli-
che Musiktraditionen und die damit verbundene tantrische Über-

lieferung, sondern auch auf das Pythagoreische Geheimwissen von
der »Weltharmonik«, das seit einigen Jahren von dem Schweizer
Privatgelehrten Hans Kayser und die an sein Werk anknüpfende
Harmonikale Grundlagenforschung wiederbelebt wird. Diese geht
von der Erkenntnis aus, daß es übereinstimmende Gesetze in der
Natur, im Menschen und in der Musik gibt. Sie drücken sich in
einfachen Zahlenverhältnissen (Intervallproportionen) aus, denen
seelische Dispositionen des Menschen entsprechen. Da auch verbale Laute Klangerscheinungen sind, müssen für die Sprache
ebenfalls harmonikale Analogien gelten. Auf dieser Tatsache beruht unter anderem die Wirkkraft der Mantras im indischen Tan-
tra-Yoga, wie Rudolf Haase, der Leiter des Hans-Kayser-Instituts
für Harmonikale Grundlagenforschung in Wien überzeugend
nachgewiesen hat.* Durch die Schallfrequenzen dieser unhörbar
gesprochenen heiligen Laute oder Silben kann im Körper sogar
eine Art »akustische Laser-Energie« erzeugt werden, die psycho-
kinetische Effekte wie Levitation auslöst.
      Doch das geht weit über das Ziel der »Autogenen Pädagogik«
hinaus. Noch steht die Forschung, die eine Reihe komplizierter
technischer Geräte erfordert, an ihrem Anfang. Noch ist der Versuch, semantische Informationen – also Worte – unmittelbar in
Klänge umzusetzen, allzu aufwendig und zeitraubend. Doucet
hofft, sein Institut, das 1976 aus Mangel an finanziellen Mitteln
wieder geschlossen werden mußte, in nächster Zukunft wiederzu-
eröffnen und spezielle Synthesizer zu entwickeln, die den »Nürnberger Trichter« vervollkommnen sollen. Denn, wie Dr. Doucet im
Gespräch erklärte, »man kann eine Sprache elektronisch so zer-
pflücken, daß die Töne wie Musik wirken«. Diese musikalischen
Laute würden sich ohne Beteiligung der Sinne und des Denkens im
Bewußtsein, genauer gesagt: durch das Überbewußtsein, in Wis-

* R. Haase, »Harmonikale Forschung und Transzendentale Meditation«, in:
Grenzgebiete der Wissenschaft, 2/78, 27. Jg., S. 393-405. – Ein Vortrag von Prof. Haase
über »Angewandte Harmonik« wurde am 10.12.1978 vom Bayerischen Rundfunk
ausgestrahlt. Das Sendeskript ist erhältlich.

sen verwandeln. Daß die Umsetzung *quantitativer* Schwingungen in *qualitatives* Wissen funktioniert, steht fest; aber *wie* das vor sich geht, ist vorläufig noch ein alchimistisches Geheimnis.

In dem erwähnten Aufsatz bemerkt Doucet, daß »zwischen dem Wort, dem Ton, der geistigen Bedeutung und der beabsichtigten Informationswirkung zweifellos Korrelationen bestehen, die wissenschaftlich bisher nicht untersucht wurden«. Von dieser Feststellung ist es nur ein Schritt zu der kühnen Vision von Louis Pauwels und Jacques Bergier, den bekannten Vertretern einer Philosophie der »phantastischen Vernunft«: »Es kann sein, daß die Sprachforschung nur eine Wissenschaft der äußeren Hülle ist und daß es eine Wissenschaft vom Wesen der Sprache gibt, die wir vielleicht eines Tages erst entdecken oder wiederentdecken.«

Dieses erst erahnte Wesen der Sprache, das nur zusammen mit den harmonikalen Gesetzen der Musik und deren Entsprechung in der menschlichen Psyche ergründet werden kann, ist der Schlüssel zum Superlearning und weist den Weg für die Forschung der Zukunft.

Anhang

Adressen von Institutionen, Zentren, Gesellschaften

Zu Teil I

Institut für Suggestologie: Budapest Str. 9, Sofia, Bulgarien.

Society for Suggestive-Accelerative Learning and Teaching (S.A. L.T.): 2740 Richmond Ave., Des Moines, Iowa 50317, USA. (Über das Institut ist zu beziehen: Don Schuster/Ray Benitez-Bordon/Charles Gritton: *Suggestive, Accelerative Learning and Teaching: A Manual of Classroom Procedures Based on the Lozanov Method*, 1976.)

Mankind Research Unlimited, Inc.: 1110 Fidler Lane, Suite 1215, Silver Spring, Maryland 20910, USA. (Inhaber der amerikanischen Konzession für das suggestopädische Unterrichtsverfahren.)

Lozanov Learning Institute: 5408 Silver Hill Road, Washington, D. C. 20028, USA. (Tochtergründung von Mankind Research Unlimited.)

Language in New Dimensions: 80-A Museum Way, San Francisco, California 94114, USA.

Super-Learning Corporation: Suite 4D, 17 Park Avenue, New York, N. Y. 10016, USA. (Bezugsquelle für Musiktonbänder für Superlearning; Quellenmaterial; Beratung.)

Institute for Wholistic Education: P. O. Box 575, Amherst, Massachusetts 01002, USA. (Über das Institut sind u. a. folgende Publikationen zu beziehen: *A Guide to Resources in Humanistic and Transpersonal Education*. Enthält eine Liste von über 500 Quellen und Adressen von holistisch-humanistisch orientierten pädagogischen Institutionen. Jack Canfield/Paula Klimek:*The Inner Classroom: Teaching with Guided Fantasy and Wholistic Education.)*

Sleep-Learning Research Association: P. O. Box 24, Olympia, Washington, USA.

Kundalini Research Foundation (Vorstand: Gene Kieffer): 10 East 39th Street, New York, N. Y. 10016, USA. (Widmet sich dem Werk von Pandit Gopi Krishna und der Erforschung von Kundalini.)

Zu Teil II

The Psychosomatic Medicine Clinic: 2510 Webster Street, Berkeley, California 94705, USA. (Information über autogene Techniken.)

Aletheia Psycho-Physical Foundation: 515 N. E. Street, Grants Pass, Oregon 97526, USA. (Information über holistische Medizin, Schmerzkontrolle, Ausbildung von »health experts« etc., sowie über das Werk von Jack Schwarz.)

Cancer Counseling and Research Center, c/o Carl Simonton, M. D.: Suite 710, 1300 Summit Ave., Fort Worth, Texas 76104, USA. (Unterlagen und Tonbänder mit Imaginations- und Meditationsübungen für Krebspatienten.)

Pain Rehabilitation Center, c/o C. Norman Shealy, M. D.: Route 2 – Welsh Coulee, La Crosse, Wisconsin 54601, USA. (Biogenik und Schmerzkontrolle.)

The International Kirlian Research Association, IKRA Communications: 411 East 7th Street, New York, N. Y. 11218, USA. (Psychophysische Forschung.)

Zu Teil III

Project Blind Awareness, c/o Carol Ann Liaros: 3329 Niagara Falls Blvd.; North Tonanwanda, N. Y. 14120, USA. (Informationen über das Projekt Blindenwahrnehmung.)

Information Services for Psi Education, c/o Mrs. J. E. Nester: 5 West 73rd Street, New York, N. Y. 10024, USA. (Information über Ausbildung von Psi-Kräften.)

American Sentic Association: P. O. Box 2716, La Jolla, California 92038, USA. (Information über Sentik, Tonbänder, Arbeit von Dr. Manfred Clynes.)

Rudolf Steiner Library: 211 Madison Ave., New York, N. Y. 10016, USA.

Zum Nachwort

Ludwig Boltzmann-Institut für Lernforschung, Pädagogische Akademie, Ettenreichgasse 45 a, A-1100 Wien. (Direktor: Dr. Franz Beer; wissenschaftlicher Betreuer: Prof. Dr. G. Guttmann; speziell mit der musikalischen Forschung befaßt sich Univ. Ass. Dr. Vanecek.)

Hans-Kayser-Institut für Harmonikale Grundlagenforschung, Hochschule für Musik und Darstellende Kunst, Lothringerstr. 18, A-1037 Wien. (Leiter: Prof. Dr. Rudolf Haase.)

Dr. Friedrich W. Doucet, Hesseloherstr. 7, D-8000 München 40.

Frederic Vester, Studiengruppe für Biologie und Umwelt, Nußbaumstr. 14, D-8000 München 2.

Prof. Dr. Elizabeth Philipov, Zentrum für neue Lernverfahren der Universität Tübingen, Münzgasse 11, D-7400 Tübingen.

Forschungsstelle für Mnemologie, Karl-Marx-Universität Leipzig, Ph. Rosenthalstr. 22, DDR-701 Leipzig. (Leiter: Doz. Dr. K. Jänicke.)

Beratung

Dr. W. Jane Bancroft: University of Toronto, Scarborough College, West Ontario Hill, Ontario, Canada.

Ray Benitez-Bordon: Alternative Learning and Teaching Approach (ALTA) Corp., P. O. Box 771, Des Moines, Iowa 50306, USA.

Videokassetten und Tonbänder

Eine Videokassette von Losanow-Kursen, abgehalten am Pädagogischen Institut für Fremdsprachen in Moskau (Januar 1975); ein Interview mit Dr. Losanow vom 8. Mai 1975 in Washington, D. C. Diese und andere Videokassetten können bezogen werden von Dimitri Devyatkin: 134 Haven Ave., New York, N. Y. 10032.

Tonbänder und Videokassetten von Referaten und Demonstrationen Dr. Losanows und seiner Mitarbeiter während des Kongresses von 1977 in Iowa sind erhältlich durch The Office of Extension Courses and Conferences; 102 Scheman Continuing Educational Building, Iowa State University, Ames, Iowa 50011.

Lehrmaterial

Journal of Suggestive-Accelerative Learning and Teaching und *Newsletter* (Nachrichtenbulletin). Herausgegeben von der Society for Suggestive-Accelerative Learning and Teaching (S.A.L.T.). Adresse s. oben.
»Learning, Education, Creativity, Suggestology and Learning Disorders«. Als »Theme Pack« (Nr. 11) erhältlich vom *Brain/Mind Bulletin* (P. O. Box 42211, Los Angeles, California 90042.)
Bancroft, W. Jane, *The Lozanov Language Class.* Diese Schrift erläutert das Grundkonzept der Suggestopädie und enthält Anleitungen. Als Mikrofilm zu beziehen durch das Center for Applied Linguistics (1611 N. Kent Street, Arlington, Virginia 22209). Abgedruckt in: *Journal of Suggestive-Accelerative Learning and Teaching,* Bd. 1, Heft 1 (Frühjahr 1976).

Tagungen

1971 – Erster Internationaler Kongreß für Suggestologie (Warna, Bulgarien).*

1974 – Kongreß für Hypnopädie und Suggestopädie (Moskau).

1975 – Kongreß für Suggestopädie (DDR).

1975 – Internationaler Kongreß für Psychologie des Bewußtseins und für Suggestologie (Pepperdine University, Los Angeles).

1975 – Internationales Symposion über Suggestologie und Psychologie der Suggestion (Mankind Research Unlimited, Washington, D. C.).

1976 – Kongreß für Suggestologie (Budapest).

1976 – Erster Weltkongreß für Hypnopädie und Suggesto-Hypnopädie (Paris).

1976 – Erster Internationaler Kongreß für Methoden des beschleunigten Lernens und für Suggestologie (Des Moines, Iowa).

1977, 1978 – Weitere Kongresse in Iowa.**

1978 – Europäischer Kongreß für Hypnose, Psychotherapie und Psychosomatische Medizin: Abteilung Suggestopädie (Malmö, Schweden).

Während der letzten 6 Jahre fanden außerdem Tagungen für Suggestopädie in Ottawa, Kanada, statt.

---

* Die Protokolle dieses Kongresses wurden unter dem Titel »Fragen zu Suggestologie« vom Institut für Suggestologie in Sofia herausgegeben. Das 669 Seiten umfassende Werk enthält Forschungsberichte sowohl aus dem Ostblock wie auch aus westlichen Ländern über Suggestologie und beschleunigte Lernverfahren. Zusammenfassungen in englischer Sprache.

** Losanows Rede auf dem Zweiten Internationalen Kongreß »On Suggestive-Accelerative Learning and Teaching«, Iowa 1977, ist unter dem Titel »Suggestology and Suggestopedia« auch als Videoband erschienen (Iowa State University 1977).

Neuere Superlern-Projekte

Colorado State University – Dr. Kay Herr: Deutsch;

Rutgers University, New Jersey – Gabe Minc: Nachhilfeunterricht im Lesen;

Pitzer College, Claremont – Alan Harris: Hebräisch;

University of Illinois;

University of Kansas;

Texas Technological University – Dr. Owen Caskey: Spanisch und andere Fächer;

St. Lawrence University in New York;

University of Toronto – Dr. Eleanor Irwin und Dr. Jane Bancroft: Griechisch;

Institut für Betriebswirtschaft, Old Dominion University, Virginia – Dr. H. Thorstad und Dr. W. Garry;

Sandy Spring Friends School, Sandy Spring, Maryland – Mr. und Mrs. Peter Kline: Lehrprogramm für alle Fächer;

»Sprache in neuen Dimensionen«, San Francisco – Charles Schmid: Französisch und Spanisch;

Institute for Executive Research, Glendale, Kalifornien – John Boyle;

Lozanov Learning Institute, Silver Spring, Maryland (U.S. Lizenz) – Dr. Carl Schleicher: Sprachen;

Canadian Pacific – Französisch;

University of Iowa und Iowa State University – Spanisch;

Brigham Young University, Provo, Utah;

Catholic University, Washington, D. C. – Catherine Leidecker;

College Condorcet, Paris – Micheline Flak;

Lycée Voltaire, Paris – Jean Cureau: Englisch;

Universität Tübingen – Dr. Elizabeth Philipov: Spanisch;

Firdausi Universität, Iran – Douglas Shaffer: Englisch;

Uppsala, Schweden – Christer Landahl.

Bibliographie

Allen, J., »On Teacher Training Experience at the Research Institute of Suggestology, Bulgaria«, in: *Journal of S.A.L.T.*, Bd. 1, Nr. 4 (Winter 1976).

Andreas, Peter, »Blinde sehen ohne Augen«, in: *Esotera*, 27. Jg., H. 6, Juni 1976, S. 488.

A. R. E., »Thought, Concentration and Memory«, Virginia Beach, Va., Association for Research and Enlightenment, Rundschreiben, 1970.

Balevskij, P., »EEG Changes in the Process of Memorization under Ordinary and Suggestive Conditions«, in: *Suggestology and Suggestopedia Journal*, Bd. 1, Nr. 1, 1975.

Bancroft, W. Jane, »Progressives and Pedagogues in the USSR«, in: *Educational Courier*, Dezember/Januar 1970/71.

–, »The Psychology of Suggestopedia: Or Learning Without Stress«, in: *Educational Courier*, Februar 1972.

–, »Foreign Language Teaching in Bulgaria«, in: *Canadian Modern Language Review*, März 1972.

–, »Civilization and Diversity – Foreign Language Teaching in Hungary«, in: *Canadian Modern Language Review*, Januar 1973.

–, »Education for the Future: Or the Lozanov System Revisited«, in: *Educational Courier*, Juni 1973.

–, »The Lozanov Method in Hungary«, in: *Educational Courier*, Juni 1975.

–, »Suggestology and Suggestopedia: The Theory of the Lozanov Method«, in: *Journal of S.A.L.T.*, Bd. 1, Nr. 3, Herbst 1976.

–, »Discovering the Lozanov Method«, in: *Journal of S.A.L.T.*, Bd. 1, Nr. 4, Winter 1976.

–, »The Lozanov Method and Its American Adaptations«, in: *Modern Language Journal*, April 1978.

Barrat, R., »J'ai Découvert la Sophrologie«, in: *Paris Match*, 27. April 1974.

Beal, James, »Field Effects, Known and Unknown Associated with Living Systems«, New Advances in Parapsychology IEEE Intercon, 1972.

Belanger, Bagriana, *La Suggestologie et la Suggestopédie*, Paris 1978 (Insider-Bericht einer bulgarischen Expertin).

Benitez-Bordon, Ray, und McClure, D. P., »Toward a Theory for Research of Learning in an Altered State of Consciousness«, unveröffentlichtes Manuskript, University of Iowa, 1974.

– und Schuster, D., »Foreign Language Learning via the Lozanov Method: Pilot Studies«, in: *Journal of S.A.L.T.*, Bd. 1, Nr. 1, Frühjahr 1976.

–, »The Effects of Suggestive Learning Climate, Synchronized Breathing and Music on the Learning and Retention of Spanish Words«, in: *Journal of S.A.L.T.*, Bd. 1, Nr. 1, Frühjahr 1976.

Benson, Herbert, und Klippner, Meriam Z., *Gesund im Streß. Eine Anleitung zur autosuggestiven Entspannung*, Berlin 1978.

Block, Alex Ben, »The Sputnik of the Classrooms«, in: *New West*, 18. Juli 1977.

Boon, H., Davrou, Y., und Macquet, J.-C., *La Sophrologie: Une Révolution en Psychologie, Pedagogie, Médecine?*, Paris 1976.

Braud, William und Lendell, »Preliminary Explorations of Psi-Conducive States: Progressive Muscular Relaxation«, in: *Journal of the American Society for Psychical Research*, Bd. 67, Nr. 1, Januar 1973.

Brown, Barbara, *New Mind, New Body*, New York 1975.

–, *Stress and the Art of Biofeedback*, New York 1977.

–, *Supermind*, New York 1979.

Canfield, J., und Klimek, P., »Education in the New Age«, in: *New Age*, Februar 1978.

Carson, Jo, »Learning Without Pain: Doctor Explains Suggestology«, in: *Toronto Globe and Mail*, 9. März 1971.

Caskey, O., und Flake, M., *Suggestive-Accelerative Learning: Adaptations of the Lozanov Method*, Texas Tech. University, 1976.

Clynes, Manfred, *Sentics. The Touch of Emotions*, Garden City 1977.

Cooper, L., und Erickson, M., *Time Distortion in Hypnosis*, Baltimore 1954.

Coué, Emil, *Die Selbstbemeisterung durch bewußte Autosuggestion*, Basel 1978.

Curtis, David, *Sleep and Learn*, New York 1972.

Dean, Stanley R. (Hrsg.), *Psychiatry and Mysticism*, Chicago 1975.

Ehrenwald, Jan, *New Dimensions of Deep Analysis: A Study of Telepathy in Interpersonal Relationships*, New York 1974.

Eliade, Mircea, *Yoga. Unsterblichkeit und Freiheit*, Frankfurt/M. 1977.

Fano, R. M., »The Information Theory Point of View of Speech Communication«, in: *Journal of the Acoustical Society of America*, Bd. 22, Nr. 6, November 1950.

Ferguson, Marilyn, *The Brain Revolution*, New York 1975.

–, »Current Brain Research and Human Potential for Learning«, in: *Journal of S.A.L.T.*, Bd. 1, Nr. 4, Winter 1976.

–, »A New Perspective on Reality«, in:*Brain/Mind Bulletin*, Bd. 2, Nr. 16, 4. Juli 1977.

Fincher, J., »Education Now«, in: *Saturday Review*, 18. März 1978.

Fürst, Kurt, »Some Observations of Behavior in a Suggestopedic French Language Class (Ottowa)«, in: *Journal of S.A.L.T.*, Bd. 1, Nr. 3, Herbst 1976.

Godefroy, C., »L'Étrange Voyage du Docteur Lozanov de la Parapsychologie à la Pédagogie«, in: *Psychologie*, Januar 1977.

Goodavage, Joseph, *Magic: Science of the Future*, New York 1976.

Green, Elmer und Alyce, *Beyond Biofeedback*, New York 1977.

Grim, Paul, »Psychotherapy by Somatic Alteration«, in: *Mental Hygiene*, Juli 1969.

–, »Use Your Body to Control Your Mind«, in: *Fate*, Juli 1976.

Gritton, Charles, »Practical Issues in Adapting Suggestopedia to An American Classroom«, in: *Journal of S.A.L.T.*, Bd. 1, Nr. 4, Winter 1976.

– und Benitez-Bordon, Ray, »Americanizing Suggestopedia: A Preliminary Trial in a U.S. Classroom«, in: *Journal of S.A.L.T.*, Bd. 1, Nr. 2, Sommer 1976.

Hammond, David, *The Search for Psychic Power*, New York 1975.

Harman, Willis W., »The Societal Implications and Social Impact of Paranormal Phenomena«, in: *Future Science*, hrsg. von J. White und Stanley Krippner, Garden City 1977.

Hendrick, Gay, und Fadiman, James (Hrsg.), *Transpersonal Education: A Curriculum for Feeling and Being*, Englewood Cliffs 1976.

– und Roberts, T., *The Second Centering Book: More Awareness Activities for Children, Parents and Teachers*, Englewood Cliffs 1977.

Hittleman, Richard, *Yoga – das 28-Tage-Programm*, München 1977.

Keen, Sam, »Our Bodies, Our Souls – An Interview with Michael Murphy«, in: *New Age*, Januar 1978.

Key, W., *Subliminal Seduction*, New York 1974.

Kline, P., »The Sandy Spring Experiment: Applying Relaxation Techniques to Education«, in: *Journal of S.A.L.T.*, Bd. 1, Nr. 1, Frühjahr 1976.

Krishna, Gopi, *Kundalini. Erweckung der geistigen Kraft im Menschen*, Bern und München [2]1977.

–, *Die neue Dimension des Yoga. Kundalini und Naturwissenschaft*, Bern und München 1975.

Leonard, G., *The Ultimate Athlete*, New York 1977.
LeShan, Lawrence, *Meditation als Lebenshilfe*, Rüschlikon 1977.
–, *You Can Fight for Your Life*, New York 1977.
Lindemann, Hannes, *Überleben im Streß – Autogenes Training*, München 1977.
Losanow, Georgi, »The Nature and History of the Suggestopedic System of Teaching Foreign Languages and Its Experimental Prospects«, in: *Suggestology and Suggestopedia Journal*, Bd. 1, Nr. 1, 1975.
–, »Suggestopedia in Primary Schools«, in: *Suggestology and Suggestopedia Journal*, Bd. 1, Nr. 2, 1975.
–, *Suggestion in Psychology and Education*, New York 1978.
– und Balevskij, P., »The Effect of the Suggestopedic System of Instruction on the Physical Development, State of Health and Working Capacity of First and Second Grade Pupils«, in: *Suggestology and Suggestopedia*, Bd. 1, Nr. 3, 1975.
–, Balevskij, P., und Traschliew, R., »Basic Trends and Methods of Our Experimental Suggestological Investigations«, Institut für Suggestologie, Bulgarien, 1969.

Luce, G., *Body Time*, New York 1973.
Luthe, W., *Autogenic Therapy*, 4 Bde., New York 1969–70.

Miele, Philip, »The Power of Suggestion: A New Way of Learning Languages«, in: *Parade*, 12. März 1978.
Mihalasky, John, »Extrasensory Perception in Management«, in: *Advanced Management Journal*, Juli 1967.
–, »Question: What Do Some Executives Have More of? Answer: Intuition, Maybe«, in: *Think*, November/Dezember 1969.
–, »How Extrasensory Perception Can Play a Role in Idea Generation«, in: *American Society of Mechanical Engineers Publication*, Nr. 72-De-5, 1972.
– und Dean, Douglas, »Bio-Communication«, Konferenzaufnahme, 1969 IEEE International Conference on Communication, Katalognr. 69C29-COM.

– und Sherwood, H., »Dollars May Flow from the Sixth Sense«, in: *Nation's Business*, April 1971.
Mishlove, Jeffrey, *The Roots of Consciousness*, New York 1975.
Mitchell, Edgar (Hrsg.), *Psychic Exploration*, New York 1974.
Morehouse, L., und Gross, L., *Maximum Performance*, New York 1977.
Moss, Thelma, *The Probability of the Impossible*, Los Angeles 1974.

Mumford, John, *Psychosomatic Yoga*, London 1961.

Murphy, Michael, *Golf in the Kingdom*, New York 1972.

Muses, C. M., und Young, Arthur (Hrsg.), *Consciousness and Reality*, New York 1972.

Natan, T., und Taschew, T., »Suggestion to Aid Teachers and Doctors«, in: *Bulgaria Today*, Nr. 9, 1966.

Ornstein, Robert E., *Die Psychologie des Bewußtseins*, Frankfurt/M., 1976.

Ostrander, Sheila, und Schroeder, Lynn, *Psi. Die wissenschaftliche Erforschung und praktische Nutzung übersinnlicher Kräfte des Geistes und der Seele im Ostblock*, Bern/München/Wien [14]1977.

–, *The Handbook of Psychic Discoveries*, New York 1974.

– (in Zusammenarbeit mit Douglas Dean und John Mihalasky), *Vorauswissen mit Psi. Die Vorprogrammierung wichtiger Entscheidungen und Handlungen mit Hilfe der eigenen Psi-Kräfte*, Bern/München/Wien 1975.

–, *The ESP Papers*, Des Plaines, Illinois 1976.

–, *Psychic Experiences*, New York 1977 (für Jugendliche).

Pelletier, Kenneth R., *Mind as Healer, Mind as Slayer*, New York 1976.

– und Garfield, C., *Consciousness East and West*, New York 1976.

Peterson, James, »Extrasensory Abilities of Children: An Ignored Reality?«, in: *Learning*, Dezember 1975.

Philipov, E., »Suggestology: The Use of Suggestion in Learning and Hypermnesia«, unveröffentlichte Dissertation, U. S. International University, San Diego, 1975; Ann Arbor, Mich., University Mikrofilm 75-20255.

Pollack, Cecilia, »Educational Experiment: Therapeutic Pedagogy«, in: *Journal of S.A.L.T.*, Bd. 1, Nr. 2, Sommer 1976.

Prichard, Allyn, »Suggestopedia, a Transpersonal Approach to Learning«, in: *Journal of S.A.L.T.*, Bd. 1, Nr. 3, Herbst 1976.

–, »Lozanov-Type Suggestion Techniques for Remedial Reading«, in: *Journal of S.A.L.T.*, Bd. 1, Nr. 4, Winter 1976.

Puharich, A., *Beyond Telepathy*, Garden City 1973.

Ramacharaka, Yogi, *The Science of Breath: The Oriental Breathing Philosophy*, Chicago 1904.

Regush, N., »Ottawa ›Bungling‹ Language Program: Professor Demands Investigation«, in: *The Montreal Gazette*, 6. September 1977.

Retallack, Dorothy, *The Sound of Music and Plants*, Marina del Rey 1973.

Roberts, T. (Hrsg.), *Four Psychologies Applied to Education: Freudian, Behavioral, Humanistic, Transpersonal*, New York 1975.

Robinett, F., »The Effects of Suggestopedia in Increasing Foreign Language Achievement«, unveröffentlichte Dissertation, Texas Tech. University, 1975.

Rosa, Karl, *Das ist Autogenes Training. Ich mache Autogenes Training – Millionen machen Autogenes Training*, München 1973.

–, *Das ist die Oberstufe des Autogenen Trainings*, München 1975.

Rozman, D., *Meditation for Children*, New York 1977.

Rubin, F., *Current Research in Hypnopedia*, New York 1968.

Rýzl, Milan, *Parapsychologie. Tatsachen und Ausblicke*, Genf [3]1970.

–, *ASW – Phänomene außersinnlicher Wahrnehmung*, Genf 1973.

Saféris, Fanny, *Une Révolution dans l'Art d'Apprendre*, Paris 1978 (Bericht über erfolgreiche Experimente mit suggestopädischem Unterricht in Frankreich).

Schultz, J. H., *Das autogene Training. Konzentrative Selbstentspannung. Versuch einer klinisch-praktischen Darstellung*, Stuttgart [15]1976.

Schuster, D., »A Preliminary Evaluation of the Suggestive-Accelerative Lozanov Method in Teaching Beginning Spanish«, in: *Journal of S.A.L.T.*, Bd. 1, Nr. 1, Frühjahr 1976.

–, »The Effects of the Alpha Mental State, Indirect Suggestion and Associative Mental Activity on Learning Rare English Words«, in: *Journal of S.A.L.T.*, Bd. 1, Nr. 2, Sommer 1976.

–, »Proceedings of the First International Conference on Suggestive-Accelerative Learning and Teaching and Suggestology, Des Moines, Iowa, 1976«, in: *Journal of S.A.L.T.*, Bd. 1, Nr. 4, Winter 1976.

–, »Introduction to the Lozanov Method«, in: *Journal of S.A.L.T.*, Bd. 1, Nr. 4, Winter 1976.

Schwarz, B. E., *Parent – Child Telepathy*, New York 1971.

Schwarz, Jack, *The Path of Action*, New York 1977.

–, *Voluntary Controls*, New York 1978.

Scott, Cyril, *Music: Its Secret Influence Throughout the Ages*, New York 1958.

Seki, Hideo, »Transpersonal Model of the Suggestopedic Class from the Standpoint of Communication Theory«, Tokio, The PS Institute of Japan, 1978.

Shaffer, Douglas, »Suggestopedic Hypermnesia: A Scientific Explanation for the Lozanov Effect«, unveröffentlichtes Manuskript, Firdausi Universität, Iran, 1977.

Shapin, Betty, und Coly, Lisette, *Education in Parapsychology*, New York, Parapsychology Foundation, Inc., 1976.

Shealy, C. Norman, *90 Days to Self-Health*, New York 1977.

Simonton, J. C. und S., »Belief Systems and Management of the Emotional Aspects of Malignancy«, in: *Journal of Transpersonal Psychology*, Bd. 7, Nr. 1, 1975.

Simurow, A., und Tschertkow, W., »Is It Possible to Learn a Language in a Month?«, in: *Prawda*, Moskau, 27. Juli 1969.

Singh, T. C. N., *Music. The Keynote of Human Evolution*, Santa Barbara 1965.

Steiger, Brad, *The Varieties of Healing Experience: A Symposium*, Los Altos, Kalifornien, Academy of Parapsychology and Medicine, 1973.

–, *Life Without Pain: Komar's Secrets of Pain Control*, New York 1978.

Stevick, Earl, *Memory, Meaning and Method: Some Psychological Perspectives on Language Learning*, Rowley, Mass., 1976.

Taimni, I. K., *The Science of Yoga*, Wheaton, Illionois, 1967.

Targ, Russell, und Puthoff, Harold, *Mind-Reach*, New York 1977.

Tart, Charles, *Transpersonale Psychologie*, Freiburg i. Br. 1978.

Thompson, W. I., *Am Tor der Zukunft. Raumzeitpassagen*, Freiburg i. Br. 1975.

Thorstad, H., und Garry, W., »Suggestopedia. An Advanced Simulation Technique«, Norfolk, U.S. Atlantic Fleet Training Center, 1977.

Toben, Bob, *Space-Time and Beyond*, New York 1974.

Turnbow, A. W., *Sleep-Learning: Its Theory, Application and Technique*, Sleep-Learning Research Association, 1956.

Tutko, Agatha J., »Teaching the Blind to See«, in: *Fate*, Mai 1975.

Ullmann, Montague, Krippner, Stanley und Vaughan, A., *Dream Telepathy*, New York 1973.

Wenger, Win, »Do Synchronicities in the Suggestopedic Teaching Method Enhance Learning?«, in: *Journal of S.A.L.T.*, Bd. 1, Nr. 3, Herbst 1976.

White, J., und Krippner, Stanley, *Future Science: Life Energies and the Physics of Paranormal Phenomena*, Garden City 1977.

Wolkowskij, Zbigniew, »Suggestology – A Major Contribution by Bulgarian Scientists«, Monographie Nr. 10, Oktober 1974, Mankind Research Unlimited, Inc.

Young, Arthur M., *The Reflexive Universe*, New York 1976.

Zemke, Ron, und Nicholson, D., »Suggestology: Will It Really Revolutionize Training?«, in: *Training*, Januar 1977.

Personen- und Sachregister